寂寞狙擊

The Lonely Hunter

艾梅・盧特金
Aimée Lutkin

李忞 譯

獻給

我過世的祖母卡門．阿奎隆（Carmen Aquilone），

和一直陪著我的母親帕梅拉．恩茲（Pamela Enz）

本書為非虛構作品，部分人名與個人資訊經過更改。

CONTENTS

目次

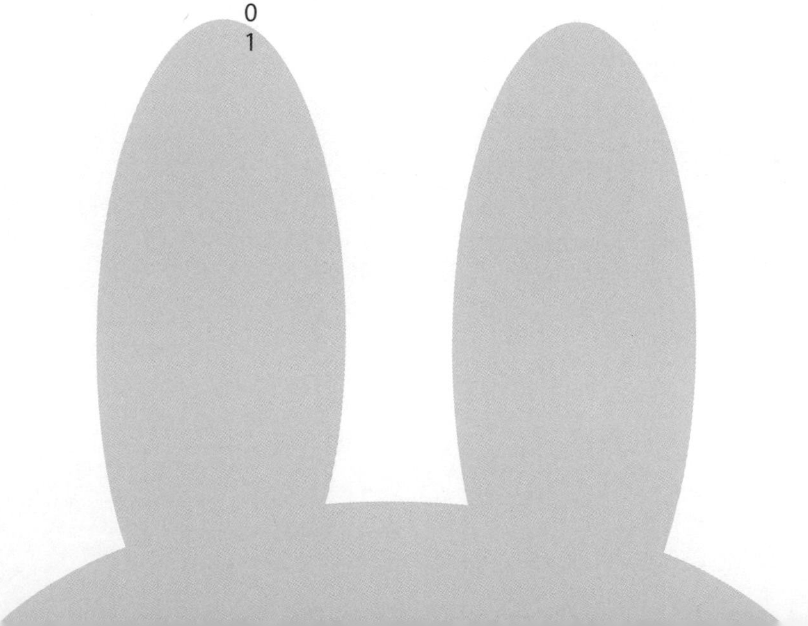

楔子

何時才能說「我會永遠一個人」？

深秋某天，早已過了綠意盎然的快活季節。鐘錶撥回了冬令時間，無葉的枝條犁過灰濛濛的天。還得再鑽過好長一段黑暗，節日的燈火才會出現在另一頭，點亮比較歡樂的氛圍。這些變化是我的家常便飯，如同腳下的布魯克林街道，或手裡那裝紅酒的黑銀條紋紙袋。數著多久會到下一個大日子，再下一個大日子，這就是我的日常，不期待什麼意料外的發展。

我很熟悉這條人行道的紋理，透水的隙縫此刻填滿枯葉碎屑，突出的樹根仍在那裡。街道帶我通往一棟褐砂石住宅，近乎中世紀風格的厚重鐵門上，掛著一只真正的門鈴。那門鈴我拉響過好多次，現在又加了一次。屋裡有六、七人合居，取決於這陣子誰在紐約。我來參加晚餐聚會，提早了幾分鐘到。

走進廚房時，裡頭還看不出任何準備食物的跡象。我踢掉鞋子、坐在餐桌前，邊打開我帶來的十美元紅酒，邊和我朋友薩維耶聊天。他剛從二樓客廳下來幫我開門，略顯忙亂，冒著汗，他說他心情不太好，正在自己跳舞消愁。

互動的節奏很舒服。這是我平淡生活中的另一晚，大概會像許多晚上一樣，過了就忘了吧！廚房裡陸續出現了另外幾個主人，和沒有傻傻準時抵達的其他客人。櫥櫃門開開關關，一疊盤子被搬上桌，有些人跑腿去買啤酒，終於，一桌美食備妥。我們愉快地大快朵頤、有點微醺之際，話題轉向愛情。

同桌的一人問我：「那你如何呀？有對象嗎？」

這問題挺尋常的，按照我平常的反應，應該也不值一提。但吃了那麼多家常菜——也喝了不少酒——讓我心不設防，老實答道：「我覺得我可能不會再談戀愛了耶。」

問我的朋友名叫瑞秋，最近剛訂婚，她的未婚夫強恩今天也在。我認識強恩遠早於認識瑞秋，但我以前就知道她，他們年輕時交往過，後來分手了。這場聚餐前約八個月，強恩忽然寄電子郵件給瑞秋，說他夢見她。

一般而言，要是有人寫信給你說他們夢見你，那基本上是比較委婉地表達想跟你上床。但如果強恩這麼說，我想八成是真的。強恩有種脫俗的光芒，一種天使般的心平氣和，能讓周圍的人也跟著他變冷靜。確實可以想像他在夢的世界裡四處溜躂，拜訪舊日愛人，看看過去戀情的果實是否終於成熟了。

於是他們再度約會，這回彼此都感覺對了。他們的婚禮訂在幾個月後，地點就是大家聚餐的這棟屋子，室友們已經全數同意。我話還沒說完，就看見瑞秋在翻白眼，身為最近才被一位夢之漫遊者帶出單身王國的人，對我的想法表示不以為然。

「你一定會啦！」她邊說邊搖頭。

我感覺喉嚨開始緊繃，每當我被迫說出讓自己難過多於放鬆的話，總會這個樣子。

「我知道大家很習慣認為，每個人最後都會找到伴，」我勉強擠出，「但從事實來看，就是不一定呀！也有些人會永遠一個人。」

這番話掀起一陣熱烈的反應，在場眾人一個個向我保證不會有這種可能。甚至也包括薩維耶——他目前正和一位維持開放式婚姻的女性交往——、瑞秋的兩個朋友——她們完全沒有血緣關係，但看起來就像同個愛運動的健康家族出來的親戚——，還有這裡的新室友史考特——我幾分鐘前才認識這位紅髮老兄，我們吃甜點時他正好回來，拉了張椅子坐下看信，順便為我的感情生活出主意。

「你有聽過 Tinder 嗎？或是 OkCupid？」史考特抓著一把帳單，氣勢洶洶地問。

他同樣最近剛訂婚，顯然毫不懷疑婚姻是每個人的終點。

「有啊，我兩個都用過，可是遇不到任何對象。」我說，連我自己都覺得這話聽來很可悲。他做了個舉手投降的誇張姿勢，彷彿我們已經吵這件事好久了，他確信我就是拒談戀愛。史考特轉回看他那堆信，放棄救援不知悔改的我。

薩維耶的話好像變少了點。也許和已婚的人在一起，讓他更清楚意識到現代戀愛的種種困難。他女友並未隱瞞他的存在，但女友的丈夫沒有多喜歡這種安排。他們偶爾還是會三人一起出去，去展望公園舞臺（Prospect Park Bandshell）[1]看夏日表演，或者一起吃飯。有一次排隊等看《佳麗村三姊妹》（*The Triplets of Belleville*）放映的時候，我碰巧遇見他們三個——帶著咖啡約會的尷尬、在多重伴侶關係中摸索的三人。

聚餐那天眾人給我的回應，依舊不離叫我放心的那一套：每個人都會找到另一半、斷言自己會孤單到老的人，都是話才說完就遇上了真愛、愛情總在你最想不到的時候來敲門⋯⋯。真是這樣就好了。我經歷過各式各樣的期待狀態：確定、不確定、繼續假裝不確定、保持樂觀、下定決心、理直氣壯、挫折失意，什麼態度都沒用，不曾物以類聚，替我引來愛情。我的最新狀態是「坦然接受」，一個令人聯想到悲痛的詞，也可以代表你在努力面對現實。

1 譯註：展望公園為紐約布魯克林區中央的大公園，每年夏天會舉辦免費表演藝術節。

我今年三十二歲。過去六年間，我有過唯一一次性事，大概是第三年的某個時候吧？那一長段禁慾歲月裡的短暫風流，結果證明不是乾旱的終結，而比較接近沙漠中的海市蜃樓，我一時之間相信我會被拯救，不必再跋涉這片無情、無性的炙熱沙漠。某方面而言，我對自己單身的吃驚程度不亞於這張餐桌上的任何人。我是不會被選去主演CW電視臺的性感影集沒錯啦，但我也並不難看、不害羞、不討人厭（雖然我不知道你讀到目前怎麼想……），也有不少朋友和摯友，像我這樣的單身者應該多得很，但不知為何，我好像遇不到半個對的人。單身的一年變成再一年，又再一年，時光飛逝，從夏到冬，唯獨戀愛之春不曾來過，不知不覺，我就成了個萬年單身的女人。

和其他朋友不同的是，我已經習慣現在這種平平淡淡的狀態，我學會少量採購、一個人上餐廳、一個人出席特別的場合。我過得很好！真的很好！除了這種時候：當我必須向一群有感情生活的人說明我空白的感情生活。

他們每個人，都曾經認定自己會永遠單身，每個都在不久後推翻了這種看法。他們非常肯定我就是當年的他們，「之前」的他們，很快，絕對比我想的快，我也會加入「之後」組的，我要有耐心等下去，因為那個特別的人已經在飛奔來我這裡。桌上的對話開始打轉，他們人都很好、很前衛、很包容，但我說的某些事太令人不安，無法真的進到他們耳朵裡，也可能只是沒人忍心說：「對啦，你就是不會有人愛。」當瑞秋又重複：「沒有人會**永遠**一個人。」我終於聳聳肩答：「嗯，好。」以便能把話題轉開。

大家開始收桌洗碗，聊起其他事。我感到赤裸又格格不入，彷彿光著上身坐在桌邊，其他人只是佯裝沒看見。淚水跑進眼眶，我把它們吞回去，打起精神問有沒有人想喝茶，然後離座去燒水。享受另一個尋常夜晚的感覺已經回不來，甚至那個瞬間，我就覺得這晚的對話我會久久忘不掉了。

一個人**本身**沒有那麼難。確實會有傷心的時候，有時我也希望身邊有某個人，可以陪我去參加節日聚會、一起合租房子、在陰冷的雨天裡讓我依偎。但更多時候，單身不是我最主要的特質。我的生活充滿多采多姿的快樂小事：朋友、嗜好、派對、懶洋洋的週末早晨、兩隻長毛貓、不必過問任何人就能決定行程的自由。單身最難受的部分無關乎生活品質，最難受的是找不到話語，表達不出對我而言，長久一個人到底是什麼意義。

說自己可能永遠單身有那麼可怕嗎？為什麼人們如此排斥聽見這種話？尤其是有伴的人？

愛情常被用來丈量時間。「永遠」是個與愛情相連的概念，儘管愛情理論上就和我的單身狀態一樣飄忽不定，一段感情也如同單身時期，可能終止於任何一秒，只是鮮少有人像期待脫離單身般期待脫離感情。不僅如此，人們整年的活動都繞著伴侶關係轉：家庭、紀念日、小孩相關的慶賀、居住和醫療開銷、無可避免的稅金問題、老後有沒有人照顧、能不能攜伴去參加婚禮、會不會受邀和朋友們一起帶著家眷出遊，就連未來長眠的一小方土地，也往往成對出售。從雞毛蒜皮到攸關生死，幾乎每件事都是二優於一。

我那句「我可能會永遠一個人」，聽在有伴的人們耳裡，也許是更具威脅性的一句話。透露了這些框架多麼虛幻脆弱，似乎暗示著，並不是誰都會找到伴、並不是所有值得被愛的人都會被愛。擁有伴侶和愛情的人，通常只是極其幸運，獲得了一張門票，能從此踏上社會認可的「正常」人生軌道。很少人願意想像運氣不好該怎麼辦。

到了收拾好廚房、擦乾淨流理檯的時候，我們的友情已恢復如初，雖然我的心情或許仍未平復。我和瑞秋、強恩、薩維耶，甚至史考特都擁抱道別，走出嘎吱作響的鐵門，進入小小的庭院。空氣濕寒，好像有哪家點燃了壁爐的味道。我把帽子壓低一點，裹住耳朵，走向地鐵站，一路想著我後悔沒說的話，揣摩著如何完美解釋我的感受。獨身了這麼多年，我切身的體會卻從來不被承認，只被當成某種最好別提的過渡期，呼出的氣息在面前化成白煙，憤怒地撲上眼睫毛。

我想，失戀或許很能說明我的「病況」和成雙成對的人不同在哪裡。半自願獨身的這些年裡，我見證了幾個朋友經歷多段感情，其中有很熱情真摯的人，幾乎沒有過戀愛空窗期。戀情結束後的失落很痛苦，但至少那種痛苦有個標籤，稱作心碎。長久失去身體或情感上的親暱，而產生那種緩緩隱隱的痛楚，卻是無以名狀的，沒有話語能簡單描述我的感覺。

仔細回想晚上的事，我意識到自己為何那麼激動，那些關於誰都會找到另一半的陳腔濫調，隱含的意思是我必須一直抱著期待癡癡等待，等待獲准加入那個世界的一天。繼續等，繼續等就對了！因為你一定會得到比現在的生活更美好的東西，你一定會得到愛情，只要你誠心相信。

我在聚會上想哭，不是因為自己沒有伴，甚至有時候非常孤單，而是因為我覺得好累，我已經不想再演這種荒唐戲碼，假裝還在等一個人來找到我。等待意味著原地不動，意味著貶低我既有的生活，好像只要我單身，人生就始終少一塊。我始終沒有權利說：「我想我會永遠一個人。」只能說我還在等待降落，還沒開始過真正的生活。

然而，想起過去幾年，我是怎麼任由春去秋來、日出日落，一點改變的行動也沒有，我開始懷疑我是不是真的只在枯等，沒在生活？連結的阻礙究竟存在我心裡，還是真實存在於我四周？

就這樣，眼前出現一條岔路，我轉身朝另個方向探索。

那一晚之後，一個漣漪在我人生中擴散，水波將推著我一路往回，回到約會交友，甚至再次戀愛。因為那場聚餐，隔年我嘗試操縱生活的小舟，離開我擱淺的那片沙灘，當我重返海上，我可以看出，我的處境反映著某種更廣泛的感受。

與一群情侶同桌吃飯的單身女子，或許顯得像個異類，但放遠一點看，我和那些被愛情眷顧的朋友就立場對調了。那年稍早，雷貝嘉．崔斯特（Rebecca Traister）才出版她的《單身，不必告別》（*All the Single Ladies*），討論單身女性的崛起，以及她們如何影響世界。該書提到的重點之一是，二〇〇九年，美國史上可能頭一遭，單身女性的人數超越了已婚女性，雖說我好像完全感受不到，事實上，單身真的沒什麼特別。

每一本勵志的自助書都會告訴你，單身不代表寂寞，但單身和寂寞還是經常被當作同義詞。《華盛頓郵報》的一篇社論中，著有不少書籍探討單身偏見的蓓拉．迪波洛（Bella DePaulo）指出，這種混淆會使偏見加深，因為它將單身者描繪成與世隔絕，甚至自我中心的人。覺得「單身」就是「寂寞」，使單身者被添上負面特質，或者單身被理解為負面狀態。但要說每個單身者都寂寞，或者有伴侶的人都不寂寞，也未免太牽強了。

單身和寂寞被混為一談的另個理由，是今天大家依然相信，找個伴不僅能終結單身，也能終結寂寞。人好像被認為是殘缺的，少了某個重要部分，唯有當你找到戀愛對象，你才可能完整，擁有圓滿愛情的人怎麼可能還會寂寞呢？

但寂寞——感受到獨處的痛楚而非美好——是一種生理反應，就像口渴一樣，人類演化到某個階段後，不參與群體活動成了像不喝水般難捱的事，這種內建警報器會促使孤單者回歸人群。值得注意的是，寂寞將我們推回群體之中，不是單一伴侶的戀愛關係之中。後者的出現要晚得多，並且是在社會力量、而非神祕吸引力的作用下成形。

近年來，人們似乎逐漸正視慢性寂寞（chronic loneliness）的問題，將之與戀愛或婚姻分開看待。部分原因是，如今坦承自己為慢性寂寞所苦的人數大幅增加了。二〇一七年，英國的考克斯孤寂研究委員會（Jo Cox Commission on Loneliness）在報告中指出，全英國有九百萬人經常或總是感到寂寞，寂寞被宣布為一種流行病。隔年，英國指派了第一任寂寞部長。至二〇二〇年為止，部長大位已換過三人，每位都進行了更詳盡的調查，試圖釐清問題規模，並研擬寂寞對策，她們推出的方案包括：僱用青年來協助長輩學習數位科技、進行公衛宣導以避免孤寂污名化等。

針對英國宣布「寂寞會傳染」的倉促行動，《獨居時代》（*Going Solo*）作者艾瑞克・克林南柏格（Eric Klinenberg），在《紐約時報》上發表了一篇評論回應。他忠告，國家政府「解決」寂寞問題的方法，往往最容易忽略貧窮、年老、不具公民權、無法取得醫療服務或居家照顧的族群。克林南柏格認為，寂寞如此受到重視，無非是好事一樁，因為這是一個關係到許多社會弊病的巨大議題。然而，他接著指出，判斷寂寞為「流行病」的依據，是太廣泛、有錯誤的數據，「新部會揭牌時，英國政府堅稱無論男女老少，人人都有陷入寂寞的風險，」他寫道，「但研究已經讓我們知道更多細節，在英美這樣的國家，貧窮、失業、移民或離鄉背井者，最受寂寞和孤立困擾。他們的生活不穩定，人際關係亦無法穩定，他們是寂寞時最難取得足夠社會協助和醫療協助的一群。」

言下之意是，寂寞不能視為個人缺陷來看待，必須放在社會脈絡下檢視，理解為一連串人決定的結果。孤獨是某些族群遠比其他族群更常被迫接受的狀態。

楊百翰大學（Brigham Young University）的心理學家茱莉安・霍特朗（Julianne Holt-Lunstad）為孤寂研究的佼佼者。二〇一七年，她於美國心理學會第一二五屆年會上發表一篇研究，引用證據說明，社交孤立（social isolation）[2]與寂寞會導致早死的風險顯著提高。「這項風險的嚴重性，甚至超過許多主要的健康指標，」她說，「現在高齡化當前，這對大眾健康的衝擊只會愈來愈大。的確已有不少國家認為，我們正面對一場『寂寞流行病』，眼下的挑戰是如何因應。」

霍特朗當時發表的論文，經常被網路上關於寂寞的文章援引，不過很多只擷取她對健康危害的結論。最常被大書特書的，例如「寂寞可能比糖尿病更傷身」，但事實上，一如克林南柏格，霍特朗和她的同事強調，最容易陷入寂寞的是年長者及社交孤立者。這些族群的人們，不少同時有其他心理或生理疾病在身，舊疾和寂寞造成的問題不一定能有意義地區分。不管怎麼說，「寂寞流行病」成了熱門名詞。

就算慢性寂寞可以視為心理症狀、就算孤獨可能直接或間接危害健康，將寂寞的社會現象看作一種病，也有掩蓋更大的問題之虞。這麼做幾乎太省事了，大部分的疾病都會被當作個人問題、而非結構性問題來處理，儘管從所在地區到能否取得食物與基本醫療等外在條件，都會左右一個人的健康。某方面而言，說寂寞是一種病，暗示需要改變的是某人自己的**生活方式**，而非更大的經濟問題或社會問題。這種說法也會傳遞「寂寞會傳染」的錯誤印象，使孤寂者的處境更為嚴峻。

在我朋友看來，單身當然是我個人的問題。崔斯特分析的這批美國史上最多的單身女性，應該不少人以後還是會結婚，達到周圍對她們「想想辦法處理單身」的期待，或許我也會是其中

2 譯註：「社交孤立」較側重客觀上沒有人際互動、與社會斷絕的狀態，與較側重主觀感受的「寂寞」不同。

之一，畢竟人生很長，充滿驚奇。但如果沒有，等我上了年紀，成為霍特朗警告的社交孤立高危險族群，我該向何處求助呢？

子女是許多人想像中老後的依靠，但如今，每年誕生的嬰兒愈來愈少。美國疾病管制暨預防中心（CDC）的統計顯示，二〇一七年，美國生育率降到歷史新低。這年，平均每千名十五歲至四十五歲的女性，只產下五九．八個新生兒，是一九五〇年代嬰兒潮時期的一半。現在人們即使生小孩，也比從前晚，四十年前，女性平均二十一歲生第一胎，二〇〇〇年時大約是二十四歲，二〇一七年則接近二十七歲了。

加拿大新聞工作者約翰．伊比森（John Ibbitson）與政治學者達瑞爾．布瑞克（Darrell Bricker），二〇一九年合著了《無人地球》（*Empty Planet*），論述全球的少子化現象。他們認為，主因之一是智慧型手機帶來的資訊普及。教育程度的提高，經常伴隨著家庭規模的縮小。

也許有人會說，這反映了女性選擇拚事業，放棄當母親。我倒是覺得，一旦意識到自己經濟條件不穩定，誰都會對生小孩有所顧慮，在美國，於醫院生產的開銷足以壓垮一個還沒成立的家庭，基本上負擔不起任何一種托兒選擇，最簡單的解方往往是女性辭職回家。目前幾乎每個州，教育等公共福利預算都愈來愈少（公立中小學已經是美國最接近全民托兒服務的東西了），如果想供孩子念大學，學費更是嚇死人。此外，要是你屬於特別悲觀的那種人（那個秋聚夜晚的我顯然就是一個），氣候災難的陰影必然會使你思索：現在將一個孩子帶到世上，他們將來要面對什麼？

此刻的少子化，代表日後的照顧供需上，勢必會出現巨大的落差。即將老去的這一代中，許多人沒有晚輩照顧自己，情況可能很快就會演變成一場危機。按照目前英國公共政策研究所（IPPR）的估計，二〇三〇年，英國仰賴照顧的老年人口將成為二〇一二年之兩倍。屆時將有兩百萬人沒有成年子女，可能亦無其他老後規畫，即使要僱用青年人口照顧銀髮族群，也將面臨年輕勞動力短缺的窘境。

《獨居時代》中，克林南柏格並未建議大家結婚生子來避免老後孤寂。理由是，他透過研究發現，無論是否結過婚、有無兒女，大部分人死時都是孑然一身。很多長者完全一個人起居，因為負擔不起任何形式的生活照顧，而且在美國，養老院不僅貴得可怕，也有管理不當的危險機構存在。克林南柏格認為，高齡化寂寞社會需要的，或許是設置公立的生活輔助機構（assisted living facilities），營造安全、有尊嚴的長青生活環境，可惜這只是他的提案，並非現有的作法。無論我們選擇什麼人生跑道，最後都可能面對獨自終老的寂寥，但人們還是繼續相信「結婚生子就不會變成獨居老人」的神話，不去檢討公共福利的不足，卻又認為這些都是個人問題。

我們的選擇被許多聲音指指點點，有時你能藉此發現，不是你辜負期望，而是期望不合理，好比說，流行文化中有一種經典形象，呈現一個聰明伶俐的女強人，總是事業優先、不想生、不想嫁，拖到太晚了才後悔莫及。這種刻畫彷彿暗示女人都有選擇，想生小孩就能回家給老公養，然而當今女人先顧工作，多半不是想標新立異，只是迫於現實而已。像我這樣的千禧世代[3]，二〇〇九年甫出社會就面臨金融海嘯，要找到一份有醫療保險、有員工福利、穩定、全職的工作——或者遇見一個願意養我的人——機率低得跟中樂透一樣。雖然我從來沒有養一個家的經濟能力，照樣會被說成自己不肯生、不肯嫁。

剛開始思考這些議題的二〇一六，我完全料想不到四年後會發生什麼：COVID-19、漫長的封城、社交距離導致的人際互動變化……這些將對家庭結構產生什麼長期影響？現在或許言之尚早，但數字看來並不樂觀。

截止二〇二一年春天，許多研究顯示，出生率又衰退得更嚴重了。BBC報導，美國正經歷近一世紀以來最大幅的出生率暴跌，而歐洲的情況甚至更糟，有些受訪者在調查中承認，他們把二〇二〇年生小孩的計畫延後了，但在疫情初期受創嚴重的義大利，百分之三十七的人表示他們打消了生孩子的念頭，這些統計還不包括那些原本打算尋伴成家，卻在封城和防疫規定下，將近一整年無法結識新對象的人，很多單身者這段時間過著徹底孤立的生活，半個人類都接觸不到，新邂逅當然想都不用想。

疫情凸顯出一直以來困擾著單身者、孤立者、寂寞者的諸多問題，疫情爆發後，較年輕族群的寂寞感飛速上升。二〇二〇年十一月，邁阿密大學珊瑚島校區（University of Miami in Coral Gables）學者薇薇安娜・霍里吉安（Viviana Horigian），向《今日醫學新聞網》（Medical News Today）說明她們針對青壯年人的一項調查結果：共一〇〇八位十八歲至三十五歲的參與者當中，有八成自述出現了明顯的憂鬱症狀，這個年齡本來應該是社交生活最活躍的時候。年紀大些的參與者，不少已經一人獨居或與室友同住，但二十歲前後的人們，大部分都必須搬回父母家、改讀Zoom大學，也有些人疫情後失去工作，只好搬回家鄉，於是經濟打擊之外又受到社交打擊。

心理學家理查・衛思博（Richard Weissbourd）告訴《哈佛校報》（*Harvard Gazette*），這場風暴可能對特定時期的人產生深遠影響，這些人正「從生來擁有的家人，過渡到自己選擇的家人」，後者原本會成為「保護他們不落入寂寞的主要護欄」，如今對一整代人來說，成年初期結交朋友的歲月裡，留下了一大段空白。

---

3 譯註：指一九八一年至一九九六年出生的一代，又稱「Y世代」。

疫情下的人際交流轉變，使經濟不穩定造成的寂寞趨勢愈演愈烈，早在疫情前幾個年頭，全職工作的大規模裁減，便開始改變我們的社交形態。金融危機和零工經濟（gig economy）可能重挫你的存款，較少被談到的是，穩定職位帶來的社交益處也將蕩然無存，在辦公室，你會認識工作夥伴，同事誠然也有各種麻煩的性格，但他們至少有項無比重要的功能，即增加你每天打招呼的熟悉臉龐。總在不同兼職處流浪，每次和幾個人混熟，就又要換到全新的職場，幾次後，你或許就放棄和工作夥伴打交道了。

各種形式的零工，使不進辦公室的工作成了常態，更別提COVID之後，許多全職員工也變成遠端上班。身為已經在家上班多年的人，我能作證生活形態會起多大變化，中午一起去吃飯、在休息室聊天、下班後小酌的時光都一去不復返，你對你同事的認識只剩下螢幕上的文字和貼圖。

有些辦公室設計考量到了這種疏離的現況，例如頗負惡名的 WeWork 共享辦公室。WeWork 曾被譽為追求開放空間及合作交流的小生意經營者之首選。他們提供模仿矽谷新創企業環境的平價辦公空間，牆上貼著符合年輕人品味的壁紙、洗手間播放流行音樂、有個擺了懶骨頭的愜意空間，還供應花花綠綠的整架點心和現壓啤酒。二〇一七年時，《富比士》報導該公司價值兩百億美元；二〇一九年五月，《Vox》說價值漲到了四七〇億美元；二〇一九還沒過完，WeWork

已瀕臨崩潰，原因是經營不善和執行長亞當・紐曼（Adam Neumann）引起的一連串指控。不過這家公司跌落神壇前，許多社會科學家讚揚他們促進人與人互動的努力，以及紐曼「不只生存，更要生活」一類的經營口號。

然而，替 WeWork 清潔維護這些時髦辦公空間的人力，時常罷工抗議勞動條件不佳，打擊工會、壓低薪資等作法，與鼓勵生活背道而馳。現實中，把時間都用在工作上，薪水還是難以生存的人，是無法談什麼「不只生存，更要生活」的。

坐辦公室者的舒服享受，很多時候建立在那些不受保障、領最低薪資者的貢獻上，不過如今所有部門裡，工作和居家生活的平衡都在逐漸惡化。點心和其他好康也許確實讓辦公室比較討喜，可惜它們通常只是手段，讓人願意在公司多待幾小時、午休早點回來，或領兼職薪水做全職工作。WeWork 或許是最暴起暴落的共享辦公室產業巨頭之一，但還有數不清的企業用盡心思設計共同工作空間，卻不太花力氣保障員工福利，給你一間漂亮休息室、卻不提供醫療保險的公司，很難說是真心希望員工茁壯。

而且在「共享」經濟的諸多模式中，WeWork 可能還算是比較慷慨的，勝過 Uber、Lyft[4]、

4 譯註：美國叫車服務公司。

Airbnb 等兼差大集團、DoorDash、Instacart 等外送服務，或隨便哪個聚集一大群隨傳隨到的兼差者、但不提供任何勞動保障的App平臺。共享經濟更像一種仲介經濟，在生活各方面擠進消費者和勞工之間，設法從兩邊榨出油水，工作不再提供一個建立家人以外社群的可靠場所，甚至開始不利於健全的家庭生活。

工作文化與職場社交之所以變得如此，也受到科技推波助瀾，不過談起智慧型手機何以助長寂寞，我們大概不會先想到這點；或許會先想到社群媒體，以及它如何衝擊我們對自己和他人的觀感，社群媒體無法取代愛、家庭、令人滿足的工作，但感到形單影隻的人，經常想用它來填補缺乏這些東西的空虛。這種時候，社群媒體有太多方法挑撥我們線下的人際關係，也許經由政治假訊息、陰謀論網站、無休止的筆戰，或單純的錯失恐懼症（FOMO）。

我並不是說數位文化都是壞的。在我看來，斷定手機和網路會導致寂寞，就和宣稱結婚會永遠幸福一樣可疑，全球資訊網和社群網路在千百個方面，對世界各地的社群大有裨益；但在二〇一六年的美國，總統大選的龐大壓力，使推特和臉書成了赤裸裸的仇恨展示場，社群媒體好像不停強加我們各種想法，不讓我們有片刻喘息，就算你不想看，也不敢真的嘗試，彷彿你會不小心沒發現「第三次世界大戰」已登上推特趨勢。這些平臺上分歧的政治立場，造成更深的分離，像一道無法弭平的鴻溝，將人們遠遠隔開。

早有學者認為，媒體消費（media consumption）的興起以及娛樂方式的個人化，導致社群營造的其他管道消失，羅伯特・普特南（Robert Putnam）在《獨自打保齡球：美國社群的沒落與振興》（*Bowling Alone: The Collapse and Revival of American Community*）中認為，美國盛極一時的民間社團紛紛解散與其他娛樂方式的湧現有關。寂寞當道，因為人們不再願意參與社團，下班就直接回家，浸沐在電視或手機的光線裡，但在前述的社會條件下，這年頭誰還擠得出時間或金錢，再去參加什麼社團？

資本主義非人性的要求，就這麼粉碎了使生活充實溫暖的要素——一個大家庭、穩定的工作、熟悉的鄰人與社群。還是有人能建立並維繫這一切，可能性不是零，但隨著社會分層愈來愈嚴重，寂寞與疏離成為普遍困擾，實在不令人吃驚。

真要說起來，這些問題都存在已久，只是波及的人口一年比一年多。好幾代以來，結構性的不平等持續將人們逼入孤寂的角落。年長者被放逐到偏僻的社區、身心障礙者無法進入一般職場或校園、受刑者被種族歧視的監獄工業複合體（prison-industrial complex）[5]剝盡基本人權，很多更生人無法投票，甚至連住處或工作都幾乎無法找到。寂寞蔓

5 譯註：指透過監獄制度牟利的政商勢力，他們可能希望囚犯愈多愈好，而非犯罪減少或囚犯回歸社會。

延的問題開始被注意，是因為目前社會結構的非人性，已經傷害到那些一直以為能獨善其身的人。

面對這麼多的阻礙，人和人還能連結才真是不可思議，事實上，我們的確可以。也許讓落單者重返群體的生理反應，至今仍驅動我們，甚至在如此惡劣的環境下，也努力與彼此重聚。當我了解到這些藩籬之巨大，想問的問題已不是「大家怎麼辦到的？」而是「為什麼這麼難？」

聚會那晚，我想的是為什麼對我個人而言會這麼難，我是一個順性別（cis）、好手好腳的白人女性，住在一座大城市裡，擁有奇蹟般的六萬五千美元年薪，既然衣食無憂，我似乎應該早早找到了伴。那場小衝突後，我不是為社會不公而激動，甚至也沒意識到人們被迫過的生活，勢必多少會造成寂寞。在我的想法裡，我只是自己有問題。

不過聚會隔天早上，我就完全復活了，準備重新出發，迎接這天會惹毛我的新鮮事。我是在家工作的部落格寫手——意思就是每天會鑽出棉被，爬到一公尺外的電腦前，在那裡坐上八小時。多數日子我都在梳理新聞，但偶爾也能自由寫些趣事、點子、感想、圖輯，那個命運的夜晚後不久，我得到機會寫篇「年末回顧」。

在那之前，我沒怎麼去想那場難受的對話，但回顧如何總結這一年時，我發現它一直在我心裡萃煮，終於到了能倒出來與更多人分享的時候。單身的一年又過了，我想這件事值得被承認。

從比較俗氣的角度考慮，寫寫寂寞、講講單身者被有伴的朋友們包圍的不自在，或許會有不少人想看，我的工作就是分享資訊，讓大家在底下留言區盡情砲轟，而從聚餐那晚的經驗判斷，寂寞似乎很能帶動話題，我寫了一篇濃縮的文章，描述當天的情景和我的感受，題作〈何時才能說「我會永遠一個人」？〉，預計發表在《Jezebel》[6]上。

看到文章登出來時，我正搭著計程車，要去米德伍德（Midwood）[7]的爺爺奶奶家吃耶誕晚餐，看來我的編輯決定挑選每年單身者可能最難熬的日子之一，發布我那篇談論寂寞的小文。我的手機螢幕亮個不停，作品會被放到網路上的人一定曉得，推特開始有人「#」你的時候，代表出大事了，你寫的東西令他們在乎到還會去查作者是誰、分享你的文章，通常不是為了感謝你，就是為了把你罵到狗血淋頭，那些通知說明了有大事在發生。

電子郵件像雪片般飛進我的信箱，無數來自陌生人的私訊告訴我，他們也覺得自己一個人好久好久了、覺得一生都會這樣了。有些人說他們試著與人交往，但好像就是發展不下去；有

6 譯註：以女性主義立場著稱的新聞與評論網站，名稱取自舊約聖經中的耶洗別（Jezebel），是傳統上被視為「無恥惡女」的代表人物之一。

7 譯註：布魯克林南邊的一區，以寧靜宜居聞名。

些人真的無法邂逅任何對象，因為生活地點特殊或身體出不了門；有些人曾經戀愛，但心愛的人過世了，也有幾位說自己只是勉強維持著不適合的感情，不知道怎麼更好，抑或害怕從零開始。

一位叫蓋瑞的先生告訴我，他的愛犬死了：「我也經歷著你描述的孤單，而且開始意識到，我可能會這樣一直孤伶伶到死為止。節日是最難過的時候，讓人覺得好像全世界都雙雙對對的，我並不享受獨處，我真的好厭倦、好厭倦一個人生活。我現在六十五歲。就在這個月，陪我十五年的狗死了。」他令人心痛地寫道。

同時，我也納悶著：「他們是在說我嗎？」私訊我的大家，顯然在我的故事裡看見某些自己的影子，可是我本來沒有要顯得淒涼的意思，我很喜歡我現在的生活——大部分時候啦。我只是想分享孤獨對我個人而言難受的地方，也表達更令我難受的是，每次想談這件事，總會被迫閉嘴、接受那些叫我放心的箴言。

我的文章似乎揭露了我無意揭露的事，或許，我和寄信的網友之中最寂寞的人，真正的差別只在於經過的時間，然後我發覺，雖然他們寂寞的理由形形色色，關注焦點卻好像千篇一律，那就是如何返回愛、性和感情，我開始覺得每個人都很篤定，被某個別人選上，即是逃離寂寞的唯一方法。

而我再次自問：「真的嗎？」

第一部

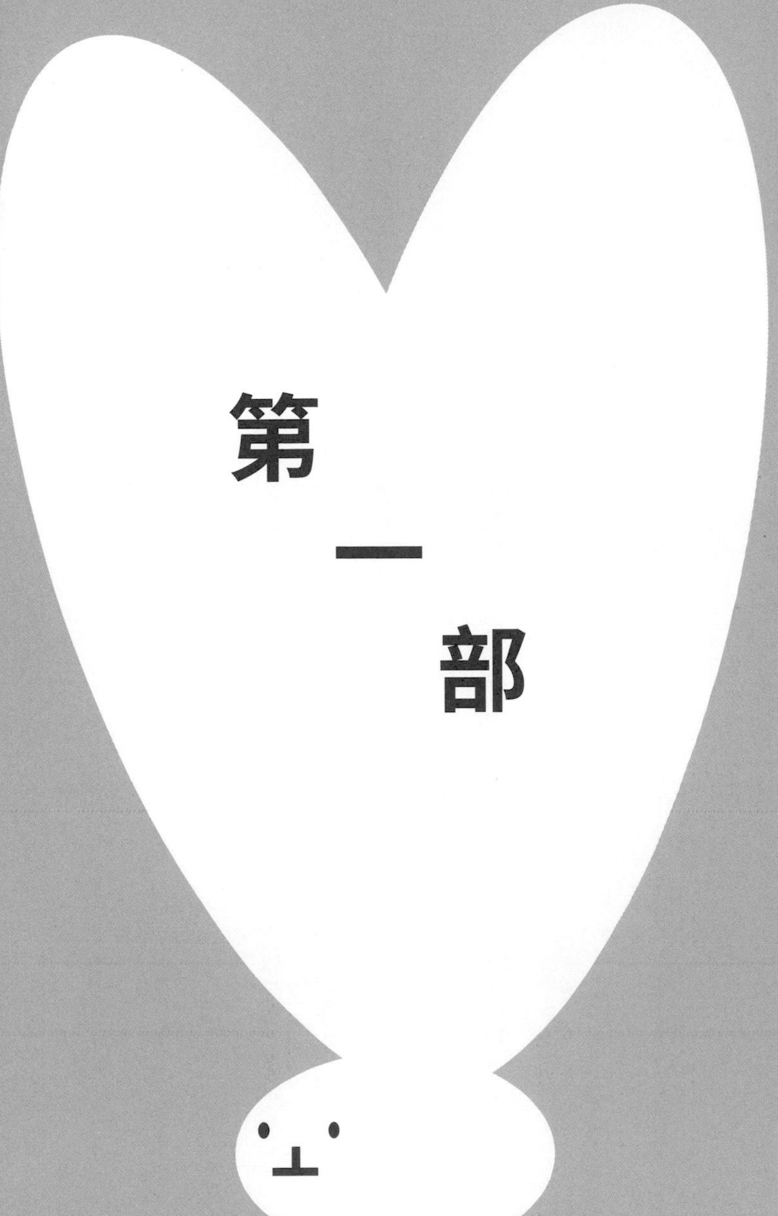

- 停滯期
- 要是不愛自己……
- 真命天子
- 自己的房間
- 命運的紅線
- 約會是什麼？
- 社會期許
- 深藏在盛夏之心
- 開派對吧！

第1章 停滯期

在許多美國人心中，二〇一六是好一陣子以來最糟的一年，至少大選當晚是這種感覺。那時可能是我人生經濟狀況的巔峰，也就是難得沒有窮到吃土，我住在一間新裝潢的公寓裡，搬進去大約三個月，我室友就認識了她男友，從此不見蹤影，只有進門隱約嗅到菸味的時候，我才會知道她有回來換過內衣。

搬到那裡之前，我住過三間略可稱為合租公社的地方，一大群室友一起互相照應、共享食物、舉辦活動、湊錢採購，室友規模砍到僅剩一人時，我已經受夠了群居生活，我想要東西出現在最後放下的地方、我想要一個不髒的家、我想要塞得進食物的冰箱、我想要安靜。

削減室友也削減了我的生活，我的週行事曆上還是有不少活動，但以前跟十四個人同住的時候，我簡直沒任何時間會獨自度過，每逢週末就是舞會、海灘之旅、庭院野餐、一起改造房子、一起在廚房花幾小時做超豪華早餐。隨著年紀，我逐漸不再有精力維持那麼豐富的社交活動，但我不曾想到，脫離公社式的住處，會使我對**家**的感覺破開一個大窟窿。

待在家裡變得很冷清，我室友和我幾乎不會坐在那間空蕩蕩的大客廳裡，挑高的四面白牆中放著兩張免費接手的沙發，包著不相襯的拉雜灰椅套，凸顯了我們毫無情調的實用主義，屋裡沒有地毯、沒有掛飾、沒有立燈或親切的植物，看起來就像隨時打算搬走的樣子。

我小時候什麼都會撿回家放，跟我媽媽一樣，我七歲以前，我們家住在紐約曼哈頓的東十二街，是間四房的鐵路公寓（railroad apartment）[1]，家裡堆滿我們母女倆的收藏品，我印象中最多的是我媽媽的稿紙，氾濫得所有桌面、檯面、地面都是。她都用那種可撕的黃色橫線紙，拿著一整本，靠在一張高大的木桌邊，那是她的書桌兼我們的餐桌。我們家有個很大的貓爪浴缸，放在廚房裡，所以我經常漂在涼爽的水中，看她就著窗戶透進來的後院燈光，熱切地塗塗寫寫。

那個時期，我媽媽總是活躍忙碌，似乎心不在焉地照顧我，她寫一些實驗劇場演的戲，有時我爸也是主演之一，他是個演員，沒戲演的時候就在聯合廣場附近的一家高級餐廳端盤

1 譯註：紐約特有的一種狹長型公寓格局，屋內沒有走道，房間如火車車廂般一間通一間。

子。錢一直是個問題。他們好像認為這是做藝術的代價，不過我太小了，不懂代價不代價差在哪裡，而且我覺得我們的小宇宙好得很，除了我爸的愛乾淨。他最喜歡把那些紙撿起來集成一疊，像洗牌一樣洗亂順序，然後把我的玩具全扔進箱子收起來，開始用吸塵器吸地，害我們都不能專心。

我爸媽離婚之後，一切猛地變了，我開始每年換住不同的公寓，剩下的青春期消磨在漫長的監護權糾紛、弱勢兒扶助等等與童年創傷相伴的贅語裡，十幾歲起，我接過家中情緒照顧者的棒子，因為我媽媽的身體逐漸不堪經濟壓力，她很年輕時就患了多發性硬化症，一直以來都還能走，生活大致沒問題。但疼痛和症狀隨著歲月惡化，吃掉愈來愈多時間及心理能量，也使她很難維持人際關係，我記得我高中時，她有過極度孤獨的一段時期，每天躲在房間不出來，看電視重播《價格猜猜》（*The Price Is Right*）[2]。

「如果別人覺得你會康復或死掉，他們會對你比較好，」她曾對我說，「如果你只是一直在生病，他們一下就膩了。」

若要領取社會安全補助金（Supplemental Security Income，簡稱SSI），我媽媽的收入必須低於一定標準，比起仰賴政府津貼，她可能更樂意繼續寫作為生，但若沒有SSI，就無法取得她必需的聯邦醫療補助（Medicaid），而SSI的低收入標準是與配偶一起計算的，這些法規下，我媽媽基本上是不可能再婚了。美國的「婚姻平權」實際上不包括身體不健全的人，當然，這不是他們受到的唯一差別待遇。

有一個鮮明的例子，能看出身心障礙者要擁有與其他人一樣的工作權利多麼不易，疫情時，有些倡議團體指出，許多雇主從前堅不接受員工居家上班，但當疫情衝擊公司營收，他們就火速推出了這類的彈性措施。《美國身心障礙者法》（Americans with Disabilities Act）其實有規定，身心障礙者可在職場享有「合理的彈性措施」，但該法僅適用於十五人以上的公司，而大型公司往往有各種鑽法律漏洞的辦法，能排擠身心不便者，讓他們被開除或自行離職，遠端工作在疫情後的忽然風行，清楚顯示了許多彈性措施輕易就能實施，只是看企業想不想實施而已。

從小看著媽媽不安穩的經濟狀況，說我對賺錢「期望很低」可能還是委婉了點，二十幾歲時，我不太為此擔心，感覺生活困頓乃是天經地義。高中時，我進入一間標榜視覺藝術的特色公立學校（magnet school）[3]，後來考上紐約市內一所免學雜費的小型藝術學院，我申貸了生活

2 譯註：美國估價競賽節目。

3 譯註：美國的一種公立學校，提供特色課程如藝術、體育、數理資優等等，吸引才能優異的學生跨學區就讀，或直譯為磁鐵學校。

費，進入一家書店打工，從此開啟還學貸的十四年。出社會後，我做過各種雜七雜八、對履歷無用的工作：劇場管理員、時尚展場繪師、素食餐廳內場、攝影助理、派對餐點人員、侍者、雜誌社事實查核員、中學社團老師、大學 Photoshop 課講師……還在一家童鞋店待過可怕的一天。

即將滿三十一歲前，我得到生涯第一份專業文字工作，那時我的兼職之一是櫃檯人員，某天，一位我知道在廣告界混得很好的女士停下來和我閒聊，她提到有人找她接一份寫部落格文章的工作，但薪水低得多，她不怎麼心動，我央求她把我薄弱的履歷寄給他們，順便幫我美言幾句。她真的寄了，一段試用期之後，他們決定全職僱用我。

那是我的第一份、也是至今唯一一份全職寫手工作，提供年假、帶薪病假，甚至還有基本醫療保險。我睽違多年，再度開始每天進公司上班，辦公室位在曼哈頓金融區的一處 WeWork 據點，大家在同個空間裡坐成擁擠的兩排，所有人靜靜盯著螢幕透過 Slack 交談。就算有同事傳了「哈哈哈」，室內也絕對是鴉雀無聲。

身為一個什麼都略懂、什麼都不精通的人，我善寫部落格的程度連自己都嚇了一跳，如果說我這輩子有一件真正擅長的事，那大概就是吸收文字知識，再用某網站的風格分享出來了。這種技能還真不知道要幹嘛，但它使我成了優秀的寫手，自從公司開始統計流量，選出冠軍贈送禮券，每個月拿到的人都是我。一年半之後，我沒得到期待的升遷，於是辭了職，開始探索自由接案的未知荒野。

事後回想，也許我不該放棄全職工作的，不過後來不久，那家公司也收掉了共享辦公室，同事們接連離開，只剩下最基本的編制。我獨立門戶後，很快被幾家類似網站以類似酬勞聘用，但沒有一家要我進公司，也沒有一家提供任何福利。我可以同時承接別的案子，一天寫三、四個網站的文章，到了二〇一六，我有生以來頭一次，擁有在紐約生活還過得去的收入。

我每天早上七點半開始寫文章，常常一天要寫十篇長短不一的貼文，算起來，每日要寫四千字左右吧，另外得再加上學習操作網站後臺、套用指定體例的時間。雖說這點辛苦和在礦坑工作還差得遠，而且不必通勤，但整天下來，我經常從右眼到右手掌都麻了，精神虛脫的感覺讓我只想一臉憨呆地看著天花板看到睡覺時間，背痛使我夜裡難以成眠。

我都開玩笑跟朋友說，網路就像一個流出髒水的水龍頭，而我是水槽裡的濾網，負責把大塊大塊的垃圾撈起來，接著我把那些垃圾重新包裝，配上聳動的標題和吸睛的照片，弄得漂漂亮亮，方便大眾取用。當時我服務的許多網站——包括內容農場式的爆紅部落格——都鎖定川普為焦點，意思就是我得成天被介於「糟糕」和「令人髮指」之間的新聞沖刷，寫部落格寫到這麼心力交瘁，實在太荒謬了，但醒著的大部分時間，我真的都掛在線上，以便第一時間接收最新消息，還有推特及臉書上的反應。結果，我進入一種很瘋狂的狀態，許多日子一個人在我的臥室辦公室裡一下痛哭、一下爆笑。

整天獨自悶在家，讓我歇斯底里得更嚴重了，晚上沒出門的話，我可能會連續好幾天沒和任何人說上話。我出門通常是為了喜劇秀，二十出頭那陣子，我盡量阻止自己從事劇場相關的工作，以免落得跟我爸媽同樣下場，甚至在藝術學院，我就比較喜歡攝影和實驗片，喜歡說故事更勝過哲思濃厚的概念展演。最後還是紙包不住火，我漸漸出現像父母的遺傳特徵，總想上臺表演，讓好心的親戚朋友來捧場。

剛開始，我做的是些頗尷尬的表演藝術，二十七、八歲時，我初次報名了即興表演課，用掉一張本該拿去買日用品的退稅支票，我後來加入開課的那間劇場實習，在控臺區工作，以便能免費上課，還能站在控臺後面看一場又一場秀，我沒有真正參加過姊妹會或社團，但我猜喜劇社群應該很接近那類團體，週一到週日都有不用錢的演出、排練，或我自己的製作可以忙。寫出寂寞的文章那年，我如果沒盯著電腦，多半就在人群中，我和另外兩個女生合寫的一齣短劇秀（sketch show）[4]正在上演，我們三個也身兼演員，那齣戲和即興表演填滿了我也許能與情人約會的時間，但反正眾所皆知，我沒情人。

在那間劇場遇見的人，有些成了我多年的好友，不僅如此，還有一大群我認識已久的點頭之交，我可以偶爾和他們互換近況，跟朋友聊聊他們的八卦，感覺自己與他們有疏鬆的連結。許多人追逐興趣、愛好，甚至上教堂，似乎也就是為了這種感覺，我們想覺得自己像個大星座之中的一點，被志趣相投的人們承認為群體的一員。

可是真的好累！即使外向如我，也快沒力氣維持這麼多人際關係、推銷自己是個「玩喜劇」的、寫戲、演戲，有四份工作還嫌不夠了。尤其因為多數時候，我感覺就算忙得像隻無頭蒼蠅，我的事業也終無突破，而且我一直在變老，就像一個正常人類。

我在一堂即興課上結識了朋友狄倫，過不久，他便搬到洛杉磯，每隔一陣子就會建議我也搬去那裡，看看新的世界。對狄倫而言，紐約只是個停靠站；但對我來說，紐約代表家，代表我的家人、我生活的一切，我怎麼知道何時該告別它們，到別處尋找新的家、家人與生活呢？但那一刻感覺愈來愈近了。

過著這樣的忙碌日子，我根本很少想到戀愛的事，真的想到的時候，我意識到我對感情和性的態度，在二十五歲前後轉了個彎，從此再也沒有回到常軌。

我有時會回顧我的戀愛史，想知道自己哪裡走偏了。我最後一次覺得自己真正被珍惜，是

---

4 譯註：由同一組演員演出、許多短段子串成的一種喜劇形式。
5 譯註：美國高中通常讀四年（九年級～十二年級），高二是臺灣高一的年紀。

大學時代結束的一段感情。歐文和我是青梅竹馬，我們高二時[5]，他和我最好的朋友比莉是一對，我們是大學前的暑假在一起的，為此還先徵得了比莉的同意。比莉後來與她高中認識的第二任男友結為連理，我在一間地下室小劇場，扮成布蕾妮（Brienne of Tarth），為醉醺醺的觀眾們演出《冰與火之歌》（*Game of Thrones*）的惡搞劇時，她已經生完第一胎了。

和歐文交往給我一種安全感，我們的戀愛中有某種純真存在，三十歲後回望，我感觸最深的是他多麼不害怕承諾，即使到了我們彼此折磨的時期，他好像還是願意繼續守著這段感情。他不擅長討論自己的感受，但很擅長包容我焦慮的情緒起伏，當他意有所指地開玩笑說要去買婚戒，我開心地飛紅了臉，同時又被這話嚇壞了，我才二十歲而已，和歐文相守一生的想法，逐漸變得像要活在一圈慢慢縮小的圍籬中。

那時我覺得，婚姻彷彿一個句點，標示我人生旅途的某些部分已然完結，但就算我們相愛的日子裡，我也覺得還有其他事物在別處等我。

交往將近三年後，我們決定分手，我大四去了巴黎當交換學生，像茉莉．林瓦德（Molly Ringwald）的電影一樣，歐文則隨即進入另一段持續多年的感情。接下來每一年，我都在等待自己終於成熟、確定了、**夠了**的感覺出現，想著當那種感覺降臨，我就會結婚。當時婚姻在我心裡便是這種意義，像個標記成熟的符號，然而我再怎麼等，也從來沒有那類確定的感覺。

歐文之後，我有過非常多情場對象：男人、女人、任何吸引我的人，有些是我在乎，甚至愛過的人，也有些是道別後就忘了的人，其中只有一個是正式認真交往的伴侶，那段關係結束後，我就開始了接近禁慾的六年。我的第二任叫摩根，比我大十六歲，他是個可以自己照顧自己的酒鬼，除了完全喝過頭的時候，差不多每三個月會有一次，我得去把爛醉如泥的他和他的腳踏車弄回家。雖然挺討厭的，但我離開他不是因為這點，而是因為他想搬回老家費城住。我對費城一點感情也沒有，而且根據我們去玩的幾次經驗判斷，我搬去那裡只怕會變成病得不輕的毒蟲。

至少別人問我們為何分手時，我都是這麼說笑，事實上，我們去費城可能也無所謂，他繼續喝他的酒，我偶爾去撿他回來。他聲稱他深愛著我，但我總覺得不太自然，他想定下來、他想當個「戀愛中的男人」，找到他今生鍾愛的另一半。這奇怪地缺乏個人色彩，好像這份決心先於他實際喜歡的對象之前、好像我在補一個缺，我後來才明白，我們只是從未真正愛過彼此而已，我們分手後，摩根幾乎馬上和另一個女人開始交往，當年就與她結婚了。

倒不是說歐文之後，我就不曾深深墜入戀愛，和摩根交往前不久，我迷戀著我十四人公社的一個室友——就是那種十幾個年輕男女朝夕相處下一定會有人產生的迷戀。那段相思乍然終止得太驚駭，我還記得我跟一個朋友說，感覺就像我的「愛情接收器」壞掉了，不管是什麼電線在傳導那麼濃烈的愛意，總之已經燒斷。當然，心並不像一團電線，因為心會復原，我的心最後也復原了，甚至再見到那個室友也沒什麼特別感覺，只會懷念起愛情令人欣喜的瘋癲。

和摩根分開後，我對談戀愛愈來愈不積極，雖然走出了慘戀室友的陰影，我卻覺得有什麼打從根本改變了。或許我失去了暫時擱置懷疑的能力，無法再縱身投入一段感情，大家都在不斷戀愛和失戀，除了我以外。光陰荏苒，愛情彷彿成了屬於過去的感覺，不屬於未來。

不知何時起，我不再嘗試與人交往了，我開始懷疑兩個人能否走下去，最主要得看時機，我的時機和所有人都對不上了，起初我只是脫隊一小步，然後愈偏愈遠，終於完全掉出地圖外，寫那篇「永遠一個人」的文章時，這非常可能就是我的結局。

文章發表後幾天，我正和兩隻貓一起窩在床上讀書，耶誕節和新年之間的這週總是過得朦朦朧朧，我沒有家務要做，大部分朋友都不在城裡，工作案件也很零星，我翻過一頁，看見手機螢幕亮起，是一個朋友傳訊息來，問我最近好不好。

「我讀了你的文章。」她接著傳。我以為她是要說恭喜我寫了篇好文章，之前有幾個人傳訊息這麼說過；朋友喜歡我的作品會令我很開心，可惜我這回要失望了，這位朋友並不為我高興，她很擔心。

「你好像覺得一直憂鬱也沒關係。」她寫道。

她當然不是唯一給予我批評的人，我寫的可是網路文章，讀負評就跟喝水一樣。不過自從貼出那篇文章，我發現來信和來訊絕大多數是表達共鳴，此外也有不少人建議我減肥、別那麼挑，或者去看心理治療師，想個辦法把我的**毛病治好**，這樣好對象才會現身。甚至有位戀愛大師寫信來，表示願意協助我尋找靈魂伴侶，也有些人告訴我，從文章看來，我似乎是個很糟糕、很消極的人，不會有人想跟這種人在一起。這下好了，我朋友還說我**憂鬱**。

令我不解的是，為何這麼多人相信，成為一個完滿的人就會找到好伴侶，現實中，明明有太多不獨立、不快樂，甚至（驚！）憂鬱的情侶們。在我看來，這類想法只是更暴露了對單身者的成見——認為你單身就代表你有問題，沒人會愛寂寞的人，你一定是不充實、不快樂才沒人愛。

聽見自己朋友這麼說，畢竟還是和從陌生人那裡聽到不同，那幾條訊息真的攪得我心煩意亂。我知道我朋友得過憂鬱症，也知道她從大學以來接連談過兩段很長的戀愛，準備和現任男友結婚，她要不是從我文中看出了憂鬱的跡象，就是她不曾長期沒有伴，所以完全不懂我在說什麼。

也可能兩者皆是，我自己也得過憂鬱症，大約有一年半時間服用抗憂鬱藥物，當時我的一個摯友突然過世了，他叫雷蒙，是我從進高中第一天就認識的朋友。我很清楚我現在的感覺與失去摯友的悲傷截然不同，那段可怕的日子裡，彷彿只有一層最薄的冰，隔開我與底下絕望的漆黑深井。

人們常把寂寞和憂鬱看成一對，認為寂寞會導致憂鬱，那則訊息隱含的意思使我生氣。我朋友顯然覺得我有問題，或許患了心理疾病，換言之，以情侶為中心的世界就沒半點問題。

暗示我有毛病和壓迫我脫離這種狀態，兩者之間的界線究竟在哪裡？如果這是「病」，我或許該努力「好起來」，但若我承受的，只是所有偏離異性戀本位（heteronormative）家庭結構的人都必須承受的不舒服，這可就另當別論了。若是如此，該改變的或許是更大的體制；若是如此，寂寞便不該被視為個人感受或個人缺陷，而是無論是否有此困擾，人人都需要認識的議題。

老實說，我甚至沒有客觀上的社交困擾！我的生活充滿活動、朋友、家人，我並未由於種族、性別、性向而受歧視（大家都認定我是異性戀，因為我留長髮），如今的收入也讓我得到前所未有的安穩。

但在我的忙碌熱鬧之中，確實始終有一絲恐懼，害怕我的人際關係會日漸凋零，我的長輩有一天會過世，朋友會日漸忙於陪伴愛人和家庭，我的身體會變差，無法再維持今天的靈活積極。有時我會覺得，前方等待我的不是世間人情的忽冷忽熱，只會愈來愈冷而已。

這算憂鬱嗎？或者只是一個邁向四十的單身女子對未來的務實評估？

之後幾天，我悶悶不樂地在家晃晃，我氣自己無法相信所有人說的話，說愛情一定會來，我應該對此雀躍期待，因為它將拯救我脫離寂寞之海，另一方面，我也氣他們冥頑不靈，我都寫了兩千字說明我多討厭這樣，他們還要我繼續假裝相信。

元旦那天，我又賴在床上，收到另一則意外的訊息，這次內容歡樂多了，是我一個前室友小麗寄來的，她問我記不記得前幾年的元旦，我們都有去康尼島參加北極熊冬泳（Polar Bear Swim）[6]。去年六月各自搬家後，這還是我們第一次聯絡，她說雖然有點臨時，但要不要她現在來接我一起去？

小麗開著她那輛生鏽的老 Volvo ——綽號叫桃樂絲——出現在我家樓下，載著我一路嘻嘻哈哈到了海邊，今年天氣溫和，明亮的藍天讓跳進冰水想像起來稍微不可怕一點。車位就跟往常一樣難找，我們停在幾條街外，走了一大段路回海灘，加入出發點前的喧囂人群，很多人穿泳衣來參加元旦冬泳，但也有不少人特別扮裝，扮成美人魚、怪獸、包著尿布的巨嬰。我個人偏好在造型和實用之間取得平衡，所以穿了一套藍色連身工人裝，外加一雙我今生都不想再穿的醜鞋。

6 譯註：一九〇三年開始，於紐約康尼島海灘舉辦的元旦冬泳活動。

每年來到現場，光是興奮的氣氛就足以帶我衝下水了，小麗和我一起大喊：「一、二、三，衝！」然後跑進眾多參加者及拍照者之中被人群沖散。最難的是下水之後，你要把全身浸進冰水，頭也鑽下去，感覺自己全身都在狂叫：「等等啊！你再考慮一下！」等我熬過這番折騰，大腦會賞給我某種化學物質，作為逃過一死的獎勵。

我們兩個氣喘吁吁、渾身滴水在岸邊碰頭，決定再度一起奔向大海。又上岸後，我們靠著日光的溫度和腎上腺素多逗留了一下，欣賞眼前的景象，結伴來玩的青少年邊尖叫邊發抖，扮成創意造型的女人揩掉流進眼睛的妝，開心吠叫的狗跑向海水又跑回岸上，太陽從薄雲後露出，照向尋覓暖意的臉龐。

我覺得很愉快，比前幾天好一千倍，撇開跨年接吻的傳統不論，新年已經是少數不強調愛情、情侶或家庭的節慶了，元旦大致上是個自我反省、自我承諾、自我成長之日，或許是單身者最能輕鬆慶祝的節日。無論經歷了多少寂寞黑夜，你總有機會洗淨一切，清清爽爽重新開始。

誰知道未來會怎麼樣？站在海灘上，被迎接新年的人群包圍，我好像完全能想像，有些特別的大事真的要發生了。

我希望那是什麼呢？

所有發表那篇文章之後的對話、留言、不請自來的訊息，在我心底激起了某些東西。我想試著改變，也許我**就是**有問題，我只不過需要克服自己，然後我的另一半便會出現，將我的未來焦慮全部掃盡；也許，只要我聽從人們給的建議，真愛確實就會上門，我會永遠告別寂寞，變成一個真正的女人。

如果沒效呢？我心裡有個惡意的小聲音說。如果你改變以後，一切還是沒變，不就正好能證明給那些人看看了嗎？

既想治好我的問題，又想證明我沒問題，帶著互相矛盾的兩種動機，我以極其尋常的方式展開了新的一年——決心今年一定要徹底改變。

第2章 要是不愛自己……

「再低！」我的健身教練丹尼爾命令道，意思是正在牆邊練習螃蟹走的我，深蹲得還是不夠低。每次教練叫我蹲低一點，我就會想站起來休息，所以我站起來了——一下下而已，丹尼爾耐著性子等我，今天這堂課只剩十分鐘。自從我來到這家健身房上課，被隨機分配到他門下，差不多也一個月了，丹尼爾知道，我這人願意挑戰的難度有限，什麼動作會有一丁點累，什麼就是我的極限。

我做了一件西半球二分之一人口每年年初都會做的事：繳費加入一家健身房。上次我報名是七、八年前了吧，我想全面改造我的生活（有這種可能嗎？），但不確定該從哪裡著手，於是選擇了健身房，也就是最常被想要改變的人纏上的地方。

今年是我單身的第七個年頭，向世界宣布這件事，相當不同於私下告訴朋友。坦白說，人們的回饋令我非常難過，雖然我一直嘴硬不承認，我以為我不在乎那些關於寂寞的勸導、忠告、看法、建議。我錯了，我知道今年絕對不能再像前幾年一樣，至於要怎麼不一樣，我就不知道了。

說真正的改變和外在無關的人，想必沒有被無數「你不能戀愛就是因為外表」的留言洗禮過，我的問題很簡單，至少網路酸民的標準看法是這樣，我就是太醜了所以沒桃花。

某天，我像個笨蛋一樣在網路上搜尋自己，看見我的寂寞文被轉貼在 Reddit 論壇上，它出現在幾個不同主題的看板，有些是心理相關、有些是戀愛相關，有些很難描述，姑且稱為厭女相關好了。一般來說，去讀那些留言是件傻事，但去讀「最後的心理醫生」（r/thelastpsychiatrist）看板上的留言，簡直是噩夢一場，根據我文中的線索，我被診斷為一個病態的自戀狂，由於自我忽視而導致了心智及情感殘缺，說不定真是如此，但我比較希望從幫我看診的專業醫師口中聽見這些話呀！

這些年來，我發現人們對寫作者有一種習見的誤解，認為他們寫自己生活中的事是因為覺得自己很棒。事實上，我寫自己的事，是因為我知道我某些方面很爛，也有別人跟我一樣，而討論這些能幫助我們改善，這也是我僅知的謀生方法。但就算相信自己動機純良，看到那些評論仍使我無法平靜。

「換個性別，根本沒人理你好嗎？」

「她感覺就想把自己塑造成受害者啊。」

「這作者要是男的，只會被當成肥宅。」

雖然酸民的話有時一針見血，但我發現它們多數隱含的觀點是，如果你還沒達到某種完美，就沒資格期待別人給你合理的愛與關心，這種觀念令人深感不安，因為它不只是論壇上的邊緣意見，「多花點心思在自己身上」非常主流。

我們極少「花心思在自己身上」，而不拿出部分成果交換他人肯定，這倒沒關係，希望努力被看見是人之常情。我們不是活在真空中，不然才不會有人做什麼仰臥起坐，只是實在太多人用「你要多對自己用點心、你要多愛自己一點」回應單身者的訴苦，多到令人懷疑它們是「你這副德性哪有人要」的替代用語。

我好討厭這種幽微的暗示，彷彿「多愛自己一點」的真實意思是「想辦法變成大家會愛的人」，在健身房簽約那天，我被兩種感覺撕裂，一邊是惆悵的嚮往，另一邊是可怕的屈服。

我去的健身房是連鎖經營的那種，沒有團體課程，幾乎沒有任何附加服務，但有啞鈴、踏階機、橢圓機，丹尼爾要折磨我，這些就綽綽有餘了。我買了他們會員限定的個人特訓方案，每週可以上兩次半小時的課，我說服自己這很划算，將收費與一家有提供毛巾的健身房會費稍稍相比的話。報名健身房是項冒險之舉，因為我想到運動就怕，已經多次嘗試運動都沒成功，這次砸錢下去，是賭我自己會心疼錢而乖乖去上課。

這招真的有效。我準時出現在健身房，認識了教練丹尼爾，他人很好，對於幫我特訓充滿熱情，不過幾堂課後就消磨光了，他帶我做完踏階機，再做腿推機，再移到瑜伽墊，一邊用手機碼表幫我計時，一邊也滑滑IG。我不怪他，看我掙扎著做深蹲和弓箭步，或跳繩跳不到二十秒就放棄，想必不太有趣。這一切都好令我灰心，我不只體力差，動作也笨拙得跟嬰兒一樣，而且老是耍蠢。

練完螃蟹走，丹尼爾叫我躺回地板做仰臥起坐。現在是一大早，以前我們都是下午上課，我正深切體會到在睡醒和開合跳之間，保留七小時緩衝的必要。

「手肘往外，」丹尼爾凶巴巴地說，「再高一點！你可以！」

到了第十下，我已經相當確定我不行，也相當確定逼我的人絕對是個大混蛋，就算是我付錢請他們逼我的。我坐起來，氣喘吁吁地說：「你不要以為我做起來跟你一樣輕鬆，我比你老很多耶！」

可憐的我，又老又累，全身都要散了，做太多仰臥起坐，我就要滿地找骨頭了，他難道看不出來嗎？

「我三十了。」他瞥我一眼，不屑地說。

不會吧？我心想。我三十二歲，但為什麼他看起來比我年輕一百歲左右？他有精神得像個練完田徑還能一路狂奔回家的少年，而我光是要繼續活著就全身關節痛。

那一刻改變了我對虛榮心的想法。那週起，我終於開始**主動**上健身房找丹尼爾練習，我希望以後見到他的時間可以不痛苦一點點，更重要的是讓我自己老得慢一些。

照顧虛榮心和照顧健康（以及如何分辨兩者）成了我的新興趣。

我**盡量**不把重點放在結果，例如說不定會變性感之類的，我想像自己在做一個實驗，像個科學家，在驗證「運動令人開心」的假說。

有意思，我一面看自己做深蹲一面想。真有意思。

我的力氣一週週增加，和丹尼爾上課的半小時還是很累，但至少不會再累到想哭。我發現有些部位長出了肌肉，起初比較像私下健身，變化都很細小，也只有我自己會在揉著發疼的腹斜肌，或者沖熱水消除痠痛時發現。我很怕努力無效，不想聲張我在健身，所以沒貼過健身房自拍照，也沒買過美美的運動內衣和緊身褲，不過IG的資料探勘技術不知從哪聽說了我的新嗜好，開始丟這類廣告給我。

丹尼爾通常要我著重訓練下盤，他說腿部的大肌肉會燃燒比較多熱量。我的大腿和臀部逐漸緊實，其他地方則毫無類似跡象，我不禁想到健身教練如何深刻影響著他們學生的體型，尤其是那些初學健身，沒什麼特定目標，只是「想訓練」的人，他們可沒說要練成**怎樣**。根據之後幾個月，我的股四頭肌變得多壯碩判斷，丹尼爾應該是要助我練成能跟鴯鶓賽跑吧。

後來某週，丹尼爾休假，代班的教練梅森幫我上課。梅森決定讓我動動沒開發的肩膀，「肩膀有肌肉，穿背心裙會很好看喔！」他鼓勵道，也無意間洩露了他的偏好，這種話挺討厭的，但我不會跟梅森計較。無論他對背心裙有何看法，他顯然很用心協助學生鍛鍊肌肉，他告訴我，他大約八個月前才考到教練證，之前是一家餐廳的二廚，他五十六歲，但外表年齡同樣比我年輕一百歲，腹肌如此塊塊分明，我看歲月也永遠抹不平，而且他五十歲後徹底改變了自己的生活，對於打造身體和生活無比熱衷。

「真希望你一開始就是給我帶，」他說，我在旁邊臉色猙獰地做著二頭肌彎舉。「你會變成我的代表作。」

此話完全聽不出猥褻意味，梅森真的把我的身體看成某種黏土，有潛力、可以塑造成值得炫耀的自信之作，但我仍然不知道，所謂改造是要變成什麼樣子、是要取悅誰。我嗎？我心想，彎起手臂，撫摸最近才出現的微微肌肉線條。

新年前，我有另一個考慮中的目標：想嘗試一個月不吃乳製品。在這種易受影響的狀態下，某天演出我們的短劇秀前，我在演員休息室碰巧與人聊到一個話題，那時大家都已換好戲服。我們的戲設定在攝政時期[1]，其他女生穿的都是高腰、繫著蝴蝶結腰帶的花長袍；演女僕的我則是一身黑衣，頭髮塞在皺摺邊的女僕帽裡，這角色是我自己寫的，選角的也是我，但每次要和衣裳高雅華麗的其他人一起上臺，都會令我悔恨飾演唯一的老古板。

我的演員夥伴之一，正在背一串不曉得什麼意思的東西。

「酒、穀類、某些油、大豆、乳製品、所有含糖食物，」她一邊說，一邊掐指計算，「啊，還有豆類！」她又補一句。

「那是什麼？」我好奇問道。

「三十天全食（Whole30），」她說。她解釋道，那是一套為期三十天，排除特定飲食的食療方法，她剛剛念的都是禁止的食物。「我們很多人明年要開始一起挑戰。」

「我正想試試不吃乳製品……」

「那也很好耶！」她熱情地說，我望向角落那面全身鏡——上面滿是刮刮膜貼紙和口紅唇印——我看起來雙眼凹陷、膚色斑駁、脖子浮腫，不只是服裝的問題，我轉回頭。

「好，那我也參加。」雖然她其實沒問我。她在空中做了個擊槌成交的動作，說她會把我加進臉書社團裡，裡頭都是要一起從元旦開始三十天全食的朋友。

三十天全食是一種用新形象包裝的飲食控制法，於二〇〇九年問世，主打可以用來「掌握」你的飲食習慣，找出你吃哪些東西會**感覺不好**，戒掉糖、乳製品等等令你「上癮」的食物，三十天全食公司在他們的網站上，將此刻畫為透過限制、獲得自由的一套方法：「有項最簡單的事實，我們再怎麼強調都不過分——下個三十天，將會改變你的一生，它將改變你對食物的觀念、它將改變你的口味、你的習慣、你的渴望。下個三十天，很可能改變你情緒上與食物及身體的關係，還可能改變你餘生的飲食方式。」

多宏偉的願景呀！

這些偉大的理想、群組裡朋友的支持，或僅僅是想要改變的決心，促使我好久以來第一次貫徹了某種飲食計畫。我自己烤蔬菜吃、買了一只慢燉鍋、一次準備幾天份的餐、我認真閱讀臉書社團上的貼文和留言、和大家互傳訊息、一起在即將十五天的時候拿「虎血」開玩笑——那是據說三十天全食後半段會進入的通體舒暢狀態。我有一種被接納和支持的感覺，儘管也懷疑我們可能只是一群走火入魔的人，在戰友說今天自己生日，但忍住沒吃蛋糕的貼文底下留言力挺。

1 譯註：一八一一至一八二〇年，英王喬治三世因病無法問政，由日後的喬治四世攝政的時期。

實行起來很難，但沒有我想像中那麼難，每次我想吃乳酪，就會跟自己說：「三十天就好，你只要改變三十天就好。」定出一個期限，讓我比較能管理這些改變的嘗試，如果試了無效，我可以輕鬆回到老樣子，甚至忘記曾經試過這種事，這念頭很有安慰效果。

三十天全食快結束時，某次又穿著戲服在休息室裡，有個演員夥伴看見我，評論了幾句。「你做了什麼？你變得好漂亮喔。」她用一隻手在我面前揮了揮，像在擦擋風玻璃，主要大概是因為我瘦了將近五公斤，不過我只說：「謝謝你！」

她點點頭，又說：「感覺你散發一種內在光芒耶。」

她的讚美讓我覺得很窩心，雖然我知道她可能誤將外表的變化當成內在的變化了。遵守一套促進血液循環、吃下大把蔬菜的飲食規則，確實能讓你神清氣爽，但不會讓你心靈昇華，我的本質沒什麼變，大家待我的方式卻開始不同了。會不會我除了肌肉增多，還發生了別的變化？這是個誘人的想法，也是很容易出現的想法，因為近來興起的「身心靈健康」（wellness）風潮一直在制約我們，讓我們覺得減肥有更深的意義。

瘦身產業近年來經歷了一些翻新，吸收了身體自愛（body positivity）運動的語彙，成為一種把人搞糊塗的混合體，至少把我搞糊塗了——在我讀完三十天全食提倡者的狂熱宣傳、追蹤他們的IG帳號之後。我不對豆類過敏，我的腸胃能消化乳製品，吃一小片水果也從沒對我造成什麼危害呀！但那麼多限制下，我不再吃零食，吃下的量和次數都減少了，毫無疑問，三十天全食是一種飲食控制法，雖說這還是我第一次實行可以對外宣稱是「為了改變我和食物的關係」、而非為了減肥的飲食法。事實上，它的確使我變瘦了，而且它和所有飲食法一樣，重點是改掉紊亂的飲食習慣，無論包裝成什麼樣子。

二〇一七年，《紐約時報雜誌》刊過一篇文章，討論體重觀察者（Weight Watchers）、瘦身特餐（Lean Cuisine）[2]等品牌的轉型，作者塔菲．柏德塞阿克納（Taffy Brodesser-Akner）闡述，大眾對減肥的觀感已大幅改變，以至於傳統瘦身品牌不想再被與瘦身聯想在一起，他們開始採取符合身體自愛觀念的說法，商品沒變，但行銷重點換成了含糊籠統的「身心靈健康」。她敘述：「女性雜誌封面上的字眼開始轉變，從過去那種尖銳、具象的身體語言，換成某種更溫和的語言，並且承認，一本女性雜誌未必知道你的體型應該如何、可以如何。**健康美！自信美！打造好體態！**取代了**甩肉！完美節食法！這樣減一定瘦！**之類的減肥語言，二〇一五年底，此前拒絕妥協的《女性健康》（*Women's Health*）宣布，他們的封面上將不再出現『擺脫大尺碼』、『魔鬼身材』等語。『身心靈健康』扶搖直上，如今風行的是斷食、純淨飲食、排毒、改變生活方式，

---

2 譯註：前者為美國知名減肥機構，後者為雀巢旗下的低卡冷凍食品品牌。

雖然所有證據都表明，這些追求的實際作法，就是跟減肥一模一樣的飲食控制法。」

對我來說，這些改變確實讓減肥變得比較有吸引力。我十幾歲的時候，人們都還認為女生就該瘦一點，再瘦、再瘦、瘦到變成會被風吹走的紙片，我媽媽有時會逼我跑步來換零用錢，在我們家樓下那條熱鬧大街上來回跑。她老是罵我吃太多，她說要讓肚子變小，我就不能再吃那些麵包、玉米、米飯……反正我會吃的東西最好都別吃，因為我屬於那種沒什麼品味，喜歡碳水化合物的小鬼。

隨著時間，我媽媽的觀點逐漸改變，她不再那麼愛批評我吃太多或太胖，雖然還是討厭我剪短髮，也許她意識到審美標準在變化，也可能她決定少說兩句來挽救母女關係。她二十多歲時，曾經靠模特兒工作維生，而且她成長的家庭裡，母親看守女兒的身材就像看守一筆押金，我能原諒媽媽批評我的老習慣，但比較難打破小腹導致的自我厭惡循環。認為運動健身和改變飲食不是壓抑自己，反而是一種愛自己的形式，似乎為我打開了一扇嶄新的中性小窗，讓我有機會做出不一樣的反應，如果是為了愛自己或照顧自己，要我勤奮健身、用力節食也不是辦不到，哪怕我和朋友互傳的訊息內容，依然是瘦身產業販售的胡說八道。

柏德塞阿克納指出，資本主義有一種恐怖的能耐，能吸乾有意義的文化潮流，將之變成行銷手段。二〇一七年初，在混亂的政治氛圍中，「自我照顧」（self-care）——身心靈健康的遠房親戚——忽然躍上主流，大家都被鼓勵練習照顧自己，以便暫時不必想起世界局勢走向哪裡。當時媒體上推銷「自我照顧」的方式，彷彿復刻了單身者一天到晚被勸告的「為自己花心思」，鼓吹用某種極度個人主義的作法，解決一個結構性的重大問題（例如：國家元首是法西斯主義者）。

在二〇〇七年一篇關於健身及女性主義的文章中，卡蘿．法卡斯（Carol-Ann Farkas）形容，女性健康雜誌的功用，經常是讓女人改善自身，聊以慰藉，她引用沙瑞．德沃金（Shari Dworkin）及麥可．梅斯納（Michael A. Messner）的一段話：「消費主義下能買到的個人培力（empowerment）形式，嚴重削弱了女人關注、甚至察覺她們集體利益的能力。（這導致）能動性完全轉向自身，聚焦於改造個人身體；無法轉向外界，集結成集體行動。」

二〇一七年初有許多集體行動能參與，我也參與過，但這並未使個人主義慰藉對我的吸引力減少，川普當選後的自我照顧浪潮在我身上，逐漸體現為更認真運動和更關心飲食，因為減重是好久以來第一件讓我感到煥然一新的事。這些個人習慣，被行銷為某種自我療癒的方法，可以讓你重獲人生掌控權、找回方向與力量，但其實，「自我照顧」概念最原始的出發點是認為廣大人群缺少了**外界**應該給他們的照料。

作家艾莎．哈里斯（Aisha Harris）為文探討過「自我照顧」一詞的竄紅，登在二〇一七年四月的《Slate》雜誌上。她提到，大選的二〇一六年十一月八日之後那週，美國人上網搜尋「自我照顧」的次數達到平時的兩倍之多。她追溯此概念的起源，認為它來自六、七〇年代的醫界，當時主要是醫生開給年長者，或長期因病出不了門、下不了床之人的「處方」，後來此詞彙進入學術圈，指辛苦行業的從事者，例如社工，理論上能用來對抗壓力的一種技巧，它意味著認識到自己必須放慢腳步、享受生活，否則連自身健康都顧不好，遑論要促進他人的健康了。

民權運動[3]期間，自我照顧成為倡議團體的重要信條之一，最後融入黑豹黨[4]為黑人社區增加醫療服務的計畫，如同哈里斯所述，黑豹黨努力促成的這些計畫，可遠遠不只是呼籲人們多放鬆、多關心自己而已。

「這些診所開設於全國各地，招募了護士、醫生、學生，為民眾篩檢一般症狀和黑人社區中猖獗的疾病（例如鉛中毒和鐮狀細胞貧血症），並提供基本的預防保健服務。對黑人族群，尤其婦女而言，這種形式的自我照顧回應了極其迫切的需求。黑豹黨的『生存計畫』（survival programs）名符其實，旨在讓人們能活下去。」

富有政治意涵的「自我照顧」出現時，正好也就是七〇年代「身心靈健康」文化崛起之時。身心靈健康的思想已有悠長歷史，可以上溯至歐洲的療養小鎮（cure towns）。二〇一九年《Elemental》雜誌的一篇文章中，作家莎拉・崔利文（Sarah Treleaven）說明，人們會造訪療養小鎮，飲用據說有益健康的當地礦泉水，從事吃齋等放鬆養生的活動。這類溫泉療養，後來發展成了今日的豪華水療度假村，就像峽谷牧場（Canyon Ranch）[5]等公司經營的地方。「身心靈健康」實際上是五〇年代，一位鄧恩博士（Halbert L. Dunn）所創的詞彙，在後來二、三十年間成為主流風尚。

戴妮拉・布萊（Daniela Blei）在發表於 JSTOR 的一篇論文中講述，七〇年代晚期，新聞節目《六十分鐘》曾為觀眾介紹此觀念。該集節目中，主持人丹・拉瑟（Dan Rather）專訪了馬林郡身心靈健康資源中心（Wellness Resource Center）的創辦人崔維斯博士（John W. Travis）。拉瑟如此開場：「身心靈健康。平常生活中，我們可能很少聽見這個詞。它的意思很直觀，就是身心靈生病的相反……讓我們一起來了解這場風靡全美的運動。」

「我們不能因為沒有生病、」崔維斯博士於專訪中解釋道，「沒有出現症狀、健康檢查都沒問題，就以為自己身心靈很健康。」

---

3 譯註：一九五〇年至六〇年代，馬丁・路德・金恩等人所帶領，為非裔美國人爭取平等公民權的群眾運動。

4 譯註：一九六六年成立的左派政黨，宗旨為照顧非裔美國人福利，於八〇年代解散。

5 譯註：美國知名高級水療度假村。

但我總覺得，這聽起來好像一種威脅呀！甚至令人聯想到三十天全食說的：你的身體裡可能有你沒發現的毛病，必須透過某種食療，將它們找出來根除。身心靈健康帶有一種模糊性，使它的內容可以隨意擴充、包山包海，七〇年代的嬉皮白人，將針灸和瑜珈等東方傳統療法都挪用進來，而且積極吸納各種食品藥物管理局（FDA）不承認的偏方，大腦SPA、聲音浴、能量水晶……基本上，所有可能來自古老信仰、但常被嘲笑為GOOP。[6]鬼扯的另類療法全包了。

從比較樂觀的角度看，身心靈健康承諾一種不一樣的醫療形態，其中心靈與肉體不再斷裂分離。這是一種更全面的健康觀，與傳統西醫的異化面向形成強烈對比，帶給人們一種掌握自己身體和健康的感覺。

可惜的是，身心靈健康進入主流的同時，似乎也吸走了自我照顧較深的那層意涵，在身心靈健康一詞的浮濫使用下，自我照顧更激進、發自社區的那些層面逐漸被稀釋了。我初次讀到這個觀點，是在詩人、小說家、民權運動鬥士奧黛麗・羅德（Audre Lorde）的散文集《光之乍現》（*A Burst of Light*）中，羅德寫道：「照顧自己不是自我放縱，而是自我延續，是一場政治作戰行動。」寫作那些散文的同時，羅德正與肝癌奮鬥，她嚴重的病，加上我對她所作所為的敬佩，使自我照顧讀來更像在站第一線為世界戰鬥的人們，幾經考慮後採取的嚴肅行動。然而《光之乍現》出版的三十年後，川普當選後的今天，「#自我照顧」好像成了每個敷完泥膜、在IG上貼自拍的人都會使用的標籤，而且他們也只是隨口說說而已。

這種自我照顧讓我覺得很荒唐、很自我放縱，但好像真的很不錯，我也是人，我累壞了，我需要某種照顧，而轉向自身似乎比接近外界發生的一切安全多了。成為更好的人，總是一件有益的事吧？如果我開心一點，不也會成為更好的人嗎？能變漂亮的話，我不是會開心一點嗎？持續關注我的外包裝，並且主張這是為了健康，好像不僅可行，還是積極面對人生、承擔責任的作法。我對投入這一切的顧忌漸漸瓦解，最後幾乎都要忘了我曾懷疑「花心思在自己身上」的哲學。

帶我健身幾個月以後，丹尼爾開始會關心我上課時在幹嘛了，某天下午，他發現我一邊練划船機，一邊看鏡中的自己。

「喔？偷看自己美不美？」他打趣道。

「只是看動作有沒有做對。」我紅著臉堅稱。

「不是笑你啦，你很美喔！加油，你真的進步很多。」

丹尼爾的稱讚，讓我更豁出去相信，「花心思在自己身上」就是終結孤單的解答，或者讓世

6　譯註：影星葛妮絲・派特洛（Gwyneth Paltrow）創辦、爭議極高的養生偏方品牌。

界更好的替代作法。生日前不久的一天，我窩在床上看《綠箭俠》（*Arrow*）。CW電視臺翻拍的影集裡，凱蒂・卡西迪（Katie Cassidy）飾演漫畫人物黑金絲雀（Black Canary），她完全迷住了我的目光。我八成愛上她了，不過從很久以前，我就對影劇演員呈現女性特質的方式很感興趣。我對她的好奇似乎別具意義，我想知道她擦哪款唇膏、用哪款潤髮乳，她的眼影怎麼白天晚上都一樣自然？我想知道像她那樣子是什麼感覺，不是說當超級英雄的感覺，她看起來美得如此輕鬆自在。

那個週末，我走進一家Sephora美妝店逛唇膏，想找到那種塗完就像原本唇色、只是更好看的唇膏，等到緊緊抓著一盒Smashbox彩妝組、四枝眼線筆、兩枝唇膏——事後證明我對它們期望太高了——踏出店門外，我已經滿臉亮粉和睫毛膏印，眼周堆著沒抹開的BB霜，時間也過了幾小時。回到家，我的購物瘋還沒退燒。我又買下一雙Cole Haan高跟靴，外加幾條新的小尺碼牛仔褲，並且在某個「美容」工作群組看完大家的推薦後，訂了一瓶每盎司八十美元的醉象精華液，我從沒聽過什麼維他命C精華液，但要買就買最好的，我暗自決定，這些都是我送自己的生日禮物。

若不是自由接案工作突然帶給我的進帳，這些「自我照顧之舉」，沒有一項我負擔得起，我此刻的收入是生涯最高的。假如我的歷史存款是心電圖，看起來大概會像條水平線，只在今年被除顫器電擊了一下，這還是我頭一次有這麼多可以自由支配的收入，而我的理財法就跟所有沒理財過的人一樣，不太聰明，也沒想到要留點錢應付自雇稅的反擊。

錢讓我買得起大量好食材、請得起健身教練，有多少錢深刻影響著我能沉迷於哪些嗜好、享受哪些生活方式、從事哪些我歸類為「自我照顧」的活動。

工作量快把我逼瘋了，但無論多不快樂，都能透過購物來撫平，我的購物情報同樣來自我效力的網路資訊水龍頭，有時是直接的廣告，有時是間接的行銷，出現在社群平臺上，或透過女性媒體充斥的生活風格文章灌輸給我。暫時擺脫恐怖的推特動態，去讀讀 Reddit 上關於皮膚亮白技巧的討論串，不只是我的心靈雞湯，也是我尋找還能買什麼養顏商品的方法。

人窮的時候，只能用免費和廉價的東西撫慰自己，我沒有性伴侶，不然床事是相對便宜的愉快消遣。理性負責的前提下，除了上床以外，還有一種最容易取得的平價慰藉，就是垃圾食物。壓力大怎麼辦？吃一袋小金魚香脆餅呀！比心理治療便宜多了。空虛寂寞怎麼辦？是我的話，就會跟朋友借網飛帳號。耶比！一次連看六小時影集。還可以冥想啦，但那要聆聽自己的內在聲音，先不用了，謝謝。

忽然間，我也能用更高價的消遣活動轉移注意力，我很久沒花錢染髮了，因為過去幾年，我一直在曼哈頓一帶為有志的髮型師當模特兒，雖然有發生過一些悲劇，大部分結果還行。但現在，我希望我的髮型不只是還行，朋友推薦我去找一位設計師，我坐在她的髮廊裡，助手為我送上一杯義大利氣泡酒。我啜飲氣泡酒，她嚴厲地打量我的倒影。

「你看這些條紋，」她一面說，一面用刷尖翻弄我的髮根，「一看就知道頭髮被染過很多不同顏色。沒關係，我們來想辦法。」她強勢接管了我的頭髮，用手刷挑染蓋過雜色，大片大片剪掉亂髮，直到我頭上的厚簾子變成有型的蓬髮為止，我買了造型產品，可以讓頭髮平順或增加捲度，取決於我的心情，和我究竟能否學會用那些產品。

「你的髮型很像要展開新生活喔！」教過我的一個老師在劇場看見我時說。每個人遇到我，都會對我的外表評論幾句，「哇——你現在超有活力的耶！」一個認識的人懶懶地告訴我，我們正好在綠點（Greenpoint）[7]的一家熟食店巧遇。

我以前真的有那麼糟嗎？還是大家都覺得我看起來在拚命努力，很需要別人鼓勵？很多人是在失去某些特徵後，才發現符合傳統審美觀能得到的獎勵，我則是反過來，慢慢對順從大眾標準帶來的目光和信心上癮。

一月底，我們的三十天全食體驗結束，臉書社團也功成身退，我想延續帶我撐過這三十天的好友相挺模式，於是又試了一個月的生酮飲食、一個月的慢食（Slow Food），三個月過去，我瘦了快十五公斤。我開始吃得比較隨興，但飲食習慣已經改變，我興高采烈，樂於昭告天下健身這麼久總算有點用，在臉書上貼出一張我的新照片，結果立刻就有個多年前的砲友傳訊息來，問我想不想見面，儘管可以終結空窗期，我還是拒絕了。

雖然減肥很難，賺錢繼續買精華液也很難，但放棄這些讚美和支持不在選項內，比起抗拒這些正面肯定的誘惑，乾脆把我整個人都改變還比較簡單，我很清楚人們說我看起來「變快樂了」的時候，真正的意思是什麼，但就算意識到這點，我還是一樣渴望，也一樣享受他們這麼想對我的好處。

芭芭拉．艾倫瑞克（Barbara Ehrenreich）於其著作《失控的正向思考》（*Bright-Sided*）中，探討了美國正向思考的發展史，回顧此種思維如何起自宗教，進入企業，最終在醫療產業中取得一席之地。艾倫瑞克寫書時身患癌症，除了抗癌，她也奮力對抗著來自周圍、要她以正向思考擊退疾病的頑固聲音。她感到這種壓力沉重如「得了第二種病」，只要哪裡不夠積極向上，就會慘遭某些人批評，話中暗示若她死了，那一定和她這種態度脫不了關係。艾倫瑞克闡述，正向心理學最大的缺陷之一，在於它乃是更廣泛的「追尋快樂」的一部分。快樂是種難以捉摸的感覺，如今人們卻習慣想像，大家都該時時常保快樂，她直言，大部分覺得快樂或對生活堪稱滿

7 譯註：布魯克林最北的一區，有「小波蘭」之稱，波蘭餐廳和肉品熟食也很有名。

足的人，都有充分理由這樣想，因為他們不受許多社會上的不平等影響，與此同時，承受這些結構性不平等的廣大人群，則理所當然不快樂。

「歸根究柢，一般衡量快樂的方式，是一個人對自己的生活是否滿意，」她寫道，「這是一種心理狀態。而較容易進入這種狀態的，可能是富裕、符合社會常態、願意為了信仰而壓抑判斷、不太為社會不公苦惱的人……正向心理學真正保守之處，在於它相當仰賴維持現狀，包括現狀中的一切不平等與濫權。舉例來說，正向心理學者用來評估幸福快樂的測試，就很大程度是以個人對現況的滿意度為基礎。」

令人糊塗的身心靈健康與自我照顧產業之中，也摻和了大量正向心理學的元素，畢竟健康的人不會去想什麼黑暗的念頭吧？你要誠心相信玉石按摩滾輪、每日自我打氣等等真的能改變人生，否則是不會有效的，如果依然無效，那只能怪你自己信仰不足。

我那些名為自我照顧的行動，結果使我更具傳統吸引力，當然也不是湊巧，就像各種「變強壯」、「變健康」的追求，效果和過去的減肥文化也沒有差那麼多。外觀的改變影響了旁人對我的舉動，旁人對我好，我當然比較愉快，就算他們是出於謬誤的理由這樣做，他們對我好，是因為我變漂亮了——至少我現在的外表像是有在努力迎合某套特定、有限的審美觀。由此而來的好心情，使我誤以為那些行動真的產生了某種內在效力，但事實上，我的心情只不過是對外在支持的反應，這算快樂嗎？這種來自「花心思在自己身上」的快樂，會如 Reddit 上指控我的人和酸民們相信的那樣，吸引真愛上門嗎？

想到這裡，我開始好奇，有伴的效果會不會也類似於此？比起因為戀愛而快樂，也許我更會因為人們改變待我的方式而快樂，如果有了伴，我在人們眼中就會瞬間升格，因為我遵守成雙成對的遊戲規則。

這熟悉的憤世嫉俗之聲忽然出現，好像某個過去的我在心裡說話，我不理它，我有種強烈的感覺，彷彿停滯多年後，我終於**辦到了某件事**。健身有成的人經常就是這點討厭，一旦開始看見成效，便覺得自己像個呼風喚雨的小神明，原以為不可能的事，結果證實完全可能，還有哪些不可能其實我能做到呢？

到了四月初，我已經知道我想嘗試什麼，和上健身房那時一樣，剛開始，我想瞞著所有人默默進行，說不定根本不會成功呀？可是，如果成功了呢？時機已到，我想再試試戀愛交友，看會不會真的又像大家說的，一旦這麼做就好多了。

第3章 真命天子

美甲沙龍的洗手間小得像個掃帚間，冷得像個冰窖，或者應該說，身上只罩一層稍嫌太透明的薄薄黑布料，讓我凍得全身發抖，那件洋裝是我某次失心瘋購物時下訂的，很快就到貨了，小蛇般從塑膠包裝袋滑到我手中，觸感迷人，可惜穿起來太鬆，我對自己的身材已經沒概念了。

身材變化帶來的，不只是添購新衣的需求，沉睡心底的許多感覺開始甦醒，彷彿我的身體與窗外的城市同步，一天天回暖融雪。自我改造特訓持續三、四個月後，我徘徊在重大決定的邊緣。

大部分的重大決定，其實並非一次到位，它們是一連串較小決定構成的，通向一個你意識到無法回頭，也無法再用往前衝來逃避面對的最終小決定。過去好幾週，我都在做小決定，它們帶我來到這間洗手間，我正試圖再做一個決定：我該為了上床和人見面嗎？

從四月初，紐約開始春暖花開起，我就加速奔向這條十字路。最初的一步，起自我在自己房裡的一個發現，那個午後，我健身回家，沖了很久的熱水澡，坐在窗外送來的香甜微風中，公寓在我們搬進來前才剛粉刷過，我的房間牆壁一片淺灰。我更小的時候，都喜歡挑一面牆特別上色，或把整間房刷成土耳其藍。但經歷太多次搬家，我決定再也不漆了，起租時是怎樣就怎樣吧，省得搬走還要漆回來，結果是，我的生活變得柔和沉靜，背景總是各種灰褐、珠光白、高雅消光銀，忽然之間，這種中庸不再符合我的心境。我想看見牆上盛開霓虹花，地板湧出彩虹；我想要閃閃魔粉從天花板飄落，捲進髮絲中；我想轉開一個會流出澄澄金漿的水龍頭，直到金色漫出洗手臺，淹沒木地板，簡而言之，情慾襲來。

我也不太懂，為什麼突然顯得沉悶的房間牆，會讓我意識到這點，不過那天晚上，我就重新下載了 Tinder，決定認真執行我暫定的交友計畫，這些年來，我安裝過幾款交友軟體，到頭來都不想和任何人實際見面，於是又刪除了。我好像從來沒有心動到想跟誰發展下去，再說我還有很多別的事要忙，比如看影集。

但現在不一樣了，經過最近對於「嘗試」的積極探索，我想嘗試改變那個已放棄戀愛多年的我。問題是，這麼久沒和人互動，我又變得像青澀少女一樣害羞，通常，需求大過於恐懼的時候，人就會採取行動，我的天秤搖搖晃晃，即將倒向另一頭，我不能不勇敢一點，踏出這幾年都沒出過的範圍，是再次與人親熱的時候了。

我幾乎空白的過去六年裡，唯獨發生過一件事，我和一個在劇場認識的男生睡過一次，就是他介紹我用 Tinder 的，我之所以下載了，也是心想說不定能在上面遇到他，結果真的遇到他了，也和他配對成功[1]。那時我覺得交友軟體就是這樣用的，可以用來探查某個已經認識的人對你有沒有意思，以前大家都是請朋友幫忙打聽，現在機器人接管一切了，和那個人成功配對，約出來共度一夜後，我本來期待能有多一點點來往，但他沒興趣，如果我繼續滑交友軟體，也許那次拒絕不至於把我打回又三年沒有韻事的日子，不過我把軟體刪了。

那三年間，Tinder 火速走紅，交友軟體儼然成為人們戀愛交友的重要管道，不再只是小眾愛好。Tinder 是二〇一二推出的，大約是 Grindr 和 Scruff 成為男同志之間的熱門交友軟體兩、三年之後。《大西洋》（*The Atlantic*）雜誌的一篇報導中，記者艾希莉．費特斯（Ashley Fetters）寫道，自從 Tinder 發行安卓版，交友軟體霸主之爭就結束了，至二〇一八年，Tinder 的全球使用人數已達到五千四百萬之多。

費特斯訪問了幾位社會科學研究者以及伴侶諮商師，他們泰半認為，這些軟體問世還不夠久，或者研究不夠充分，尚難判斷會對戀愛交友模式造成什麼長期影響。不過，有些受訪專家指出，交友軟體已逐漸被接受為認識另一半的正常管道，也有人提到，單身者抱怨戀愛的方式變了，以往大家會抱怨找不到單身的人，現在沒這種問題了，他們的苦水變成找不到喜歡的人。或許因為，交友軟體帶來的戀愛機會，以幻想成分居多，那五千四百萬使用者，並不是全都住在你家方圓二十公里內。

我的個人檔案沒有刪除乾淨，再次打開時，自己三年前的照片映入眼簾，看那些照片，好像在看一個不熟的親戚。我的造型、體型、髮型都變了，但很難說這些改變到底多深，那些照片上，有一個對自己的魅力極度缺乏信心的人，三年後，這點依然一樣，不管我褲子穿什麼尺碼。

北極熊冬泳以來，我成功為自己帶來許多外顯的改變，受此鼓舞，我也嘗試了一些沒那麼外顯的改變。某方面來說和健身挺像的，因為都是一些積沙成塔的練習法，而且多半是大家一直叫我試試看的事，我開始做子彈筆記，大致上就是一般筆記，但你會更講求條理，還會多追蹤不少文青風設計感的IG帳號，我用筆記規畫我的每一天，把想做的事拆解成可行的小目標，畫成美美的一整頁。塗鴉我的年度目標，在我腦海裡打開了各種嶄新的可能——做一齣獨角

1 譯註：Tinder 等交友軟體會推薦對象給使用者，使用者以向右滑表示對此人「有興趣」，向左滑表示「沒興趣」，互相都有興趣即為「配對成功」，可以傳訊息聊天。

戲、去洛杉磯看我朋友狄倫、搬出去自己住——總之就是一些感覺不太可能實行、但想像起來很美好的有趣點子。

那張列表底下，我寫著：交友？？？

我欣然嘗試各種新作法，背後的想法是，反正試了也不會比現在差。一直以來的生活方式，把我帶進了現在這個泥淖裡，改變日常習慣，說不定還能換個比較性感的泥淖，就像健身一樣，這些方法好像真的有點效。寫筆記可以記錄我的冥想成果、心情變化、讀了幾本書，把事情一項項打勾、做清單整理思緒，都令人滿足得不得了，因為在社群媒體上關注子彈筆記，我又栽進了幾個新坑，最後讀起導演茱莉亞．卡麥隆（Julia Cameron）一九九一年出版的自助書《創作，是心靈療癒的旅程》（*The Artist's Way*）。那本書讓我對每天寫筆記更熱衷了，也促使我開始買植物，並答應去聽聽一個朋友開的靈氣（Reiki）體驗課程，什麼都值得一試，什麼都不嫌蠢、不嫌怪力亂神，尤其是因為自從我開口和別人討論這些，我發現好多好多人也在做類似的事，好像每個人都在找尋讓自己開心一點的辦法，沉迷於記錄每日進步的那陣子，我也在尋找著。

因此，當我更新交友軟體上的個人檔案，我努力塑造出我想成為的樣子，一張健身房自拍、一張拍得最好看的照片、一張臺上演出的我，我努力呈現自信、樂觀、性感的形象，無論心底是否真有這些感覺，就像在筆記裡想像那些遙不可及的未來。我不太確定我如此宣傳自己時，期待什麼樣的人回應我，學習描繪美麗願景，還沒讓我學會想像愛情，也沒有理想的情人類型，我主要只是想知道，我能不能跨越惶恐，投進某人的懷抱。

滑交友軟體幾週後，我和一個非常有心的人配對上了，至少他願意主動傳一堆訊息，消除我對見面的焦慮。他很帥、有腹肌、剛搬來紐約不久，他獨自住在一個高級地段，邀我到他家附近見個面，我沒有正面答覆，但也沒封鎖他。一週後，他又提了一次。他沒說任何詭異的話，但意圖很清楚，他想跟我親熱。

我說自己可能從此一個人的時候，當然也包括從此過沒有性的生活，我開始想：如果我能一夕之間變回享受情慾的人，那……不是很厲害嗎？有鑑於過去六年，我實在不覺得會有這種事，但眼前不就有個吸引我的人，想約我見面嗎？我不想錯失良機。終於，我答應見他。

結果我還是太緊張，臨時取消了。幾天後，他重新問了我。

這就是四月下旬那個寒冷傍晚，我在美甲沙龍裡的原因，這裡離他家很近，我挑了個他說過有空的日子。那天早上，我傳訊息給我的線上情郎，說我晚點會過來這一帶，到時候**說不定**能碰面，他說沒問題。太陽下山了，我還沒採取任何行動。我簡直在挑戰跟人相約可以多彈性。

對於我的游移不決，他再次展現了強大的包容心。有確定再跟我說！他傳來，一直到實際見面前半小時，我都還沒確定。我穿上新買的洋裝和高跟靴，搭車到了美甲沙龍，有個朋友今天過生日，慶祝地點就在地鐵幾站外，正好給了我路過這裡的藉口，我是週五晚上要去幫朋友慶生，順道來東村[2]做指甲，絕對不是來找網路上認識的男人打砲。好喔，真是心口如一。

這些逃避自己感覺的託詞，終於帶我來到這沙龍洗手間，像隻走投無路的貂，縮成一團，指甲塗成了鮮亮的棉花糖粉紅，我打開手機上的Tinder，準備再做一個小決定，又一次點開他的個人簡介，他的照片出現，裸著上身。我的十指如擦亮的美麗冰柱，一邊打字一邊顫抖。

嗨，我在你家附近。想一起去喝杯紅酒嗎？

我告訴自己，如果結完帳他還沒回覆，我就直接去慶生會，他幾乎馬上就回了：好呀，我覺得這主意很棒。

踏著我那雙花俏的靴子，前往不遠的葡萄酒吧途中，我覺得腦袋好像飄在離地三公尺高空，兩條街像轉眼就走完了，又像在黏稠的液體中移動般艱辛。我想去，也想逃，驅使我腳步不停的理由唯獨一個，因為我無法想像自己再次破解這些小關卡，抵達了第一次約會的門前，現在回頭就功虧一簣了，那可不行。

我走進酒吧，看見我的約會對象，隨即明白穿高跟靴是大錯特錯。打從幼稚園開始，我就比班上男生高出一個頭。長大後一七五公分的我，身高也超過不少男人，這位先生不是單純比我矮，他就像完美比例的男性模型，做成百分之八十的袖珍版，他的頭大約到我肩膀，我得彎下來和他擁抱問好。

這件事把我拉回了現實。他想必也不太好受，知道自己個頭小，也知道每次和人初打照面，對方都一定會注意到，包括他想共度春宵的那個女巨人。我青春期的時候也比周圍男女都高，所以倒是常被小隻一點的男人吸引，不過在吧檯坐下後，身高差距就幾乎看不出了，他很俊秀、文雅，我的緊張隨著談話緩和，我一向擅長和陌生人聊天，很快便把我們約出來的理由拋諸腦後。差不多啦。

我的對象最近剛遷居紐約，協助他公司開設美國分部，他的家人住得很遠，時差使他們不易保持聯絡，他很寂寞。我們聊起 Tinder，交換了一些線上交友遇過的事，只是我沒半件可說，因為試圖掩蓋這段空白，我一談到自己就轉移話題，個人資訊都含糊帶過，我還是想透過匿名，保留落跑的可能性。

我怎麼可能跟他聊私人話題？我嗎？我單身超多年了，今天光想到可能跟你發生關係，我就緊張得快吐了。我怕我已經忘記怎麼做了，天曉得會鬧出什麼事，要是你想進展到那一步，

2 譯註：曼哈頓東南的一區，昔日曾為貧窮藝術家的聚集地，為龐克音樂及許多藝術運動誕生之地。

是不是該戴頂安全帽比較好？我絕對願意喔。我覺得是時候了。

我們點了第二杯紅酒。我坐在酒吧裡，在燭光中逐漸放鬆，決定再喝一杯之後，我忽然冷靜了。不是因為我們特別有默契、不是因為他特別帥，長久以來慾望都沉睡著，放我在灰色調裡平靜度日。現在我醒了，不再甘於平淡，我需要更多朝氣、更多色彩，甦醒的慾望飢腸轆轆，不能接受今晚一個人睡。

酒杯再次見底，問題懸在空中。我能邁出最後幾步，跟他回家嗎？

「好。」我說，擦去那條我今晚不知重畫幾次的界線，我們並肩，我顫顫巍巍高聳在他旁邊，一起走過街角，走上三層樓。我的腳底板在哀嚎。

他家裡幾無裝潢，客廳窗子正對著聖馬可廣場（St. Mark's Place）[3]最熱鬧的一段，窗沒開，但仍聽得見外頭的喧囂，不少人過早上街慶祝春暖了。客廳一角擺著一架電子琴，他玩音樂，也玩藝術收藏。他給我看他珍藏的限量版畫，已經裱框，但還沒掛上空空的牆。他打開一瓶新的紅酒，用果醬罐替我斟了一杯，領著我們倆一起到沙發坐下，我喝了一小口，他開始吻我。然後他停下來。

「你介不介意，」他輕聲說，「我用嘴幫你就好？」

「不介意。」我結結巴巴道。好不容易才決定品嘗我的三十歲後初夜，這句話真的打亂了我的預期，我發現比起失望，更多的感覺是鬆了口氣，他拉起我，帶我穿過客廳，走進另一間只有白牆的房間，躺上他的床，房裡瀰漫男士古龍水味，牆壁彷彿貼了吸音棉般沒有回音，凸顯出我們呼吸的粗啞，那氣味喚起類似的回憶，令我想起從前的自己。

我想起我曾經可以一首曲子還沒跳完，就和陌生舞伴熱吻起來。有段時期，我敢和任何人調情，深信想追我的人隨處可尋，因為事實通常如此，我曾是朋友形容「性慾旺盛到令人佩服」的女子。幾年過去，舊事逐漸成了可笑的當年勇。但那個女子確實就是從前的我，自信危機、與身體脫節、幾次心碎、歲月侵蝕……一切聯合起來制伏了她，但她只是熟睡，並未死去，那個貪婪的、從前的我，現在接手登場。

我興致勃勃讓他為我脫衣，將那件廉價黑洋裝拋到地上，他撲向我的胸部。自從上回有人脫我衣服，我確定至少那裡沒走樣；我的胸部從前就粉絲眾多，當他俯在赤裸的我上方，一條銀色長鍊和墜子掉出襯衫，落到我們中央。他將礙事的鏈子一把扯掉，甩到另一頭的牆上。

不管這個人為何只想和我口交，看見那激情的動作，我相信他真的很奔放投入。他技術相當好，最後我問他，能否換我為他服務，他囁嚅：「你願意的話。」

3 譯註：東村最著名的一條街。

我願意沒錯，一方面禮尚往來，另一方面先前鋪陳了老半天，總覺得我做的有點少，高潮後，他一副非常驚豔的樣子。

「你真有趣。」他驚呆地呢喃。

之後，我們裸身躺在仍鋪得整整齊齊的棉被上。我不曉得自己原本預期發生什麼，但當他把我拉近，一隻手臂鑽過我脖子下，我頓時不知所措，這樣躺著，身高一點也不重要了。

再次被擁抱的親密感如此排山倒海，幾乎難以承受。我立刻明白，這就是性以外的**更多**，兩顆心臟比鄰跳動，滿足和諧的瞬間，在無情的現實再度襲來之前。

我躺在那裡，想像習慣被他擁抱會是什麼感覺，想像每週六來這裡找他、週日早晨一起醒來會是什麼感覺。他會不會替我端咖啡到床邊？會不會用他的電子琴，為沙發上看書的我彈一首歌？我週日根本不看報，但妄想裡的我們兩人邊吃早午餐，邊議論報紙上的新聞。

而且這一定能傳為佳話。我等了這麼久，還為了會不會永遠一個人的問題，在網路上鬧得沸沸揚揚，結果竟然時隔多年第一次約網友見面，就遇見我的真命天子。多好笑！多荒謬！就在我最想不到的時候耶！

大家不是一直都這麼說的嗎？說愛情會在你最想不到的時候出現，愛情是個戲弄人的小丑，偷偷躲在旁邊聽你講話，等到確定你真的夠絕望，才會從樹叢裡跳出來大喊：「哈哈賤人，沒想到吧！」在高潮後的迷濛中，我能看見它就在不遠的角落，披著不太高明的偽裝等著我。

我並沒有**完全**被幻想沖昏頭。我知道要成為真正的情侶沒那麼快，我也願意偶爾過來樂一樂，直到他發現我是個多棒的對象。

那天朋友生日不是我瞎掰的，我真的打算去，所以起身找衣服，現在又有了自信，我輕吻他一下作為道別，心想很快就會再見面。我搭地鐵到河對岸的「聯合泳池」（Union Pool）酒吧，發現我朋友們聚在一個營火臺周圍。我覺得神清氣爽，彷彿嚴重鼻竇炎剛剛痊癒，終於又能自由呼吸。他的味道還留在我脖子上，我雙手有他家浴室的肥皂香，寬大的外套罩著我敏感的皮膚，感覺就像誰抱著我。我活過來了！好幾年來都找不到的感覺，竟然就這樣出現了，多麼強大的力量！

我在三三五五的人群中間溜來溜去，像個小孩在甜點後、睡覺前的大人時間冒險。我的眼睛打量周遭人群，腦裡重播今晚的種種細節，忽然間，每個人看起來都好美，我開始貪得無厭，我才和一個人裸裎相見，再一個又何嘗不可？我得跟我對象說，在我們關係確定前，我還會想認識別人，但他想必會體諒的。

我朋友安德魯也在，我把他拉到一邊，告訴他我剛剛和新認識的人見面上床了，我沒提只有用嘴，好讓這事聽來轟動一點，他就跟所有人一樣，知道我徹底獨身多久了。

「哇塞，」他低語，「感覺如何？」

「超棒！」我說。

「你還會跟他約嗎？」他問。

「不知道耶，」我說，「希望會吧。」

無法篤定回答，使我的未來幻想有點消風。不過之後幾天，我還是為了成功和對象見面喜滋滋的，「成功」是指見到面了、感覺不錯、好像還會再見。我們那天交換了手機號碼，我一直等到隔週快結束，才傳簡訊問他要不要再相約，他回覆說好，問我當天晚上如何？但我沒空。

「下週二呢？」我寫道。

他沒回我，一直沒回。我太晚才領悟他不會回了，我阻止自己再傳簡訊過去，雖然一陣子沒玩交友軟體，有一點我還是知道的：沒人會忘記回你訊息，他們只是不想回而已。

突然放生曖昧對象，通常沒必要，而且很過分，但畢竟那個人無從知曉這會對我打擊多深。他不曉得我單身多久了，不曉得我怎麼千辛萬苦走到這一步：健身、節食、發現進步、買衣服、換髮型、日復一日寫筆記。我好像在看一部浪漫喜劇精華剪輯，女主角終於完成大改造，結果出門就跌進水溝裡。

我這麼往心裡去，簡直有點滑稽。他難道不懂我**經歷過什麼**嗎？他當然不懂呀，我也不懂他經歷過什麼，或者他那天之後怎麼了，說不定他死了，我可沒希望他死呀！只是這樣一切就很容易理解了……

之後幾週，我不知道該怎麼前進，我整天窩在床上，狂嗑通心麵、猛看《綠箭俠》。我努力告訴自己，沒人知道我的獵豔小插曲，要是有人問，我就說我一直都安居在我的單身島嶼上，逃脫失敗的事可以永遠保密，然後我想起那場生日會上，我曾經大嘴巴洩露自己和網友滾床。我按下「播放下一集」，避免繼續想。

被斷絕往來令我很受傷，感覺比隨機邂逅那個人之前更寂寞了。我覺得好可怕，認識如此淺的一個人，就能讓我傷心成這樣，要是我再也不敢嘗試了怎麼辦？失望得站不起來怎麼辦？一輩子落單的命運似乎比以往更確定了。

我原以為自己只想要性，能踩踩親密接觸的池水固然很愜意，結果卻是攪動了更深的需求，我想要更多，但想要更多的話，這些折騰勢必又得從頭來過，我還受得了嗎？

可以吧？幾週後，我決定寫筆記記錄我的交友行動，再很多回我也受得了，我不想再經歷一次這種打擊。然而，這幾個月來，我已經這麼奮力改變心態，已經辦到不久前還以為永遠辦不到的事，現在正該趁勝追擊，繼續挑戰我以為的不可能。

終於某個下午，我起身換裝，走出門外，感受陽光穿透開花的樹冠照在臉頰，我甚至擦了口紅。人的心也是肌肉，我一面沉思，一面沿著東公園道踢著一顆小石頭，有些人可以輕而易舉尋找愛、選擇愛……隨便什麼他們偏好的字眼。但我需要訓練才做得到，我必須練習與人交流，就像我練習啞鈴肩推。每練習一次，做起來就更輕鬆一點。

想著這個比喻，我決心繼續我的戀愛交友計畫，我立下目標，今後每週都要約會兩次，無論累了、怕了、煩了、心情好、心情壞都不能偷懶，有沒有遇到喜歡的人、有沒有上床、有沒有後續我都不管。我的想法是，我總有一天會對這套流程習以為常，再怎麼被拒絕也不痛不癢，我的心會因為時常磨練，長出厚繭來。

第4章 自己的房間

「你長得好像吉娜・戴維絲（Geena Davis）[1]喔！」房仲小姐說。她會這麼說，是因為我正遞給她一筆巨款，沒關係，反正我聽得很開心。

「哇！謝謝，我覺得她好漂亮。」

她轉向坐在辦公室彼端的一位先生，等待他講完電話，給她另一筆巨款。

「你不覺得她長得很像吉娜・戴維絲嗎？」我在所有畫圈處簽名時，她朝那先生喊。

「誰？」他喊回來。

這是我生平第一次付錢給房仲，以前我都是經人介紹到處搬，從沒簽過正式租約。我正準

1 譯註：一九五六年出生的美國女演員，代表作有電影《末路狂花》（*Thelma & Louise*）等。

備搬進我自己的公寓，我室友要搬去和男友住，我人生第一次能自己一個人住了。一個人住是我從未想過會實現的夢想，就算多接這麼多案件，我的收入要負擔也很勉強，之後一年付房租的日子過得我水深火熱，不過我總是微笑掏錢。我的收入一直不多，無法想像自己要怎麼租得起一個人的公寓，灑錢租房是嚴重的理財錯誤，我需要房仲推一把，才能犯下這種錯，至少讚美免費。

「拜拜，吉娜！」房仲小姐向我揮手道別，我走出她的辦公室，把大半積蓄都留在那裡，手中緊抓一副鑰匙。

我的新居位在一棟無電梯的褐砂石住宅頂樓，四層長階梯爬起來嘎嘎吱吱、彎彎曲曲，引得我朋友安德魯初次來訪時抱怨：「這什麼鬼地方？霍格華茲嗎？」

頂樓天花板凹陷，有扇滑門將小小的空間一分為二，門正好夠厚，能在晚上睡覺時把我的兩隻貓——喬治和伯特[2]——擋在外面。屋裡只有兩扇窗，都帶很深的窗臺，看出去的風景美得不可思議，布魯克林下城及曼哈頓天際線盡收眼底，一棵巨樹稍微擋住了眺望，但撥弄樹葉的風成了我每晚的搖籃曲。

新居唯一的缺點是離我的健身房太遠，我萬般不捨地告別了丹尼爾。

「繼續保持喔，你愈做愈好了。」他說，指的是我跳繩終於能撐到四十秒了，我最後一次走出那家健身房，默默也向它道了別。這裡已開始成為對我有意義的地方，有好多還不算朋友、但我認得的面孔。

生命中有許多這樣的人。你甚至不會發覺他們構成你生活的一部分，除非哪天他們忽然消失了。我和櫃檯的工作人員有著顧客與店員的淺淺關係，至於那些在健身房裡練舉重、在更衣室裡和我互相點頭的人們，還有丹尼爾，則根本不知道我是什麼來歷。儘管如此，他們每週見到我的次數可能還比我朋友多。

這類關係被稱作「陌生貴人」（consequential strangers），創造此詞彙的梅琳達・貝樂（Melinda Blau）與凱倫・芬格曼（Karen Fingerman），於二〇〇九年出版了同名專書。陌生貴人是指不太能歸類為朋友，也未必是點頭之交的人。他們只是你習慣看見的人，例如不認識的同事、總在狗狗公園出沒的人、每天路過你值班櫃檯的人、週三瑜伽教室的同學、早上拿報紙時會和你打招呼的鄰居、下午常在你喜歡的咖啡店用筆電的人。我們生命中的陌生貴人，遠遠多過於至親摯友，有些陌生貴人好像無關緊要，卻比最好的朋友更常與我們打照面。

《時代》雜誌的一篇專訪裡，貝樂解釋道，這些不在我們最緊密圈子內的人，其實相當重

2 譯註：美國四、五〇年代有對喜劇雙人組也叫喬治與伯特（George and Bert Bernard）。

要，「我們被教導一種想法，認為與我們愈親近的人，對我們影響愈深。但其實生活或工作上，真正帶給我們新鮮資訊和體驗的，往往是處在我們生活邊緣的人。親近的人無論是想法或知識，都和我們一樣，而社會學者稱為『弱聯繫』（weak ties）的這些人，則與我們不同。我們能經由他們連向新的人脈與新知，因此這些關係才是機會之所在。」

「機會」一詞有點縹緲，且樂似乎主要在談物質方面的機會，但與同溫層外的人來往，還有許多無法計算的益處。在社群的意義上，結識鄰人能使我們的日常生活更安全，也能緩解現代如此普遍的孤寂感。二〇二〇年疫情來襲後，「弱聯繫」的斷裂，使全球一時哀鴻遍野。經常搬家的人，可能對屢次建立又切斷弱聯繫的感覺並不陌生。然而COVID爆發的那年三月，全世界都被強迫上了一堂速成課，明白那些不曾在意的小聯繫一夕盡失是什麼滋味。

二〇一七年五月，我仍然幸福地想像不到這一切。我加入了新家附近的一間健身房，打算用丹尼爾傳授給我、又被我添枝加葉的方法繼續鍛鍊，我大概是無意識地想在那裡尋找舊健身房給我的歸屬感吧！去了大約一個月後，某天，我加工過的一個動作害我摔到地上。我抱著大腿，呻吟得像隻被魚叉射中的海象，旁邊的女生面不改色，繼續做她的壺鈴擺盪。

用我想得到最貼切的方式形容，我覺得大腿好像有條應該往外彎的肌肉硬是往內折了。我終於和練壺鈴的女生對上眼，請她幫我找店長來幫忙，她面露勉強。店長來了，但似乎也不大想理我，我只好自己拖著腿走出去，離開那間充滿陌生人的可惡健身房。他們大概覺得我是個大驚小怪的蠢人，我有時候是這樣沒錯，但只是有時候啊！他們不認識我，只知道我是個會把自己弄傷，然後哭哭啼啼的女人。這副哭哭啼啼的樣子、每天在那裡健身的樣子，甚至也不是我真正的樣子。

好不容易走回公寓，大腿還是非常痛，一條傷腿還不足以讓我崩潰，但我仍然在大門口的臺階上坐了很久，思考人太狂妄、輕易租下無電梯五樓公寓的下場。我太相信自己的精力、健康、獨自搞定一切的能力，如此魯莽，把身體練到受傷，還如此愚蠢，以為誰都會想幫我。我太自大了，要不是家裡還有一點存糧，我大概要坐在那裡哭起來了。

肌肉拉傷的痛過了一週左右才好。我打電話叫外賣，從樓上開門請外送員送上來，但通常都會心虛，所以也連拖帶爬地從五樓下去，在那艾雪（Escher）[3]畫作似的無限樓梯中途迎接他們。從小看著母親岌岌可危的健康狀況，我並不覺得身體健康理所當然，站在我媽媽旁邊，我簡直得像阿爾卑斯山空降來的擠牛奶少女。十一歲時，我已經比我媽媽高三十公分，腰圍可能也多那麼多；青少女時期，我記得大家常跟我媽說：「哇，女兒長這麼高」、「吃得很好喔」之類

3 譯註：一八九八至一九七二年，荷蘭版畫家，著名的錯覺藝術家。

的話。我印象特別深的一次，是一位熱情的愛爾蘭老先生告訴她：「你家女兒養得真漂亮！」彷彿在誇一匹健壯的馬。

身體強壯很幸運。考慮健康的時候，我總會想到生病的媽媽，和我有沒有能力照顧她。每當生病或受傷，我時常掉進絕望的情緒，覺得我永遠不會好起來了，而且找不到任何人幫忙。

一旦發生某些傷病，人的生活可能天翻地覆，再也無法用習慣的方式工作、社交，甚至無力自己上街，這種念頭令人深感恐懼，但許多人此刻就因為老邁或行動不便，實際過著這種生活，每個身體健全的人也可能隨時失去現有的條件，或者隨著時間失去。長壽幾乎會伴隨行動力下降或障礙的出現。交替冰敷和熱敷的同時，我開始胡思亂想，想著如果始終找不到伴、沒生小孩、活到老年，我的晚景會多荒涼？假如我媽媽當年選擇這條路，現在誰來照顧她？

為了揮開這些黑暗、不怎麼合理的憂慮，我集中精神在我為自己定下的每週約會計畫。躺在沙發上哪裡都去不了，我打開 Tinder、Bumble、OkCupid，所有交友軟體一起滑。不久後，App 上就累積了許多與我配對成功的人。我主動傳訊息給其中幾個，我不覺得有人會像我上回的對象一樣，為了約我出來而費盡苦心，我得積極出擊才行。

誰是我的下個對象？我忖度著，滑著人們的照片，好奇會不會看見我認識的臉。很快我就學到，配對成功的人未必會回你訊息，回你訊息不代表聊得下去，聊得下去也難保能進展到約會。原以為App是交友最快的途徑，沒過幾天，我已經對這種假設產生懷疑。

怎麼會這麼難？我的標準不高呀！不要五句內講出令人起雞皮疙瘩的話、住得不算太遠、可以這一兩天碰面——只要這樣，我都願意出來聊聊天。條件應該不多，符合的人卻意外難找。以前，每次用交友軟體不順利，我就會把手機扔到一邊去，現在我不准自己再這樣了。我繼續努力，精心撰寫超迷人的開場訊息，傳給每個Tinder或Bumble上與我成功配對的網友，直到手抽筋得快跟大腿一樣。

終於，我和一個男網友約好，到公園坡（Park Slope）[4]的一間酒吧碰面。我那時已恢復到能一瘸一拐走到地鐵站，大腿的一陣刺痛使我納悶，我幹嘛不堅持一點，請他過來我家這邊？我說過自己腳有點受傷，他沒主動提，所以我也不敢問，怕他嫌麻煩而不肯見面了。

這天溫暖而多風。我對象挑的那間酒吧有一塊圍起來的小露臺，鋪著人造草，正對第五大道[5]的車水馬龍。我點了玻璃罐裝的便宜紅酒，準備認識我面前這位不知情的人類抽樣，我得老實說，我忘記他名字了，只記得是前五熱門的菜市場名，丹或麥特之類的。他中等身高，穿一件長袖格紋襯衫，底下露出褪色的T恤，頭髮不算太長，鬍子不算太濃。你可以想像一個最

4 譯註：布魯克林的一區，位在展望公園西側坡地，是紐約褐砂石住宅保存最良好的區域之一。
5 譯註：布魯克林第五大道沒有曼哈頓第五大道那麼出名和奢華，是當地受歡迎的庶民購物街。

一般的白人男生會長怎樣，他就是長那樣。

我再次發現，和對象實際見面之後比較自在，尤其因為可以坐下來讓腿休息。我灌下一口果香太重的紅酒，開始努力認識這個人，結果一敗塗地。我提的每個問題都被一句答完、我拋出的每個話題都瞬間蒸發。第一杯喝完，我對他知道了兩件事：他最近被甩了、他從事音樂相關行業。他對我應該還是一無所知，因為提問好像違反他的道德原則。

難以理解的是，他依然想再點一杯酒，我也續了一杯。跟人一起坐在戶外很舒服，況且我不想輕易斷言我們沒希望。也許約會（至少初次約會）本來就很無聊吧，我心想。他又不是我特別的人，我們見面就是為了確認**可不可能**成為彼此特別的人。雖然我覺得十之八九不可能，但光是這些形式本身就帶來一種特別的感覺，很好的感覺，猶如搭了好久的車以後起來舒展筋骨。我突然感覺，這好像就是約會的本質——練習用一種方式對待彼此，彷彿你們可能成為對方特別的人。

然而，第二杯紅酒飲盡，我還是沒能更了解丹／麥特，因此我向他道別，跛足回到地鐵站。我做到了，順利約會結束了！我沒有完成大挑戰的興奮感，但為自己走完全程感到驕傲。

正在月臺候車時，他傳來一則令我驚訝的訊息。

可惜我們好像沒機會睡了？他寫。

我愣住了。難道他對我有興趣嗎？剛剛談話的時候，他看起來就像我內心一樣淡漠呀！我謹慎遣詞用字。

你是個很有意思的人，但我覺得，我們彼此都沒有來電的感覺。

其實是因為一件事，讓我有點顧慮。他回覆。

什麼事？我一邊打字，心裡一邊閃過各種可能：他也無性生活多年了嗎？他每到天黑就會變成狼人嗎？

我注意到你下唇有個東西，沒事嗎？看不太出來是什麼。他回覆。

真奇妙，某個你幾乎不認識的人，竟然能精準地戳中你最深的不安之一。我那疑病症的追求者說的是我下唇的一道疤，孩提時一場意外留下的痕跡。

這件事屬於我最不願回首的童年日子，每次想起，我都無法避免落入當時那個小孩的心情。我還記得我爸一臉怒容，站在那裡準備揮桿。他正為我亂開高爾夫球車發脾氣，雖然明明是他自己叫我開開看的。揮那一桿之前，他賞了我一巴掌，那是我記憶中唯一一次被父母打。他媽媽，也就是我奶奶，拍著哭泣的我的肩膀，我被奶奶抱著，臉轉向草地的方向，結果我爸的高爾夫球擊中一棵樹，飛彈回來，不偏不倚砸中我的嘴巴。

我記得他在醫院停車場裡低頭看我的樣子。他的T恤滿是血，表情因為恐慌與後悔而扭曲，嘴裡喃喃唸著：「怎麼會這樣，怎麼會這樣……」

我記得縫了十四針之後，我一個人站在洗手間裡。我還很小，只有六、七歲，但端詳那條從嘴唇裂到小小下巴一半的傷口，我知道我從此會多一道疤，我永遠不可能完美了，我心想。後來好多年，每次塗口紅，每次不小心咬到下唇，這個念頭都會重新浮現。長大後，我的疤淡了很多，多數人都聲稱他們從沒注意到，但我偶爾會被問起那是什麼。

收到這則訊息，我不禁產生了一個短暫的想法，認為嘴上的瑕疵就是我一直找不到愛人的理由。我永遠不可能完美，不完美的人是不會被愛的。

我只傳了：是一道疤。

所以不會傳染囉？他問。

你聽過疤會傳染的嗎？我回覆。太可笑了，這傢伙居然懷疑我在騙他。你不用擔心，我們百分百沒機會了。不過還是祝你好運！

寫是這麼寫，但我心裡祝他沉進太平洋。

帶著那道疤活了二十多年，我多數時候都忘了它。真不可思議，只是讓某人進入我的生活兩杯酒的時間，他們就有辦法找到我陰鬱的回憶，將它從我心底翻出來。他多問那句令我震驚，暗示我不僅得了病，還想惡意傳染給無辜的男人，我都用訊息說得很白了不是嗎？我根本沒興趣用我殘缺的唇吻他。

而且我還得再約會一次，才能達到本週進度啊！

回到公寓門口，天早就黑了。我拖著發疼的腿上五樓，拿出鑰匙開門，關上家門的那一刻，我真心慶幸又能獨處了。

第5章 命運的紅線

幾天後的晚上，我到了另一家酒吧，和一個女網友見面。我發現自己確實期待跟她上床，假如她沒嫌棄我的嘴唇的話。我的檔案是設定成對所有性別公開的，但我發覺約到女生似乎比約男人更難，即使在純女性的交友軟體上也一樣，我開始想是不是我對女生比較沒魅力，或者她們不那麼受一夜情的機會吸引，女人可能更希望把時間花在刀口上。一週約會兩次的目標，打亂了我自己的戀愛交友觀，誰願意要我的時間都可以拿去，因為我只想完成我的交友特訓，我不太能從自己的情況推想其他女人的情況。

安娜非常高眺，比我漂亮，她自己似乎也這麼想。我在等她的期間點了披薩，她坐在旁邊看我吃，不太高興的樣子，但我對她鍥而不捨的興趣，不久就使她軟化了。她開始放鬆，告訴我她的事情，她在一家科技業大公司上班，她不肯說是哪一家，但提到她的工作是在做模擬人類行為的模型。我是個科技白癡，所以想像她用白紙和厚紙板製作真正的模型——小小的城鎮，裡頭放著一些裁剪的小人，可以在畫出的格線上前後挪移。

她一句話打破了我的異想天開：「現在不是有些人在設計演算法，決定大家要跟誰交友嗎？我就是在做那類功能需要的模型。」

所有思考過這件事的人，應該都會覺得很好懂，但我大部分時間只在想自己而已，所以從沒思考過。

「什麼意思？」我問，還在努力揣摩那是什麼畫面。

「嗯，比方說，臉書已經在設計演算法，可以根據你加好友的類型和地點，推薦有機會遇見某類人的活動給你，」她說，「到最後，社群媒體網路會監控，而且指揮我們的一切人際互動，所以科技終將決定你的朋友和伴侶。」

這個不算新的推測把我嚇傻了。我被電影和電視洗腦得很深，認為愛情是那種魔法般的命中注定，是一條推翻機率的軌跡，戀愛故事的主角們要不原本是死對頭，就是受到百般阻撓，不然就是茫茫人海之中，因為月老的紅線才偶然相逢。現在這個時代，負責繫紅線的已經變成馬克·祖克柏，還是什麼下一代數位姻緣簿的創辦人了。

臉書真的在二〇一九年九月推出了交友服務，算是較晚加入這場戰局。不過在許多方面，它的母平臺早已與戀愛交友相關，誰不曾在派對上加自己想認識的人好友呢？誰不曾夜半傳曖昧訊息給別人呢？臉書很久以前的雛形是祖克柏開發的美女評價網站 FaceMash，一個讓大家點擊評價女生辣不辣的地方。人們使用一般社群媒體平臺，經常也是為了尋找調情機會和場域。臉書交友服務提供不少好處，例如可以剔除你朋友和朋友的朋友，從可能認識的人以外找對象；另一個好處是，你可以將某些臉友加入「暗戀名單」，如果你正好也在他們的名單上，就會收到一個小通知。真不錯。

再說，多把一個生活面向丟到臉書上——一家侵犯用戶隱私權的老字號——也是挺方便的。推出交友軟體時，臉書沒有公布預計如何獲利，但據《Vox》雜誌報導，用戶洩露的私人資訊將比從前還多——多了一些比你貼給自家叔公姑婆看的動態，更常被點開和更新的資訊。臉書對你私生活的掌握程度，也比 Tinder 或 Hinge 來得深，臉書基本上可以查核你的交友檔案，檢查你說「喜歡旅行和沿著沙灘一直走」是真的還假的。

經過一番天人交戰，我還是自願成了社群媒體大規模監控和資料探勘的對象，反正生活這麼多面向都淪陷了，也不差感情這一塊吧？也許我連自己的行為被指揮和操縱都不會察覺。人們會選擇與志同道合、屬於同一個社會經濟圈、在學校或公司或社區認識的人為友並不奇怪，只不過，社群媒體從旁影響了我們的行為，使那些圈子更狹小、更緊密了，而且透過這種封閉性牟利。

「我們要再點一杯嗎？」安娜問。我這才發現我的杯子不知何時空了。安娜和我相差甚遠，遠到可能無法真正契合，但我們決定繼續享受閒聊，順便讓我把披薩吃完。

喝到第三杯的時候，她拿手機給我看她去參加BDSM[1]活動、穿著乳膠戀物癖服裝的照片。我懂她為什麼不吃披薩了，要是發胖，她的休閒衣物全都穿不下了。我們的話題主要圍繞交友，以及不斷湧入Tinder和Bumble的那些已經處於開放式關係中的人。她跟我說，她有次和一個有伴的女生交往，結果對方總是沒時間和她約會。

「我才不要為了跟她上床等她一個月，你懂吧？」她說。我不是很懂，但我點點頭。

她突然問：「你都這樣嗎？這麼快約人出來？」

我說不出「我在強迫自己約會啦，看以後能不能擁有『傳統』感情生活」，也不好意思告訴她，她是我近年來屈指可數的約會對象之一。

「你很好聊，也很願意回我，」我說，「通常如果對方不是好人，你積極一點，他們馬上就自己承認了。除非他們故意騙你，那樣就不曉得了。」

1 譯註：包括BD（綑綁與調教）、DS（支配與臣服）、SM（施虐與受虐）的情色次文化總稱。

「聽起來很值得一試，」她說。然後她湊向我耳邊，悄悄說：「這間吧好像沒什麼同志耶。」

安娜說得沒錯。我選這家酒吧，是因為他們網站說也常有LGBTQ+族群光顧，而且有賣披薩。我環顧四周，看起來真的沒什麼同志。聽她點出這件事，我臉紅了，霎時覺得好像全世界都知道我出錯，只有我糊塗到沒自覺。

「至少我們就兩個了。」我耳語回去，她微微一笑。

安娜告訴我她去的性愛派對是什麼樣子。理論上，我很有興趣；實務上，那感覺會像只有踩過天鵝船的人跑去參加急流泛舟。雖然我頗習慣一個人體驗新活動，但不想在一個大家性交的派對上顯得尷尬。我試著向她解釋，她說不必擔心，大部分派對都非常注重合意，我說我比較怕去了會淪為壁花。

「是有可能。」她答道。這句令人洩氣的回應之後不久，我們便各自回家了。後來，我不知道該不該再聯絡她，她那天好像滿開心的，但要再約一個人，是不是應該更有火花一點？至少也該有點跡象，顯示這個人可能會想再約吧？我不確定跟同一個人重複約會，要不要算進我的約會次數，認識許多新對象是一回事，跟某個人更進一步是另一回事。我很難想像後者該怎麼進行。

交友軟體有時被怪罪傳遞一種印象，彷彿你只要繼續滑，一定能找到更棒、更迷人、更親切、更有趣的對象。個人檔案通常一打開就是人們最得意的照片，令你懷疑這裡是不是火辣單身男女的產地。事實上，Tinder 曾經惹出不小的爭議，因為人們發現他們使用埃洛評分制度（Elo score）來為使用者推薦對象。這種競賽分級用的制度，是利用網友對你有沒有興趣，來算出你的分數，並分到適合的級別。「迷人段數」較高的使用者會被推薦給彼此，剩下我們這些醜八怪再自己去湊對。Tinder 後來更新了演算法，但也不再對這些媒合機制諱莫如深。可能有些人看完被推薦的對象後，會難過自己不夠迷人，我則感到恐怖多於難過，想到這會如何助長只看外表的風氣。

沒錯，科技已經在不當介入我們的情場生活。然而，經過這幾次邂逅，我開始覺得人們繼續滑交友軟體，未必是在挑更好看的人，甚至也不是更酷的人，可能只是想看看還有誰而已，因為對象好像挑也挑不完。交友成了以量取勝的遊戲，而且此量無上限。

可惜這只是錯覺。過了一段時間，我發現有些人重複出現在我的每一款交友軟體上。有幾個人一而再、再而三被推薦給我，我都對他們產生感情了。唉，你也跟我一樣，我心想，都這麼努力找伴了，個人檔案還是掛在這裡啊！

我規定自己和網友配對成功後，幾天內就要約人家見面。部分是為了趕上我的每週兩次約會進度，部分是因為我發現，若太久還沒有明確計畫，對話終會不了了之。我好像可以感覺到自己漸漸被擠到後面去。即便起初聊得很起勁，我終究敵不過他們配對清單上各種充滿潛力的新對象。

「以後再約就是不會約。」我都這麼告訴自己，然後傳訊息問某個陌生人要不要一起喝杯酒或咖啡。

過了一個月左右，我開始告訴家人朋友我在做什麼。我意識到，要真正啟動我的交友作戰，就必須承認我在嘗試這件事，儘管我很害怕嘗試不成功，落得全天下都知道我是找不到伴的失敗者，大部分聽我說的人很親切、包容，不然就是根本懶得管我週六晚上在幹嘛。有些人最近和我一樣投入交友軟體，也有幾個人說不懂交友軟體好在哪裡，比較習慣在職場或透過朋友介紹認識對象。非單身或反科技的親友們，對於線上交友有點疑慮，不過倒不是擔心大眾變成戀愛牛羊，被送進配對演算法的屠宰場；他們是真的很怕線上的爛人比下了線的爛人還爛。

用交友軟體的演算法找對象，就一定比下了線的邂逅差，或者範圍一定比較窄嗎？一個和我有共同朋友的人，會因此比較可靠、待我比較好嗎？有一次，我和一個前室友配對成功，我靦腆詢問他有沒有興趣跟我約會，心想交友軟體**果然**還是這樣用的嘛，可以用來探聽認識的人是否單身或對你有意了。

「哇，抱歉！」他回答。「其實我有女朋友啦。她說我可以滑交友軟體，但只是好玩而已。」

對我來說不太好玩哪！

和安娜約會後過了幾天，我去參加一齣短劇秀彩排。我是導演找來的，和其他演員幾乎都不認識，但在喜劇段子裡演個放屁放不停的角色，你很快就會跟同臺的人混熟了。

技術整排一如既往，以折磨人的龜速進行，音樂時有時無，燈光漸弱又突然大亮、刺痛臺上人們的眼睛。我穿著一件染了假血的白睡袍，扮演血腥瑪麗[2]，戲裡有個小女孩去朋友家過夜，把我召喚出來。演小女孩爸爸的是個叫查爾斯的傢伙，他自己真的有女兒，我跟他不熟，但知道他離婚了。我注視他在舞臺前端那區走來走去，為了下個段子穿得略像布魯斯．史普林斯汀（Bruce Springsteen）[3]。感覺到我的端詳，他轉過身來，拉低臉上的假太陽眼鏡，比了個瞄準我的手勢。

雖然「玩喜劇」好多年了，我還從來沒跟喜劇演員交往過，我六年空窗期中的唯一對象是劇場工作人員，他上班的劇場就是我最常演出的地方，後來還得跟他見面，讓我對職場戀愛的幻想完全破滅。但查爾斯不是那個人，我也不是以前的我了，戲演完後，我主動約他。

我先傳了封簡訊給導演——她是查爾斯的好朋友——問她查爾斯現在是否單身。習慣滑交

2 譯註：美國民間傳說中的女鬼，據說半夜用特定方式召喚她，就會出現在鏡子裡。

3 譯註：一九四九年出生的美國搖滾歌手。

友軟體之後，這樣做真像時光倒流。

喔喔喔喔喔，待我確認一下。

我不曉得她怎麼問的，但她沒多久便回覆他單身沒錯，還附上查爾斯的手機號碼，好復古呀！交友軟體已經省掉紅娘的角色了。查爾斯顯然知道我要傳訊息給他，因為當我問他要不要找個時間一起出去，他回傳：當然好！一點意外的樣子也沒有。

倒是我對他後來的反應很意外，雖然他有閒暇參演短劇秀，還能週日上午來技術整排，但做起事來相當不馬虎，他如果答應約會，就絕對會自己主導一切。

這部電影如何？他問，傳給我一條連結，連到一間小獨立劇場的放映活動。那是一部黑色喜劇，映後還有座談，導演和演員都會出席。

好呀！我寫道。看起來很棒耶，好期待！

是約會喔。

當天，查爾斯遲到了。我的內在時鐘向來比一般人準，我不覺得這是優點，準時對別人來說通常都挺討厭的，除非他們碰巧是你老闆。但我也拿自己沒辦法，我做什麼都會不小心提早，就算想故意晚到，也會變成準時抵達，這件事讓結伴出門格外麻煩，因為等人總是讓我的步調從一開始就亂了，雖然要怪只能怪我自己。

查爾斯終於現身，看起來有點緊張，看見他的樣子，我的焦慮緩和了些。大家都是大人了，該出現的時候自然會出現，或者只遲到一點點，今天一定會順利的。接著他告訴我，票他已經買好了。

「不行啦！」我說，「是我邀你的，怎麼能讓你請！」

他聳聳肩：「我想請你嘛。」

「那至少飲料我出吧。」我說，他明智地同意了。我們帶著啤酒和糖果，在深凹的座位安頓下來，感覺就好像兩個朋友出來看電影。我不太認識查爾斯，但我認識很多他也認識的人。我們合吃一包小酸人軟糖，聊著八卦，試著開闢一塊熟悉的小園地。

和他聊天簡直不費吹灰之力。燈暗下來的同時，我思忖約會是不是就該這樣，對呀，約會本來就該這樣吧？慢慢了解一個相處起來很自在的人，直到某個時刻，你開始想親吻他們、擁抱他們。

這使我忽然想到：我們之間有那種吸引力嗎？完全沒有。查爾斯無疑很帥，但和他約會好像跟我表哥出門，而且不是最性感的那個表哥。我都忘了那種神祕吸引力可以多麼強烈，讓人像個不願彈開的號碼鎖，我希望我被他吸引，我好奇這種事能不能隨時間改變，人對自己的慾望到底有多少掌控權？

寂寞有生物學基礎，是一種驅使我們回到群體庇護下的生理反應。慾望則是另一種生理反應，由此延伸，愛也是種生理反應，雖然許多人不喜歡這樣思考愛情。美國人類學家海倫・費雪（Helen Fisher）著有〈哺乳類繁殖行為中的慾求、愛慕、眷戀〉（Lust, Attraction, and Attachment in Mammalian Reproduction）一文，解釋人們戀愛和失戀時，大腦和體內的化學物質如何作用。費雪與她帶領的羅格斯大學（Rutgers University）團隊相信，愛情可以分為三種類型：慾求、愛慕、眷戀。

慾求是一種滿足性衝動的基本渴望。愛慕與慾求的不同在於，這時渴望涵蓋了全身心，而眷戀是日久萌生的一種情感連結。控制三者的化學物質各不相同，慾求涉及睪固酮（testosterone）和雌激素（estrogen），人體內必須兩者兼有，才會感覺到性慾——和有沒有睪丸或卵巢無關。我們的大腦裡有個叫下視丘（hypothalamus）的地方，控制這兩種激素的釋放，兩者之中，睪固酮對於點燃慾火的作用更大一些。從最基本的層面來說，慾求是促進人類繁殖的演化趨力，無論我們已經多麼徹底將這種精力導向了別的用途上。

愛慕和前述激素有關，另外也牽涉到以獎勵作用為主的化學物質，例如多巴胺（dopamine）、正腎上腺素（norepinephrine）、血清素（serotonin）。每當我們做一件會讓自己愉快的事，大腦就會釋放多巴胺，當你覺得愛慕某人、隨時都想和對方在一起，表示大腦正在餵你一大堆這種美味的內在鴉片。你會感覺飄飄然，可能甚至吃不下、睡不著，熱戀期的人們尤其容易出現這種症狀，處於愛慕之中的人，腦內血清素濃度會降低，低到與強迫症患者接近。

如果你挺過了慾求和愛慕的風風雨雨，最後理論上會進入眷戀的階段。眷戀不是愛情的專利，它也存在於友誼、親情，甚至相處融洽的熟人關係中，眷戀涉及了催產素（oxytocin）和升壓素（vasopressin）。催產素通常在人類情感交流的活動中釋放，比如親密擁抱、促膝談心、哺餵母乳。

但為何愛有特定對象呢？這件事無法完全透過腦部構造或血液成分說明。費雪寫道：「人類的愛慕感，會被各式各樣的文化刺激促發。**何時**、**何地**、**對誰**湧生愛意、**如何**追求心上人，乃至**會不會**在愛上一個人時採取行動，這一切都還受到童年經驗、其他無數文化因素，以及個人意志影響。」**個人意志**驅動愛情的說法，可能會招來不少反對聲音，因為所謂個人意志，其實指的是社會制約，墜入情網的人，有時會覺得身不由己，但戀愛反應並不是莫名其妙的魔咒，而是由各種複雜的心理需求以及熟悉或陌生的事物觸發。它們也許關係到你被教導的愛情觀，也許關係到主流文化的審美觀，外界力量左右著你愛上誰，力道不下於心之所向。

我當上寫手前，曾在布魯克林一間小型活動會場工作，我們提供派對餐點，承接的活動以婚禮居多。我每週會服務三、四場婚禮，有時中午晚上各一場。我穿著黑制服，端氣泡酒給人們，往空了的杯子倒紅酒，送上義大利麵疙瘩和沒那麼受青睞的甘藍菜苗。婚禮儀式進行時，我會恭敬地站在後方，注意新人接吻的時機，也就是該去準備義式開胃麵包小點的時候。如果不是婚禮，通常就是婚禮彩排餐會，會來的都是新人最好的朋友。人們會使用我們不太高檔的播映設備，播放即將手牽手步向未來的兩人照片，從童年、青年，到（終於）成為一對。每次活動，臺上麥克風都會傳出不間斷的致詞，在會場任何角落，你無法不聽見這兩人如何尋尋覓覓，終於遇見彼此。他們多麼深愛對方、了解對方，他們是注定陪對方走一生一世的人。一次又一次聽見那些陳腔濫調，你會覺得愛情真的好老套。

這不代表那些婚禮上的詞藻背後沒有真情，雖然的確有新人散發出距離離婚不遠的氣場。這些重複使我認為，多數人只會用他們被灌輸的方式來表達他們的愛，因為那似乎才是真正的愛情、偉大的愛情。大家都是這樣，所以他們也要這樣，即使在屬於**他們自己**的日子上。

我自己短期內完全沒有結婚的可能，很難想像我的婚禮誓言會說什麼。什麼會使我渴望另一個人？什麼會讓我的大腦釋放愛情激素？什麼會令我情不自禁或春心蕩漾？雖然我的確感覺到情慾，但那沒有針對誰，就像沒來由想吃點什麼炸物一樣。只是對於查爾斯，我沒有那種感覺。

那部電影在黑色喜劇之中也算深黑了，內容是關於感情的，某程度上啦。主要在講一些永遠長不大的男人，可以由於他們的幼稚而變得多可怕。劇場燈逐漸亮起，觀眾們開始恍惚移動，彷彿從催眠中被喚醒，查爾斯轉頭看我，眼睛眨個不停。

「我的天啊！」

這句話差不多已道盡一切。我們聽完映後座談，走到附近的一家酒吧喝東西，他拿出手機，讓我看他女兒的照片。我們開始聊交友軟體，他說他用過，但發現許多上面的女人不想和有孩子的男人交往，或者預設單親爸爸很可憐，他沒多久就把軟體全刪了。

「我不想和覺得我女兒是負擔的人交往，」他說，「她超棒，我真幸運可以陪她。」

我年紀比較大之後，有時會跟朋友說笑道，我還能找個第一輪結束的人作伴。那些三十幾歲結婚的人，到了某個歲數，大概有一半都離婚了，這些人步伐會慢一點、想法會務實一點，真的願意嘗試新的可能。現在想想，這話可能事實成分多於幽默成分，因為不少我認識的人，真的就這樣配成雙了，我好像一不小心錯過船班了，這樣豈不是要再等一輪了嗎？！

當我十分難得，真的在心裡想像我和某人中年帶著孩子的模樣時，浮現的那兩人總是維持著最形式化的關係。查爾斯可沒有要我當他女兒媽媽的意思，他似乎只是幾杯啤酒後終於夠放鬆了，告訴我真實想法而已，我思索起當別人的生命已經拼好那麼多重要部分，想加入其中是何等難辦的事。

我們互道晚安，給了彼此一個朋友的擁抱。雖然應該不會再約第二次，但我覺得以後見到他好像一點也不會尷尬，這真是令人安心的念頭，太安心了，以至於我開始在腦中瀏覽所有我身邊有點吸引我、目前可能單身的人們。沒幾個，而且都是我沒把握當不成情侶還能當朋友的人。

回到家，我再次打開所有交友軟體，把條件放寬，對象年齡設得更廣，擴大搜索範圍。也許要找到來電的對象十分不易，但只要放手讓演算法帶我一直走，能認識的對象還有一籮筐。我決定它要我去哪，我就去哪。

第6章 約會是什麼？

一個完美的六月午後，我生著悶氣，坐在公寓街角的「喬佳娜」酒吧外頭。我在等我的約會對象，一位叫約翰的仁兄，這人已經遲到快一小時了。他在訊息裡說路上塞車，他正努力從布魯克林的另外某個角落趕來，搞不好是真的，但我很不高興時間被一個規畫不足的陌生人占用。溜走的每一秒彷彿小蟲在我身上爬來爬去，都浪費在一個我可能根本不喜歡的人身上了，我才不會喜歡那種讓我等一小時的人。

我不斷拿起水杯，在玻璃杯外的露水上畫出貓、星星、心形，然後又全部擦掉，後悔沒有帶本書來。侍者時不時從店裡探出頭，看見我還坐在那裡皺眉，便又縮回門內。

歷經幾次應該可以更好的失控約會後，我發明了一套新模式，我現在跟人見面只願意約在地鐵車程二十五分鐘內的地點，某次我已經在半路上，才被對方臨時取消，從此決定不再重蹈覆轍，如果對方願意大老遠來見我，我當然無所謂。我每次都問配對成功的對象：「你知道喬佳娜酒吧嗎？」大部分人不知道，但樂於一試，按計畫進行的話，我會坐在喬佳娜的某張軟墊椅上，有時候靠在有點黏黏的吧檯前，有時候在投影機下看電影或足球，也有時候坐在窗邊，望著附近的人來來去去，直到我的約會對象出現。晴朗的白天或晚上，我會挑個露天的座位，歪著身子，閃躲其他常客的香菸雲霧。

此刻戶外其他桌都還是空的，因為晚間暢飲時段才剛開始。我習慣早點工作、早點結束，約翰是行政人員，在一所學校上班，相約在一般認為飲酒合宜的最早時段，似乎對我倆都是上上之選，結果他沒依約抵達。正當我盤算乾脆先回家、叫他有來再告訴我的時候，約翰來了，穿著帽T，以一個約會遲到的人來說，真是氣定神閒得驚人，一副知道自己嚴重遲到，但我會原諒他的樣子。

他也不算猜錯，畢竟我還沒走。至少這可以計入我的本週約會次數，我一面暗想，一面和他打招呼。如果我沒有要走人，對他發火也不會讓這場約會比較快樂，況且他入座時向我道歉了。侍者開心地出現替我們點餐，兩杯半價IPA[1]送上桌後，我們展開了慵懶的交談。

約翰比我大幾歲，舉止沉穩，一個要成天和小孩與公務機關打交道的人大概非如此不可吧？他邊和我聊著邊牛飲啤酒，他是弗拉特布希（Flatbush）[2]長大的，中學讀曼哈頓的一所特色公立學校。我們試著搜尋沒有共同認識的人，但不同年紀的圈子似乎重疊度太低了。我一直覺得他很像誰，想了半天才發現是我自己，他不是不積極，但主要好像只是在走形式。

「你平常喜歡做什麼？」他問，又一個老梗話題。我猶豫一下，做了個決定。

「找人約會。」我說，他今天第一次開懷笑了。

「嗯，我可能也是，」他坦承，「我最近在想，我是不是該收斂一點。」

「怎麼說？」我問。他好像也下了個決定，說：

「不知道耶？不曉得何時該喊停吧。可以認識的人實在太多了……最近出了一些小狀況，讓我有點懷疑我到底在幹嘛。好比說，我認識一個女生，她來紐約的時候會找我。」

他瞄我一眼，我點點頭，表示可以繼續說，我不在意。

「上次她來紐約，留言給我，說她某某時間會在某某酒吧，」他繼續道，「我沒聽到留言。但我真的去了那間吧——跟另一個對象。那個女生看見我走進店裡，以為我是去找她的。」

天啊！我把臉埋在雙手裡，光聽轉述就覺得難堪斃了。我更能想像那個女生的心情，一廂

1 譯註：印度式淡色艾爾啤酒（Indian Pale Ale）的簡稱，是一種起源於英國、在美國發揚光大的精釀啤酒風格，特色為鮮明的酒花香及苦味。

2 譯註：布魯克林的一區，與米德伍德區相鄰。

情願以為約翰要把她介紹給別人，殊不知別人才是他的約會對象。雖然我本身（還）沒遇過那種狀況，但一想到那種期望過高，結果被狠狠打擊的場面，就覺得心有戚戚焉。

我倆都笑了起來，一種痛苦的笑。

「我好像不會有這種問題。」我說。對我有興趣的人沒有多到能混在一起、表示喜歡我的人通常都不是我的菜、對方只想上床，但我覺得為時過早，或者幾次充滿希望的約會後，對方就人間蒸發了。約翰似乎是戀愛常勝軍，我則是屢戰屢敗。

想當初，開始練習每週約會，就是希望改善我這方面的失敗。我的特訓好像多多少少有效，如此練習大約一個月後，就算關係無疾而終，我也不太介意了，只是這種得過且過的淡定很難說有什麼好。

我依然想像不出怎樣算成功，我不知道一直找對象有什麼目的，除了練出不怕情場失利的能力。年初時，我之所以決心改變，一來是屈服於外界壓力，一來是好奇自己能否辦到，此外也是想釐清這會不會改變我的孤單。如今半年過去，某程度上，我已經改變了，六年沒有戀愛之後，我又開始找人交往，這件事本身就很不可思議了。

然而，未來似乎沒有因此動搖一分一毫，我還是很可能一個人到老，這麼多約會也並未使我覺得比較不寂寞。硬要說的話，重複演練這些形式，只是讓約會成了新的行事曆項目，要和其他功課、工作、家族時光一起擠進我的每週行程上。可以確定的是，不斷練習初次約會，確實會讓人更善於認識新朋友，但也僅止於此了。

沒過幾次，我的內在時鐘就學會調整喝第一杯、第二杯的速度，計算再聊多久才能為談話畫下優雅的句點。約會是為了消磨時間，有時我這麼想；約會是希望減輕寂寞，又有時我這麼想，或者，約會是訓練自己不期不待、不受傷害。喝完飲料，我會揮揮衣袖離開，不受這段期間發生的一切影響，頂多只是比先前憂鬱一點點。

在某些方面，這絕對是我個人的問題，或許我缺乏想像力或好榜樣，但在另一些方面，這種情形看來更為普遍。

一段時期以來，約會在現代社會中的意義變得全然不確定，部分原因是，雖然很多人以為約會歷史悠久，但人們對這種活動有半官方共識，其實是相當晚近的事。莫伊拉．韋格爾（Moira Weigel）在她的約會簡史《我們約會好嗎？》（*Labor of Love: The Invention of Dating*）當中解釋，歷史上，異性婚戀大多是由人們出身的群體安排，男女可能在搖籃中定下婚約，在教堂裡擦肩，在家人陪同下見面。以西方上層階級白人來說，一個愈富裕的人，愛情歸宿由愈多人共同決定，找個人約會，確認彼此適不適合在一起什麼的，會被當成腦袋燒壞了。

某個意義上，我們已經繞了一圈，回到原點。如今很少有人正式約會了，和約翰見面那晚之後幾週，我約另一個網友出來，他一聽「約會」兩字就退縮不前，認為這樣講「太嚴肅了」。

「不然你會怎麼講？」我驚問。

「見個面，或者聊聊天。」他說。這年頭連能不能約會都要先見面確認嗎？我放棄約他。

韋格爾認為，今人所謂的約會，起於十九世紀晚期左右，當時愈來愈多年輕人從出身的農村聚落搬進大城市。更早以前，年輕男子會「上門追求」心儀的女性，由女方的年長女伴在旁監督兩人互動，以免婚前發生任何不檢點的行為，這種形式的追求必須得到家中長輩同意，經常是在他們的指導、甚至安排下進行的。

隨著年輕人開始到公共場所約會，一切逐漸轉變：年輕人有了自己能支配的收入和時間，監視他們的眼睛則變少了。出門需要花錢，而男性的錢通常比女性多很多，若想上餐廳、去市集、看表演，那又要額外的錢——女士們一般沒有這種東西。人們的默契是，年輕男子要「款待」他們的女伴，承擔兩人約會的所有開銷。這股潮流最初引起了大眾震驚，警察開始掃蕩這種妨礙風化的行為，許多女人甚至被以賣春為由逮捕，儘管從當時到今天，收受現金和接受招待遊玩一晚，在法律上都有差別。

我和約翰的半價啤酒是各自付錢的，我很少讓男伴請客，縱然這些儀式已是幾十年前的產物，你還是會覺得，一旦某人為你出了一杯調酒或紅酒的錢，你就得盡某種義務。我希望我能隨時想走就走，雖然我平常說話很直，也常與人起衝突，但那杯酒會像心上的一顆大石，壓得我沒辦法走。

約翰和我喝完啤酒，從座位站起來。我伸了伸坐太久痠痛的背。

「哪天有興趣再來約呀，」約翰說，「我覺得我們可以當輕鬆的朋友。」

可想而知。

和一個滿迷人也滿投緣的對象隨意往來，並非完全沒吸引力，只是我猜他永遠不會準時赴約，搞不好還會帶別人來。我和他擁抱道別，知道對他而言其實怎麼樣都沒差。我轉過街角，走回住處，傍晚轉涼了不少，空氣裡飄著濕土的味道。

在我心裡，約會好快就變得索然無味。真奇怪呀，這項活動曾是如此革命性的發明，約會的問世，使一件不被提起的事浮出水面，即女性在經濟上仰賴愛情。此現象引起那些較富裕、崇尚「上門追求」的階級騷動不安，因為這可能動搖他們的一切制度，甚至威脅到父權體系。

「過去那種宅邸之中、年長女伴陪同的追求模式，明確區隔了男人的世界與女人的世界，」韋格爾寫道。「約會打破了這些界線，將男女交往從私人空間帶進公共空間。握有控制權的從老一輩換成了年輕人、從群體換成了個人、從女性換成了男性。」要說那些坐在起居室裡，等待追求者來訪的女人們一定屬於主導的一方，似乎不盡然精確，尤其因為這些追求者，往往是她們家族嚴格審查過的人選。但遞出邀請的方向確實掉轉了，十九世紀末，女人不再等待受邀男性抵達，而是等著他們來邀自己出去。那個時代涇渭分明的兩性分工，繼續支撐著一種幻象：女人顧家，因為她們天生溫柔、恬靜、單純，熱愛為了家庭犧牲奉獻，絕不是由於女性極度缺乏其他謀生機會。出門約會的女人們，更公然用時間及陪伴來交換利益，她們答應約會，也許是為了看一齣最新上演的戲，崇尚「上門追求」的階級對此相當感冒。

異性戀約會的交易本質，經常引起人們反感，即使今天亦然。我看過許多男人在交友軟體檔案上寫，他們對「拜金女」沒興趣，甚至聲明自己不會替女生付帳，希望出去可以各付各的。我認識的許多女人也抱怨過這件事，通常是談到男人們不過是請了你一杯伏特加通寧，就會期待你如何如何——假如他們有請的話。男生請女生吃一頓飯這種事，現在聽起來像過往年代的夢話一樣，好像自由接案者聽說世界上有穩定、能參加工會、還提供完整醫療險和看牙補助的工作似的。

和約翰見面隔天，我工作結束，去了趟我媽媽家，準備帶她去她喜歡的日本料理店吃飯。一進門，兩隻貓吉米和洛伊德就扯開嗓子對我大叫，爭奪最先被摸的資格。她家進門就是客廳廚房區，左邊短短的走廊通向臥室。我媽媽走出臥室，罩著一件滿是咖啡漬的長T恤，戴著一副只剩單邊鏡片的眼鏡。

「哇！」她尖叫。「你來了！」

她立在原地，雙手舉到頭上搖顫，彷彿看到我讓她被電擊了，我媽比她的貓還愛引人注意。我媽媽那個年代的人，不只認為吃飯應該男生買單，還認為事先把約會安排得妥妥貼貼是男生的工作，真奢侈呀。她常提到她單身的這些年，人們對約會的期待如何變了。「女權運動唯一留給男人的東西，就是他們不必替女人付錢了，」她會開玩笑說，「我都告訴他們：『要是我自己出錢，我們兩個就會變平等，那我就自己出。』」

顯然不會，所以她每次都讓男人請客。我們坐在她家沙發上，我媽開始跟我說她今天做了什麼，那是個寫了很多電子郵件，和去逛附近生機食品小店的故事。那張沙發也是她的床，臥室是她男友在睡的，我不是完全懂他們的狀況，但覺得有一點值得警惕：和一個人在一起愈久，你們的生活會愈糾結在一起，最後比起搬出去，你可能還寧願睡沙發床。他們快樂嗎？我不這麼想。但慣性的力量很強大，也許上了年紀、深知建立任何一種新生活多辛苦之後更強。重新開始的誘惑力大不如前了。

我媽媽的收入主要來自社會安全補助金，以及一些小額的藝術獎助。她住的公寓是她男友父母——我視他們為爺爺奶奶——的房子，她和男友因此可以輕鬆一點，繼續過他們亂糟糟的日子。我知道她很愛那個熟悉的社區，但也夢想有更好的居住條件。我租不起雙臥室的公寓。

我該讓媽媽來睡我家客廳嗎？還是我應該跟她一起搬到房價比較便宜的郊區，奉獻自己照顧她的生活起居？她年紀大了，身體又由於多發性硬化症而更不方便，所幸還沒有任何失能的問題。她依然獨立自主，做著她的藝術和戲，過著我管不了的日常生活，互相扶持的責任和多管閒事之間，目前仍處於平衡狀態。

我媽對我最近的約會活動瞭若指掌，她總是想聽新的八卦，我跟她講了一點約翰的事，包括他兩個女友在酒吧撞見的尷尬故事，她覺得十分逗趣。

「大家好像一直不斷在結束關係，想找到更好的人，」我說，「就算我遇到喜歡的人，感覺他們也會在真正認識我之前就走了。」

「你要是想抓住男人心，」她答道，「只需要做一件事：你得了解他們喜歡把自己想像成什麼樣子，然後假裝他們就是那樣的人。」

怎麼可以這樣？我驚愕不已。我媽咯咯笑了起來。「我知道你做不出這種事啦！」她拍拍我的手。問題是，我相信她過去用這招很成功，她曾是七〇年代紐約的一個美麗女郎，喝酒永遠有人買單，而且能讓所有買單的人感覺自己彷彿她今生的貴人。我媽說的對，我想學也學不來。

約會只是把自己裝成別的樣子，我心想，讓對的人喜歡上你。

但如果你需要假裝，那個人怎麼會是對的人？我媽媽願意假裝，因為她必須假裝，因為那是當時文化對女人的要求，也因為她幾乎獨力撫養著一個女兒。不過，我的約會帳本沒有急迫的收入壓力，真要說起來，約會對我是項花錢的活動，如果對象是男生，一場約會下來，我的支出可能比他們還多一些，要讓自己看起來整潔、得體、有魅力，女人所需的維護費比男人高多了，然而女性同胞的平均薪資卻還是不及男同事。

意思就是說，像我這類女人，或至少我自己，真正能指望的回報是情感上的。曾經，在約會剛開始被視為常態、不再是破壞交往儀式的不良風俗之時期，找個經濟上互利的人戀愛結婚——能生小孩更好——可以輕易被納入人們約會的主要目標。現在這種事辦不到了，人們可能透過約會找到終身伴侶，然而，單身人口增加與出生率下降，證明了此種結果比例稀少。如果投資的是情感，我們很多人其實也入不敷出，既然如此，何必還要約會呢？

「說來說去，約會到底是什麼？」又過了幾個晚上，另一場意興闌珊的約會後，我坐在床上吃一桶冰淇淋，再次問著自己。我發現我約會的定律之一，就是結束後經常坐在床上吃垃圾食物，苦思這一切到底有沒有意義。

某個週六下午，我和朋友狄倫視訊聊天，他正在北美大陸對側的洛杉磯煮他的午餐。我們住在同一州已經是三、四年前的事了，雖然相隔遙遠，或者正由於相隔遙遠，狄倫和我一直要好如初，我們會飛去探望對方、傳訊息、傳梗圖（最高效率的溝通方式），或者視訊聊天。開車去洛杉磯的途中，他遇見了後來和他結為連理的女人，他們的感情風波我都知道，但他依然常常有臉給我戀愛建議，特別是當我思慮不周，竟然向他討教的時候。

我把手機靠著牆，立在流理檯上，開始清理水槽周圍的磁磚縫，我一邊刷水槽，一邊向狄倫吐苦水，偶爾抬頭看他用一把小得不切實際的刀慢吞吞地切蒜。我向他解釋，我原先的目標基本上已經達成，要再和人約會、認識新朋友也沒問題了，但總覺得還是沒用。

我遲疑幾秒，老實吐露：「比較吸引我的人，好像都對我沒什麼興趣，倒是我沒那麼喜歡的人，個個都想再約我。」

「應該是你還不了解你在男女市場上的價值吧？」他平平靜靜答道，同時挖了一匙奶油丟進煎鍋。

狄倫與我認識的時候，我剛和摩根分手。狄倫那時候對他的男女市場價值可享受了，他很帥，二十三歲的時候更帥，他長得一表人才，就是那種踏進一個地方，大家都會多看他兩眼的人物。再來他們會問他是不是演員，然後就問他是否單身，這個問題是我跟他一起出去時，其他女生會向我探聽的事，她們都非常正確猜到狄倫和我不是一對。此間的互動弄得我很糊塗，眾多美女都想認識我，以便接近我的型男朋友，這一點一點侵蝕了我的自我價值。沒人像狄倫這麼令我自慚形穢，但也極少人像他給我那麼多自信，我知道他是真心喜歡我的內在，因為他顯然看不上我的外表。

年過三十，婚也結了，現在狄倫的鋒芒收斂了不少。但在這句話裡，我聽見以前那個光靠呼吸就能拿到一堆電話號碼的他理直氣壯。我很想問問他怎麼看我的男女市場價值，但他可能會直接舉出我哪裡哪裡不行，我實在不太需要知道這類資訊。

「男女市場？」結果我只說，「太殘酷了吧。」

「大家都在衡量自己價值到哪裡，看能不能追到再上去一點的人啊，」他說，「我單身時代的印象是，每次都是你愛我、我愛他、他愛她不是嗎？最頂層就是傑克・葛倫霍（Jake Gyllenhaal）了。」

我們都笑了，傑克・葛倫霍的無敵魅力是我們之間的老玩笑。我回想狄倫最後一段單身期，當時他和現在的妻子分手了，後來一整年，他在懷疑人生的低潮中度過，一下在交友軟體上橫衝直撞，一下哭著說想要真正的親密，他那時候可沒像自己話裡那麼理性精明啊！再說，若他真的認為愛情是討價還價，他和他老婆又是誰吃虧、誰賺到？

「我不想這樣看別人。」我說，實際上是指不想這樣看自己——看成一堆別人不是勉強屈就，就是到處炫耀的零件組合。

約會是想盡辦法占便宜，我心想，像在逛大拍賣一樣。

這麼說似乎也不太對，但狄倫不中聽的話其實很接近我自己的觀察，接近得令人沮喪。我發現人們和我約會前，不只會評價我，還會衡量他們能從我這裡得到什麼，以及得到前需要投資多少——愈少愈好。這些計算當然包括性的方面，但也包括感情方面：他們能在訊息裡索討多少關注？覺得我會給予多少回應？又想不想回應我需要的關注？男女市場上，人們不是只看你本身的價值，更重要的是能從你身上採出多少，彷彿你是一座礦場。

有一個詞叫「情緒勞動」（emotional labor），現今是指一些必須有人做——通常是女性——但多半不受承認，也無報酬的心力或情感付出。比如管理家務、記得親戚的生日、留意雜事處理了沒，讓其他人的生活得以正常運轉。情緒勞動一詞，最早是社會學者亞莉・霍希爾德（Arlie Hochschild）提出的，出自她一九八三年的著作《情緒管理的探索》（*The Managed Heart*），但後來用法逐漸不同於她的原意。

她在二〇一八年《大西洋》的一篇專訪中告訴作家茱莉・貝克（Julie Beck），許多今日稱為情緒勞動的活動，例如家事雜活，她認為應該算實質勞動。她提出這個概念，原本是希望人們更重視像是空服、護理、幼教等必須控制或做出特定情緒的工作。

「這些工作的內容可能也包括心力及體力勞動，但重點是，老闆評估你適不適任的主要因素是管理和表現情緒的能力。」霍希爾德表示。我能理解何以過去四十年間，這個詞彙的定義有了偏移，太多女人感到自己付出的心血不被承認，尤其是與順性別異性戀男人相較之下。「情緒勞動」可以描述家庭生活內部不被看見的那些工作，同時，它也屬於二〇一六年大選後的一股更大浪潮，由於對無償情緒勞動的需求與日俱增，人們開始呼籲讓這些無償勞動成為有酬市場。

我最早注意到的是，有些社運人士開始在社群網路上，貼出自己的 Venmo 或 CashApp 付款連結[3]，歡迎大家為「情緒勞動」捐款給她們。她們多數是黑人女性，被要求免費奉獻她們的時間和專業，為公共機構或甚至不是沒錢付薪水的私人機構服務。對於白人族群如此渴求教育和資訊，又如此吝於為這些服務付款，服務提供者做出這些反應，只能說理所當然。

接著，二〇一七年三月的國際婦女節，我記得看見某個白人女性朋友貼了篇文，寫道為了慰勞女人的辛勞，每個男人都該在婦女節這天 Venmo 捐款給某個女人。不知為何，我看得很不舒服。收錢固然好玩，但讀著那則半開玩笑的推特文，我意識到比起這點小事，我更希望男人能讀本女性主義作家的書、支持一個性別和他們不同的藝術家、不要放人鴿子，或對人親切一點。給我五元讓我喝杯咖啡，不會對我的生活造成任何有意義的變化，如果男人們更了解何謂厭女，這種變化卻有可能。

3 譯註：分別為美國和英美的行動支付服務。

後來幾年，認為一切人際交往和互動本質上皆為交易的想法，擴散到了更多地方，不再只是留下付款連結表示歡迎捐款而已。傾聽朋友的苦惱、和室友商量家事分配、為好姊妹籌辦婚前單身派對……全都成了應該補償的情緒勞動形式。初衷是從反資本主義角度探討實質工作量的一個詞，最後反而將人際關係變成了資本主義體系，此體系中，大家可以花錢購買虧待他人的權利，彷彿一家大企業付錢了事，以便繼續污染環境。

這類工作以前被認為是團體生活的一部分，檢視哪些成員付出最多卻回報最少，也一直都是必要且重要的。但語彙的變化，使得社群營造成了只能用資本主義的度量衡進行的一件事，借這套框架的說法，我看結果是赤字。

但有件事我能肯定，每當結束糟糕的約會回到家，我確實都覺得，就算是最隨興的一段邂逅，彼此也要付出成本，雖說未必能用美元補償。

另一方面，交友實驗的期間，我經常思考約會的金錢成本。我加總了飲食的花費、買衣服和打理外表的花費，約會好貴，而且我才進行到開場而已。假使真的遇見一個我想認真走下去的對象，他們說不定會決定我這輩子的生活品質。我不是單指心情方面，雖然那也要考慮——我媽媽的另一句名言是：「嫁個有錢人，包你賠一生。」

然而，要不是我媽媽的伴侶有房子，她現在的處境會比住在客廳淒慘得多。我不敢想像，如果我最後和一個經濟上拖累我或被我拖累的人在一起，事情會變成怎樣。離婚和監護權官司燒光了我媽媽的財產，導致我童年最絕望的時期之一。維持生計仍然是尋伴的重要考量，儘管我們時常假裝錢不是問題。

未來最可能拖垮我的一條路，或許是繼續單身，一直活到所有親密的家人都不在了，緊急時也沒半個能求助的人。我的收入大概一年來都很好，但不確定能不能維持下去，我猜不能。從小過慣了沒錢的日子，我一想到要規畫未來或開個儲蓄帳戶，就焦慮得腦袋一片空白。我知道未來得繳一大筆稅，而我根本沒有儲備。即將三十五歲，我對於怎麼養自己到老年，連最朦朧的計畫也沒有。

約會是為退休後做準備嗎？是的話，我得承認，希望另一半有 401(k)[4] 退休金帳戶的人，還是別選我比較好。我的經濟價值不怎麼高，而若狄倫評估正確，我的男女市場價值還差傑克・葛倫霍不曉得幾百層之遠。可是，我沒辦法把這些約會看成保障未來的手段，或兜售自己人性財產的商業談判，所以剩下的，就只有過程中的快樂或不快樂了。

六月將盡時，我在聚會上認識了一個叫凱瑟琳的女生。因為我老是在講約會交友，很多人

4 譯註：美國的一種退休金制度，適用對象為私人公司員工，訂定於美國國稅法第401條k款中，故簡稱401(k)。

也開始跟我聊約會交友，感覺有點像學會一個新的生字之後，走到哪都聽見那個字。

「我幾乎每晚都約會呢！」發現我倆的共同興趣後，凱瑟琳這麼告訴我，並嫣然一笑，彷彿那是種多棒的活動。她的聲音渾厚，充滿謎樣的欣喜，像個講童話故事的人。

「太瘋狂了，」我用我的破鑼嗓應和，「你是怎麼辦到的？」

我本來為我可憐兮兮的每週兩次約會有點自豪，凱瑟琳輕鬆甩了我幾條街。我本來想，既然我們吃過一樣的苦，我至少能提供一點對這些求偶儀式惡劣之處的小觀察，證明我也見識過沙場的可怕。結果她竟然不覺得恐怖，還笑了。

「我好喜歡約會！」她柔情低唱。「我好喜歡認識新朋友，聽他們的故事，找到我們有連結的地方。我覺得每個人都有值得聽的故事，就算不是你想談戀愛的人。每次要和新朋友聊天，我都好興奮。」

我相信她真的這麼想。有些人確實有那種對他人感興趣的能力。我並不內向，但對每個偶遇的人擁有如此高度的熱情，使凱瑟琳成了約會奇才。

約會是對認識新朋友感到興奮，我心想。我嘗試以這種觀點思考。但即使我歡天喜地，帶著一千個火燙燙的、凱瑟琳般的熱情去認識人們，也沒有真正回答約會是為了什麼。

「約會是⋯⋯」我會這麼想著，去見下一個丹／麥特，然後試圖填入答案。

約會是一種消遣。

約會是社會義務。

約會是找人上床。

約會是父權。

約會是女性主義！

約會是你心裡的願望。

約會是⋯⋯

我不知道。而我發現之所以不知道，是因為我不確定我期盼什麼結果。好像做著木工，卻搞不清楚自己究竟在做一把搖椅，還是造一棟房子。凱瑟琳享受約會，因為約會散了就散了，不必考慮前因後果。我的出發點和她差不多，所以逼自己告訴身旁的人說我在特訓交友。我敢承認我想要更多嗎？一個目標已實現，我想再立下一個新的目標：談場真正的戀愛，無論那是什麼。

第7章 社會期許

七月某天，我坐在格林堡公園（Fort Greene Park）一座小丘的草坡上，聽一個男人講話。時間已入盛夏，春天的青嫩新芽都化成茂綠熟葉了，頑強草皮較纖細的幾處，也逐漸不堪幾百雙腳的踩踏。植物還沒開始乾枯，只是顯露疲態。幾天前的一場暴雨把一切裹上了泥巴，現在泥巴曬乾，剩下一層土，天氣太熱了。男人說呀說，太陽在頭頂移動，我追隨陰影緩緩飄移，他像顆衛星跟著我。

這片草坡在我生活中好幾年了，草坡上上下下我都爬遍了。我曾經在積雪時，用套上大垃圾袋的紙箱從坡頂滑雪下去；曾經在暮色中，和朋友帶著水壺裝的紅酒來這裡露天小酌；曾經坐在這裡看足球、野餐，摸過許多不怕生的狗，看公園裡的綠樹開花、轉為金黃，再褪下它們的外衣。

約會為這片草坡開啟了新的面向，讓我能標出許多地點：這裡是我和一個先生散步的地方——他是埃及來的開發人員——、這裡是我和一個女人躺著聊天的地方——她剛從聖地牙哥搬來，那天還帶了毯子和自製康普茶（kombucha）[1]——、這裡是我和一個男生親熱的地方——他後來傳訊息問我私密部位乾不乾淨，我回覆我都定期用阿摩尼亞消毒，並且按下「封鎖號碼」。

這些地點在小丘的地形圖之上，又疊上一層勘查地圖。現在我正在添加一個新地標，就叫「聽非常有趣的人講話的地方」吧！因為他真的非常有趣，他大概十個月前從印度來到美國，這段時間大多在遊歷各州，他造訪的好多地點都是我沒去過、也不曉得今生會不會去的地方，旅遊似乎比較適合結伴同行，而且我又不會開車。起初，這個人的故事使他分外有魅力，彷彿我有朝一日能找他去旅行。

他最後在紐約落腳，攻讀研究所，現在致力於一項引人入勝的研究，詳情我聽不太懂，但總之是能造福全人類的厲害計畫。他完全沒問關於我的事，雖然我努力暗示我或許也有話想說。他有趣的生活很快就失去魔力了。

1 譯註：一種以甜紅茶為基底發酵而成的飲品。

男人們不問我任何問題是家常便飯，有時候和女人聊天會讓我半愛上她們，只因為我們有真正的對話，而不是對方持續獨白，並在偶爾被我打斷時尋思下一段要說什麼。當然不是所有男人皆如此，但比例高到我一旦懷疑約會對象是這種類型，就會開始測試他們能自顧自地說多久。這位先生已經傾吐他的意識流超過四十分鐘，我放棄插話，安於昏昏欲睡的狀態，轉頭看他令我脖子好酸，我索性不看了，改盯著一棵遠方的樹。他好像沒察覺。

我有次告訴我朋友瑪莉安，我發現約會時，男女對於相互理解的期待落差很大。她訓了我幾句。

「是你習慣把話題轉向別人吧？」瑪莉安說，「我不是說你問問題不好，我覺得你想了解別人很棒，但這好像也是一種自我隱藏。」

有道理。我憶起今年春天那第一場約會，亦即我交友實驗的開端，當時我不想向那個人洩漏我的事，於是盡可能一直聊他的事。我只想和喜歡的人分享我的生活，結果在某些約會中，我變得像個心理治療師，溫和地問問這個、問問那個，引導對方一直聊下去，自己什麼都不透露。

這觀點本來很有說服力，但瑪莉安又補上一句：「反正男人都是這樣，你只能自己插嘴啦！」

說到底，用男女來歸類人的行為，也不是那麼有意義，我有點慚愧自己開啟這種討論。每個人都能隨時做出各種行為呀，誰知道我在這些徒勞的約會中，有過什麼不自覺的討厭行徑？也許我得罪了很多人，而且他們還怪我的性別，不怪我糟糕的個性。何況平心而論，「非常有趣的人」真的有說不完的精彩經歷，他可能只是沒接收到我的暗示，或者不知道其他互動方式。我們剛買完咖啡的時候，他曾告訴我，這是他第一次用 Tinder 約人見面。

「哈哈，歡迎加入，」我說，「希望你用得開心。」

那大概就是我說上的最後一句話了。我發現願意和我馬上見面——或隨便什麼時候見面——的網友，很多是初來乍到紐約，或新註冊交友軟體的人。他們對於認識朋友或體驗線上戀愛充滿熱情，這人兩者皆是，而且可能熱情得忘乎所以了。咖啡喝完，我本想禮貌告辭，但他在草坡上挑了個位子坐下，我實在很難先走。

他的滔滔不絕突然打住，我瞥向他，不知他最後說了什麼。他終於提了個問題嗎？只見他眺望著公園的大草坪，一如我常做的那樣。草坪中央光禿禿的沙地愈擴愈大了，因為大家都在那裡運動，或讓狗在那裡上廁所。

沉默變得尷尬，我覺得口乾舌燥，像清早醒來，嘴唇得用力張開才能吸進有意識的第一口氣。我的心思早已飄遠，根本不曉得他說到哪去了。

「你爸媽是怎樣的人？」我輕咳一聲。

「非常保守，」他說，「他們會在意左鄰右舍的想法、鄉親父老的想法，但他們極度不快樂。」

對不對？就說他很有趣吧？然後又是靜默。

「那他們支持你嗎？」我問，顯然他對我的家庭不好奇。

「不支持啊。我和他們太不同了，想法太開放了。現在我小有成就，他們才沒那麼嫌棄我，而且距離遠也比較好相處。」

他告訴我，他爸媽的親事是雙方長輩談定的。什麼？那他們聽到他在用交友軟體會說什麼？我說出我的心聲。

「一定會氣死！」他竊笑。既然他爸媽那麼看重鄉親眼光，我想這意味著他從小一起長大的同輩中，仍有很多人的婚姻是由父母作主。我小時候只認識一個這樣的同學，是小學六年級跟我同班的女生，她爸爸媽媽都是阿爾巴尼亞人，有天她哭著來體育館，因為家人告訴她，她未來的丈夫已經選好了。

我最好的朋友比莉和我圍著她，為此消息困惑而傷心。我們三個平常總在一起玩，年幼的比莉和我無法真正理解怎麼回事，但覺得**似乎**不該這樣，而且根據我十二歲的邏輯推判，她在哭，所以她想必不為這件事高興。我們中學後斷了音訊，最後又透過IG追蹤起彼此。她已經結婚，但看不出是不是和當年父母定下的對象。他們的照片看來很幸福，孩子都生好幾個了，其中一個女兒模樣就像我童年玩伴的複製人，有時我會好奇，她是不是也會替女兒挑選未來的伴侶。

我無從想像，十二歲就那麼清楚預知自己長大後生活的一個面向，是什麼樣的感覺。那種知識讓我朋友願意接受她的處境了嗎？或者那是一種壓力，迫使她不得不接受呢？大學和青年時期不必考慮這些事是種福氣嗎？還是說延後到年紀更大一點再思考，像我現在這樣，其實更糟？如今，一部分的我認為，有椿別人安排的婚事也並非不幸，前提是你要的**只是婚姻**。不過當然，那僅限於異性戀的婚姻。光是這點就足以使我推翻此種想法。

感情關係中，「選擇」是個曖昧的概念，既存的家庭結構決定了人們該如何尋找伴侶，或如何拒絕為之，被動的反對現狀，本身就是一種受到控制的行為模式。比莉家裡是重視家庭勝過一切的，我們朋友定下終身之後不到五年，比莉遇見了她未來的丈夫。三十歲出頭，她和她十七歲開始交往的男孩已經組成一個愈來愈熱鬧的小家庭，我時常會想，也許她過早結束了那段充滿可能性的時期，那麼年輕就成為一對中的一個，改變並形塑了她的人生。

然而，比起我那堆迷茫的自我探索，她這段時間累積的事物更明確、在我們的文化中也更有價值多了。

「你會想把婚姻交給別人安排嗎？」我問我的約會對象。

「不會，現在的我不可能。」他說，並丟給我一個意味深長的眼神。意思是他期待比咖啡約會更認真的交往嗎？聽到這句話令我終於起身，膝蓋吱嘎響著。

「好吧，我得回家了，」我說，「我陪你走去地鐵站？」

走出公園，他繼續解釋他的碩士研究，一路講到了地鐵站，我與他就此別過，說道：「希望你覺得這次 Tinder 初體驗還算可以。」

「我覺得太棒了！」他說。這話使我一頭霧水。我們輕輕擁抱一下，便各奔東西。他後來又傳訊息來，跟我說約會真的很愉快，我這才意識到，他覺得我們的互動非常順利，毫無問題，我回訊息告訴他「謝謝再聯絡」，但表達方式比較友好。

雖然我的約會對象似乎自信過人，但我想他一定也很辛苦——搬到一個新的國家，重新思索他對成年生活的一切設想，我不認為我有這種勇氣。我過著很尋常的人生，至少以我的出身背景來說很尋常，在我成長的環境裡，三十幾歲未婚、沒有小孩並不是什麼激進之舉。

但與我同齡的人們，每天都有更多進入主流軌道，亦即成立傳統的核心家庭，連我認識的酷兒們，也開始一對一對成家、有孩子、在離市區老遠的地方買房。相形之下，我的生活愈來愈古怪了，儘管我從未刻意離經叛道。如果你一直沒做大家都在做的事，總有一天，你會自動被歸類為背離傳統。我從來就不想生小孩，我記得很多人跟我說過，等我年紀到了，會突然聽見體內時鐘在滴滴答答，開始焦急萬分，怕來不及體驗那種肚子慢慢變大的幸福。但我唯一聽過體內時鐘滴滴答答的時候，只有它叫我快點打電話訂墨西哥捲餅，以免來不及當午餐的時候──為了另一種肚子慢慢變大的幸福。

比莉和我證明了相反的人會互相吸引。我記得高中的時候，某次我們正在打電動，玩那種拿手榴彈互擲的遊戲，我發現她怎麼淚眼汪汪的，我問她出了什麼事。「我只是忽然想到，要是我以後不能生小孩，會多傷心呀！」她說。沉默一秒後，我們都開始笑，她等到三十歲後才生小孩，一共生了兩個。

比莉的爸媽就像我爸媽一樣，從事劇場藝術，只不過他們沒離婚。我和我媽在東村搬來搬去的時期，比莉與哥哥和父母住在A大道[2]上一間租金管制[3]的單臥室公寓裡。雖然我們初中不同校，但每天都會一起搭市公車去上學，我會到比莉家樓下，對著她的窗戶大叫擾鄰，沒辦法，誰叫她家門鈴永遠是壞的。

2 譯註：曼哈頓東村的一條路。東村有A、B、C、D大道，其間的街區被稱為字母城（Alphabet City）。
3 譯註：為保障既有房客居住權，設有租金上限的房屋。

比莉高二交了第一個男朋友，就是她後來讓給我的歐文，接著交了第二任男友，即她未來的丈夫，以上。假如她曾經花更長時間獨自摸索、成長、冒險，她的人生會變成什麼樣呢？他們如同許多剛離開父母就在一起的情侶，人生發展變得太緊密交織。她從大二起就和他同居，而不是按照原先計畫，和我一塊兒找房子。

自那以來，她的成就非同小可，她在非營利組織工作多年，並且拿到教育碩士，她也成為人妻和人母、成為一家的中心，而且怎麼看都非常快樂；她甚至還會開車，而我依然是當年的我，對比之下各方面都發展不順。

長大後，我們對於彼此相異的「人生走向」只起過一次摩擦，就是那年夏天的事，那次衝突最令人印象深刻的，大概是內容多老掉牙。我又開始約會交友時，比莉正懷著第二胎，要孕育體內的另一個小生命，同時又要照顧三歲的老大，令她快累垮了。她丈夫答應帶小孩去趟購物冒險，讓她找我好好放一天假，我們去了一家號稱「不使用化學藥劑」的沙龍做指甲——那是比莉在 Yelp 上找到的一家店，店裡聞起來和我去過的所有美甲沙龍一模一樣——然後到她家附近的一間小館子吃午餐。她邊吃邊嘆氣，直說餐廳真舒服、料理真好吃、她實在太需要休息了等等，比莉不記得第一次懷孕時有這麼累，她覺得自己快撐不下去了。她向我訴苦，說她老公最近背痛發作，所以更沒辦法幫忙照顧女兒，她被家事追著跑，迎接新寶寶的工作根本都來不及做。

如果你想聽到人家說「帶小孩太慘了吧」，我是不二人選。每次幫人顧小孩二十分鐘，我就累得像條破布，接下來整天都無法復原，而且這還包括我十幾歲精力旺盛的時期，也就是所有女生都曾為了賺打工錢，當過幾次保母的時代。所以我回了幾句「太慘了吧」，她果然更放鬆了。

我們把剩下的一點餃子吃完，我問她待會回去要做什麼。比莉發起愁，說她買了什麼IKEA的家具要組裝，但承認她大概會睡覺睡到老公小孩回家為止。她問我那我下午又要做什麼。

我不假思索回道：「不知道耶？可能去公園走走，或者看有沒有人約我。」

不然我能說什麼？那天週六嘛。

「時間這麼多真好。」她沒好氣地說，聲音裡帶有真正的惱怒。我感到一股尖銳的難受，想不到認識這麼久、這麼深的摯友會說這種像在批判我的話。我一向視她為姊妹，現在也像對姊妹一樣生氣，我有股回嗆「**有家庭**才真好」的衝動。

我很想吼她，說我可不是大學以來從來不必上網徵室友，可沒有丈夫單位的醫療險能享受，我不是去哪裡旅行都有人一起攤旅費、生病時有人照顧、搬家時有人幫忙、每次參加聚會還只要和人合帶一份禮物（這到底哪來的鬼邏輯）。有一天她會兒孫滿堂，我則變成獨居老人，我死在家裡被貓吃掉之前，想慰勞自己一下還不行嗎？

站在她的立場，或許會想到無數失眠的夜晚、堆積如山的帳單、托兒的問題，還有被身邊這麼多要求她關注的人——包括我——擠得愈來愈沒有空間的腦袋，她很可能立刻吼回來。

但我們沒有吵起來，尷尬的片刻過後，比莉和我都控制住自己的脾氣。我們吃完午餐，互道珍重，經過半個下午和一小時的優質按摩，我已怒氣全消。她一直是我們倆之中比較溫和、厚道的那一個，她會對我講那種話，應該是最近真的壓力太大了。

不過我沒再提起這件事，也不曾直接問她：人生道路的差異會不會影響她對我的欣賞？那場小口角，讓我窺見比莉想必偶爾會對我抱持的一些想法，正如我對她也會有某些沒說出口的想法，大部分是無意識的。

養兒育女很難——若想和一個能作為戀愛對象的人一起養育，那又更難——但在這個社會上，沒有小孩仍被視為一件令人羞恥或遺憾的事。印第安納大學二〇一七年做過一項研究，請大學生檢視畢業校友的檔案，回答他們認為此人有多快樂，這些校友全都已婚，其中一部分人有孩子。研究結果顯示，比起為人父母的校友，膝下無子的校友「被認為內心富足的程度顯著較低」。

任何越過了平均生育年齡而沒生小孩的人，都不會對此感到意外，就連我最好的朋友某程度上都認為，我就像隻在空閒時間的爛泥中快樂打滾的豬。我除了吃早午餐、做指甲、去按摩，還知道做什麼？和家人在一起有時候也是這種感覺，雖然技術上仍然可能，但我爺爺奶奶已經放棄指望我讓他們抱曾孫了。幸運的是，我爸媽在這方面從不管我，雖然他們那麼沒興趣看見他們的基因再複製下去，好像也有部分是我的錯。

結了婚沒小孩已經夠可疑了，單身簡直是居心叵測。作家迪波洛曾經在《華盛頓郵報》的社論中，批評混淆「單身」與「寂寞」的問題。她表示，將兩者當作同義詞，塑造出一種單身者就是與世隔絕、自我中心的印象。迪波洛寫道，其實單身者「照顧、幫忙、探望、聯絡父母和手足」的機率，高過於已婚或結過婚的人，結婚似乎不會使人變無私，反倒令人變自私了，而且離婚後也不會回復。《婚姻與家庭期刊》（*Journal of Marriage and Family*）上的一篇研究指出，婚姻經常使人變得較封閉孤立，而父母生病需要照顧時，站出來的通常是單身的子女。

另一篇《家庭議題期刊》（*Journal of Family Issues*）上的研究則顯示，單身者在關於自我成長、自主、自決的測驗中得分較高。對一個活躍隨興的單身者來說，這些特質都能增進正面感受；另一方面，自主意識容易在已婚者心中引起負面感受，結果可能使得相互依賴的伴侶之間產生芥蒂。

迪波洛在她的著作《單身，不是你想的那樣！》（*Singled Out: How Singles Are Stereotyped,*

Stigmatized, and Ignored and Still Live Happily Ever After）中，特別著墨於打破一個迷思，即「婚姻制度在美國一直瀕臨瓦解」。她認為，美國人比他們願意承認的，或數據顯示的，更加依戀婚姻，「在美國人的幻想裡，美國充滿單槍匹馬闖天涯的大膽冒險家，」她寫道，「但事實上，不知多少成年美國人如此執著於擁有配偶，以至於不敢單獨走進餐廳、電影院等安全舒服的場所。他們一定要有另一個人陪，而且此人最好是異性。」

「根據美國人的理想，美國也是個由核心家庭構成的國家。一對伴侶有兒女後，通常會漸漸安於自己家庭的舒適和隱私，他們也許偶爾會跑出去，看看棒球或吃吃披薩。但正如那句老話，家是他們的城堡，周圍還挖了護城河。我看實際存在的是重度核心家庭。」迪波洛認為，婚姻遠比單身更使人走向孤立，既然如此，為何婚姻如此受到社會接納和鼓勵，單身卻否？倘若事實上，已婚者比單身者更為孤寂，且單身族群更深切關心他們的家族和鄰居，那我們這些單身人士不是該被視為社會棟樑，因為犧牲奉獻而得到一些讚賞嗎？或者至少稅賦稍稍減輕吧？

我有個已婚朋友泰莎，經常不諱言地表示她從來不想生小孩。她和我有點類似，最好的朋友也是已有一個孩子、正在考慮生第二個的媽媽。

「不是啊，生一個我可以理解，你可能覺得一定要生嘛，」有天下午一起喝咖啡時，泰莎告訴我，「但怎麼會想**繼續生**？這不是等於說，你寧願去製造一個全新的人，而不是經營你已經擁有的關係嗎？」

我們笑了起來，彷彿那是個黃色笑話，因為我倆心知肚明，這種話絕對不能在有子女的人面前講。如果朋友真的生第二胎，泰莎當然會衷心喜歡她的新寶寶，如同我衷心喜歡比莉的小女兒（以及還沒出世的兒子）。我們只是希望和理解的人分享一下這種心情——感覺自己在認識幾十年的老友心中，地位逐漸被一些新面孔取代了，並且發現這個社會不容許我們對此種疏遠表示難過。顯而易見，我們要是寂寞，就該去生自己的小孩，躲進自己的核心家庭，把對朋友的愛扔到童年玩具的垃圾場去。

莎夏・蘿絲尼爾（Sasha Roseneil）等人合著的《屹立不倒的情侶本位》（*The Tenacity of the Couple-Norm*）[4]，從社會學角度出發，探討了歐洲四個地區，人際關係結構的變遷。蘿絲尼爾二〇二〇年投書《衛報》，評論道，儘管尋找異性伴侶的政治及文化義務已有重大改變，但這些改變並不若人們想像的那般深遠。雖然「性別」與「性」歷經了令人目眩的革新，情侶本位的框架卻仍舊屹立不倒，甚至力量更大了，因為其他形式的親密連結已經紛紛式微。

「情侶本位要求人們將親密／性二人組視為社交生活的基本單位，」蘿絲尼爾寫道，「它經由

4 譯註：couple-norm 指將人們兩兩成對視為「正常」，其他作法則是「不正常」的觀念。譯作「情侶本位」是參考了概念上相近的「異性戀本位」（heteronormativity）。

法律和政策產生效力，預設成雙成對的人才是正常，並予其優遇地位，在能否取得社會福利、退休金、繼承遺產、入住社會住宅等無數方面，造成經濟打壓。它透過家人、朋友、同事的言行發揮影響，向人們發出命令、期望以及非正式的社會制裁，鼓勵或勸誘落單者盡速尋伴；它借助文化的力量達到永垂不朽，將眷侶的生活形塑為美滿的生活，使人們難以想像，除了兩兩一對的傳統模式，還有其他活得滿足的方法。」

她繼續解釋，這種來自外界的壓力，最終勢必內化，導致「落單者感到羞愧、失望、焦慮」，雖然他們沒有任何不正常。

「這可能促使人們千方百計想糾正自己的狀態，以掙得他們相信有伴侶便能得到的安樂與社會接納。」咦？有這種事嗎？

名義上，單身者想做什麼都可以。但想做的事不是結婚的人，很少真能活得那麼隨心所欲，同時，法律和社會規範仍然指示，單身者**應該想做**的是找到伴侶。成為情侶世界的一員，並不只代表覓得可以共同生活的對象，更意味著你會獲得社會認可，因為你達到了這些歷史悠久的期許。

和情侶們相處，有時候令我感覺自己像個怪胎。他們並不覺得進入傳統情侶模式是種屈服，屈服在情侶本位予之的輕鬆、安全之下，他們反倒認為那是種優越的證明，顯示他們值得被愛與被接納，並且說明了我一定哪裡有問題。蘿絲尼爾認為，情侶關係變得如此重要，是由於許多其他的連結形式，都被有效率地封死了。意思是，情侶們也很寂寞，對此我頗感同情——讀那篇評論的時候。如果覺得像我這樣的人有問題，有助於撫慰他們寂寞的心靈，那我也沒話說，但有必要逼到讓我也覺得自己有問題嗎？

那年夏天，隨著初次約會的對象愈來愈多、不想向常態就範的感覺愈來愈深，這些想法成了我有生以來對情侶最酸的念頭。這份苦澀警告著我，若我終究無法戰勝或加入他們，未來將是何種滋味。抵抗似乎幾無報酬，頂多讓你知道你的生活方式與眾不同，但旁人看我的生活，又能看見什麼？除了覺得我很寂寞？每當想到我在別人眼中的模樣，勇敢就難了好幾分。

第8章 深藏在盛夏之心[1]

和「非常有趣的人」約會後不久，我約了一個叫凡妮莎的女網友見面。她很高，正在留長她的紅褐髮，個性可謂極端直爽。

「我現在待業中。」我們在咖啡店初次碰面時，她說。她最近剛拿到碩士學位，讀的是經濟學，尚在尋找相關領域的工作。不曉得我怎麼盡是遇到一些高智商的傢伙。她說我們配對成功的交友軟體「Her」，很明顯就是為了做資料探勘（data mining）[2]寫的，我聞言恍然大悟，可想而知嘛，一切都是資料探勘分析出來的，就像每隔幾個月便會推陳出新的那些AI修圖軟體，能告訴你面容變老、變成動漫人物、美術館畫像會是什麼樣子，只不過交友軟體是替你推想你談戀愛的模樣。

凡妮莎的生涯收入潛力恐怕比我高，但作為較年長，且目前有工作的一方，我覺得有責任請她喝咖啡。她爽快接受，越過咖啡桌告訴我她的事，說起她女友——她是多重伴侶主義者——和她現在住的合租公寓，聽起來那裡不時會舉辦性愛派對，雖然比安娜和我說過的那種家常很多。我心裡浮起一絲懷舊，想念起那種沒工作、充滿性生活滋養的二十幾歲人才有的年輕活力。凡妮莎開始環視店內，好像心不在焉。

「我有點不舒服，」她忽然說，我心想她會不會是想找個理由結束約會，「我想我得吃點東西。」

「你需要回去的話也沒關係喔，我們可以改天再約。」我說，怕她不好意思走。

「不用，不用，」她堅持道，「我應該吃點麵包就好了。」

我們走到附近的一家貝果店，她外帶了一個經典乳酪口味。我們在公園裡找了條長椅坐，稍微遠離主要動線。她極有方法地朝她的救命碳水化合物進攻，我坐在旁邊默默觀察一隻松鼠爬樹，叫我看別人吃東西真是非常折磨。

1 譯註：本書書名「The Lonely Hunter」來自蘇格蘭詩人威廉·夏普（William Sharp，一八五五～一九〇五）以筆名斐歐娜·麥克勞德（Fiona Macleod）發表的同名詩作，本章、第十六章及結語的章題亦出自該詩。

2 譯註：指搜集大量資料，利用分析技術找出潛在規律，用於商業利益或研究的過程。

「可以牽你的手嗎？」凡妮莎突如其來問我。我不可置信地甩了甩頭。這場約會截至目前已經像搭雲霄飛車一樣了。

「好啊。」我說，隨便吧，我牽起她的手，她繼續用另一手吃貝果。

我們安靜坐著，手緊握在一塊，她的手很暖，微微潮濕，我的手或許也是。鳥兒啁啾，地球繼續轉動。這樣很尷尬，並沒有瞬間將距離縮短，但和誰牽著手的時候，你比較不會去滑手機，就像經常發生的，停下來忍一會兒，不適就過去了。

凡妮莎吃完了貝果，鬆開我的手，把紙袋捲成一球。

「這樣好多了，」她舒了一口氣，「你覺得好嗎？」

我猜測她不是在講貝果，所以說：「我覺得滿好的。」

我們從長椅爬起來，漫步到公園最高處，這回沒牽手。那裡有根陽具形的紀念碑豎立在廣場上，紀念美國獨立戰爭中，死於監獄船上的戰俘。廣場一側連接長而寬的階梯，跑步的人踩著小步子上上下下，不遠處，幾個玩滑板的小孩在練習翻板，無節奏的喀噠、喀噠點綴著我們的交談。我意識到我還想再和她見面，她的開門見山讓我覺得好清新，約會不能都這樣嗎？在合理範圍內說你真正想說的話、做你真正想做的事？一直以來，我總在約會時控制自己，順著對方，讓對方主導，或在他們不願主導時將對話帶往最輕鬆的方向，我也可以做我自己呀！隨便他們要不要喜歡我。

我想好好省思這番啟發，因此也盼著早點回家，感覺好像又想和人聊天，又被偏頭痛襲擊，只差在襲擊我腦袋的是某個思緒。

「你為什麼想牽手？」我終於問。我是個熱情的人，喜歡手拉手、摟摟抱抱、雙腿交纏一起坐在沙發上。我也喜歡和朋友這樣，卻無法想像與我的約會對象們做這些簡單動作，倒是能想像跟他們上床，我懷疑他們泰半有同感，直到凡妮莎。

她充滿表現力地轉轉肩膀。

「只是好奇什麼感覺，」她答道，「看事情會不會動起來。」

這我能理解，就我看到的情況，酷兒們通常比異性戀者更願意實驗各種交流方法，包括親密與性的形式。異性戀之愛有個萬年老敘事：約會、結婚、生小孩，直到不久前，這其中每一件對LGBTQ+皆非易事，即便今天已經合法，很多時候也依舊困難，這造成許多明顯而嚴重的影響。但也由於走的是條艱難的路，酷兒們擁有嘗試不同可能、創意、幽默、同情、冒險的開放性，展現在大小事情上。

日頭炎炎照著廣場，掌心的濕潤更難忽略了，我的膝蓋後和頭髮下也在冒汗。凡妮莎好像不覺得熱，緩緩挪動坐的位子，向我靠過來。我開始有點擔心她會問我能不能接吻，我不想這種時候接吻，天氣這麼熱、滿嘴貝果和咖啡味，我又感覺自己像塊濕答答的舊海綿。我說我得去洗手間，於是我們往山丘下移動。

回到家，我沖了個冷水澡。我還想再約凡妮莎，也覺得她會想再約我，雖然這不是一場物理上和心理上最愉快的約會，但她是我這段時間遇過最酷的人。

我決定將同對象的約會也算入我的每週進度。我和凡妮莎約了第二次碰面，她請我去她家對面的一間葡萄酒吧找她。打開店門時，裡頭只有少少幾組客人。我早到，她遲到了。

「我告訴我室友你是個受虐狂了。」她端著點好的飲料在我對面坐下，劈頭便說。那間店位於二樓，可以俯瞰底下空蕩的布希維克（Bushwick）[3]人行道，我們坐的卡座沙發破破爛爛，貼著修補的膠帶。我本來覺得很悠閒，聽她這麼一說，心情都被破壞了。

「什麼意思？」

「呃，我是說，我跟他們講了你一直在約會的事。」她回答。上次我誠實告訴凡妮莎，交友活動對我而言是某種實驗，目的是想增強交友功力——姑且算吧。更確切說起來，我是想練出不怕一直被拒絕的能耐，但這樣講會解釋不完，所以我沒講。凡妮莎看來像愛做實驗的人，而且她畢竟都有一個女友了，一定明白人的關係可以很多元吧！她這樣解讀我的約會特訓令我很在意，我不喜歡被叫受虐狂，這讓我想起約會交往被形容成多麻煩、多累人的事。事實上，任何需要付出某些辛勞的活動，尤其是緩慢的活動，都會被大家形容成苦差事，即使是交朋友或學東西這類較愉悅的活動，也會因此令人懶於開始。迷戀腎上腺素的狂徒，可能甘心冒險犯難；但不夠多人願意爬出自己的殼，忍受冗長單調的過程，追尋那些更幽微的喜悅。我納悶不已，為何「牽手女」凡妮莎沒有察覺到這一點呢？

每當我和人討論寂寞，大家幾乎馬上就會提起科技，他們說的大部分我都贊同：是呀，尋找愛情淪為彷彿一場電玩真的好孤寂；對呀，社群媒體總是讓人不喜歡自己；確實，現在人們都不再聊天、只顧盯著手機。但我發現很少人會談到，科技的便利如何使我們都變得極度怕麻煩。我們能享受在家用軟體挑對象的奢侈，躺在沙發上認識喜歡的人、刪掉討厭的人。這樣很舒適，這樣很便利，把舒適便利擺第一，意味著深度交流之死。

「便利」是我們的藉口，用來解釋我們為何需要那麼多粉碎人際互動的App。我們不願承認的是，與人互動真的很難，難到我們有時覺得，修剪掉一些較不必要的互動也完全正當。

我還記得以前每次要點外帶，我和朋友總是沒人想打電話給餐廳。現在有半打App可以幫你點餐，讓你不必跟任何人講話，就能叫份羅宋湯送到家。你得見到外送員，但沒關係，他們

3 譯註：布魯克林北邊的一區，近八成居民為拉丁裔，過去被認為是治安差的區域，近來則成為年輕人和藝術家喜歡進駐的新據點。

通常也不想跟你講話。這些App多半有一大群契約勞工，所以還不見得會是某個認得你的熟面孔，每週五晚上幫你送宵夜來。

這些簡化流程的平臺，並不像表面上那麼無傷大雅，許多平臺的利潤建立在榨取店家、同時向消費者收費之上。一家餐廳若不想加入Seamless或Postmates等外送平臺，就得承擔消失在顧客視線內的風險。這些影響深遠的App，早已延伸到服務業以外，以中間人之姿介入每一種人類互動。我有個治療師朋友，近年也開始在線上平臺接案，她說上面的行情比個人經營低了許多。

「我總覺得，這種軟體好像一群矽谷工程師逆向開發出來的，」她告訴我，「好像有群人心想：『有沒有什麼服務，只需要一臺電腦加一張嘴，不用太多基礎設施的呢？啊，心理治療嘛！』於是就做了這玩意兒。」

要不要成為這些結構的一分子，有時顯得像個人選擇，我相信人有某種程度的能動性，然而科技仲介狡猾的一點似乎在於，它會使不參加的人被時代拋棄。不用交友軟體，我要上哪去找約會對象？如今人們——特別是想以我這種速度約會的人——更常透過Bumble來認識對象，而非在生活中尋找邂逅，我當然可以不用交友軟體，只是那樣大概就無友可交了。

在交友軟體上，放棄關係輕而易舉；這件事主導了我們的一切交友行為。我的眾多初次約會中，有幾次彼此都感覺不錯，約了再見面，但後來我臨時取消，再下次對方臨時取消，然後就沒有然後了，全劇終。另一方面，當我和約會對象話不投機，我常會想：「等我走出店門就跟這人一刀兩斷。」之後真的將他們從我人生中刪除。

有些人被斷絕往來也不能怪誰，好比說那位見面前搜出我的臉書帳號、對每則公開貼文按讚的老兄，又或者那個**堅持**要我和他擁抱道別的傢伙。考慮人身安全，我很慶幸我有這種選擇權，其他時候，感覺只是我們都覺得放棄也無所謂，反正後面好像還有無數對象可以選，還能找到**更**好相處、**更**合得來、**更**不必費力照顧或溝通的人。彷彿有什麼在教育我們這麼做，不只是交友軟體，也包括所有貶低人際互動的科技，後者將人們變成一個個送貨系統，等待被利用、評分，遺忘。

麻煩、無聊、辛苦並不是虐待，將它們全數移除是要付出代價的，因為許多生命中的美好也會隨之消失。

我知道凡妮莎那樣說只是打趣，沒有太深的意思，但還是升起了防衛心。「我不是受虐狂，」啜著飲料整理好情緒後，我對她說。我想起凱瑟琳，那個喜歡約會的女生。「認識新朋友也有很多快樂的地方。」

我拉起凡妮莎的手，輕輕摩挲她的手腕。

我們過街去凡妮莎家，她們家是一戶擴建的閣樓。我注視她在梳妝檯前寬衣，欣賞鏡中穿蕾絲黑胸罩的她自己，她打量自己身體的表情很可愛，但我正在月經最洶湧的日子，毫無興致脫內褲，所以只是親了她，幫忙她扣內衣扣。

我那天稍晚和朋友有約，要回城裡，但我們躺在床上聊了一些剛剛接吻過的人會聊的無聊話。終於，我向她道別，起身穿鞋。我走出她房間，正好看見她兩個室友坐在餐桌邊，除了圍裙以外什麼也沒穿。他們被我的出現嚇得跳起來，女生慌忙摀住臉，我匆匆揮了一下手，快速離開。

你看到我室友裸體了嗎?!凡妮莎不久後傳來訊息。

看到了，我回覆。你室友怎麼那麼害羞？你們不是常開性愛派對嗎？

哈哈哈哈！她寫。

我好奇她會怎麼跟他們說我。和一群正面看待性愛的酷兒室友同住，顯然使凡妮莎感到她的探索不孤單。過去與室友的相處，很大程度形塑了我的戀愛觀，也深刻影響我對單一伴侶的性與愛中人們似乎無比看重、不容動搖的某些界線的觀感。

大學畢業後，我先是和一個要好的朋友同住。我們做什麼事都兩人一起，一起去公路旅行、一起參加舞會、一起回父母家。我們大致上扮演著彼此的支柱，在出社會建立第一個家的日子裡互相照顧。

後來一切漸漸變了樣，她開始取消我們的共同行程，改和交往對象出門。不用說，個個都是男的。我不懂，她怎麼會覺得和一個幾乎不認識的男生出去，比和我約好的事更重要？對她而言，為了戀愛而罔顧我的感受合情合理。有次我對她發火，因為她和某個交往兩週的傢伙一時興起，去了一座我們早已說好要同遊的當地農場。她淡然表示：「我從小就被教育，人要尋找自己的人生伴侶，我當然會優先考慮這件事。」

那段友情使我發現，人長大以後，親密的純友情不再像愛情那樣被允許，包括看起來都是異性戀的姊妹淘或哥倆好。大學和剛出社會的時代，我室友總是欣然和我一起開車去旅行、一起在我們家舉辦超盛大的派對。然而，她與戀人的關係愈穩定，愈不重視我們的友情。兩個女人各自有伴之後還相親相愛，會被認為很**怪**（queer，即「酷兒」原意），而且這樣說沒有半點稱讚的意思。

有一年復活節，我室友預定和我一起回爺爺奶奶家吃飯。前一晚，我們坐在一家酒吧吧檯，當著一臉緊張的酒保的面大吵了一架，起因是我說的某句話，內容我不記得了，但想必牽涉到她認識現任的義大利建築師男友後，跟我共度的時間愈來愈少。

「你好像自、自以為，」她結結巴巴，彷彿說不出這麼難堪的事。「你好像自以為是我男朋友！」

我羞愧得說不出話，像脖子挨了一刀。我們那天各自回家，隔天早上才和好，還趕得及一起去吃復活節晚餐。但後來大約一年，我心中都有個疙瘩，覺得自己有問題或占有慾太強，直到我搬進了一間許多酷兒的合租公寓，在那裡，大家對於感情該怎麼發展、友情能怎麼表達、什麼活動能和誰一起做，想法皆更流動也更細膩。我的觀點感覺一點也不奇怪。

同性情誼的重要性，連同世人對此的觀感，隨著時代起起落落。《婚姻史：愛情如何戰勝了婚姻》（*Marriage, a History: How Love Conquered Marriage*）一書中，作者史蒂芬妮・昆茲（Stephanie Coontz）談到社會認可的同性友誼之沒落。十九世紀末至二十世紀初之前，核心家庭一直不是最常見的形態，此時親族關係比夫妻關係重要得多，人們並不指望婚姻生活帶來「幸福快樂」本身，重點主要在維持生計和製造後代。昆茲解釋，在一個許多女人只為求生而結婚的時代，很難想像個人快樂作為婚姻的目的。

此種條件下，女性之間的親密友誼相當普遍。十九世紀盛行一種受到啟蒙運動影響的觀念，認為愛來自「欣賞、尊重、理解他人的美好性格」，即使戀愛情愫也一樣。當時，性很少被真正討論，因此表達友愛與情愛的話語，相似得令人吃驚。

夫妻魚水之歡逐漸不是禁忌話題後，情況才開始不同。健康的性生活很快變成妻子們的要務，甚至是義務了。這轉變來得有點突然，此前的維多利亞時代，妻子們被交付的責任，還是在家的國度裡扮演聖潔的天使；現在，隨著男女分工漸漸被打破，這些天使被期待以迥異於前的形式，下凡參與塵俗歡愉。

「在十九世紀，深厚的夫妻感情很難實現，」昆慈寫道，「因為人們必須面對性別分工、性壓抑，以及文化、現實、道德對於他們自主權的箝制；現在這件事似乎辦得到了。同時，工業化及民主化的進程，減輕了強迫人們進入婚姻、維持婚姻的政治與經濟壓力，因此夫妻恩愛又被視為婚姻的定海神針。」

使女性較有機會獨立生存的法律，使情愛和慾愛成了婚姻的新焦點。鶼鰈情深變得比從前都更必要。為了鞏固此變化，其他類型的愛皆必須被貶抑或妖魔化。昆慈寫道：

> 夫妻現在必須將婚姻關係擺在第一位，導致了許多女人甚至更依賴與男人的關係。鼓吹「現代」情慾與「現代」婚姻之士，認為兩個女人走得太近極度可疑。到了一九二〇年代，曾為十九世紀女性文化重要一環的「手帕交」情誼，開始遭受攻擊……此時，女子之間無話不談被視為幼稚的迷戀，女孩被鼓勵長大之後，就該捨棄這類行為。最壞的情況下，它們可能滋養「不正常」的情慾或情感發展，使人不滿足於異性

戀，從而影響婚姻制度的穩定。

這類同性情誼之中，無疑有些屬於酷兒間的情愛，也有許多不是。歷代對於酷兒標籤的理解不盡相同，而人們走得多近會被認為不只是「純友情」，標準也不斷更新，女人間的友誼被投以異樣眼光後，男人間的感情也開始引人非議。許多西方文化以法律禁止同性戀，但昆慈認為，過去兩個男人睡一張床、勾肩搭背，不必然會被解讀為同性戀行為，一九二〇年代後卻紛紛被看成友誼不單純的證據。這些變化不僅衝擊朋友交往，也使家族感情漸趨淡薄。

「在對男女愛情的強調下，」她寫道，「以母為尊和手足之情也開始遭受質疑。此二者在十九世紀，曾有防止人們婚後遁入小家庭的作用……這再次展現了，新世代分子如何摒棄一切有礙實現夫唱婦隨的東西。」

這一系列變化，導致「諸般人生大事中，婚姻愈來愈優先」。這指的是二十世紀前葉，男女結婚年齡均呈現下降，結婚率到處都在攀升的現象。無論過去人們從各種各樣熱絡、重要的關係中獲得什麼，現在都只能到婚姻裡去找了。因此他們開始更早，也更奮力投入婚姻。

倒不是說人們不享受這相對晚近的新秩序。對許多人而言，讓婚姻之愛成為生活的中心，可以提供不少消遣娛樂，他們很樂意為此捨棄友情和其他親情，但那樣的快樂，有多少來自對於這未滿百年的「傳統」的想像？

我猜凡妮莎思索過這些事情：聽她說起她家的方式，她顯然很重視與室友的感情；她有個女朋友，兩人維持著開放式關係；她看起來像個努力想讓生活更寬廣、更熱鬧，而非與唯一的心上人廝守在小小世界的人。

很快我就能看出，凡妮莎想徵召我加入這一切，而且非常勤快，雖然可能也是因為很閒。她幾乎天天聯絡我，問我過得如何、在做什麼，她的問候很親切，我也喜歡被關心，不過這種互動完全逸出了那年夏天我和其他對象發展的常態，這樣沒問題嗎？算特殊嗎？純粹只是溝通風格不同嗎？我真的無法判斷。

我們認識後不久，一波熱浪來襲。我忍耐了幾天，終於忍不下去，將房間地板上那臺效能不佳的老冷氣搬進窗框裡。我自己烤一烤還無妨，但我的貓已經開始躲到馬桶後面避暑了，恐怕有點衛生疑慮。我費盡力氣抬起那臺機器，撐在那裡安裝，心想要是有人幫忙一定比較容易。終於把冷氣裝好打開後，我癱倒在沙發上，像顆沒氣的氣球，乾癟癟黏在一起。凡妮莎和我原本預定那晚要第三次約會，但我傳訊息問她能不能改天。她說好，並想立刻敲定新的日期。週二好嗎？還是下週一？

我跟她說我明天再回。早上醒來，我感覺糟透了，喉嚨很痛，而且渾身發疼，我好像感冒了，現在感冒實在很不合時令。天氣炎熱得想喝湯也喝不下，雖然我傳訊息告訴凡妮莎這件事時，她說要帶點湯來給我。不用了，謝謝你，你真好。我回覆。她**真的**很好，但我現在無法想像還要招呼任何帶東西給我的好人，或陪他們聊天。我只想一個人待著，不必表演、不必假裝、不必合乎期待或設想計畫。我需要休息。雖然這麼說很過分，可是假如她別管我，也許我一下就康復、自己傳訊息給她了。然而，她不斷問我有沒有好一點、何時能見面，許久不必對任何人交代任何事之後，受到一個只約過兩次會的人如此熱烈關心，我快應付不來了。

對不起，這種情形持續三天後，我傳給她。我很喜歡你，但我現在才發覺自己太忙了，沒辦法好好和人交往。能認識你真的非常開心。

過了一小陣子，她回覆：我理解。希望你早日康復。我也很開心能認識你！

她的親切讓我更愧疚，覺得我好像某種醜妖精，不懂回應別人的愛。我拚命想學會接受拒絕，所以至今也沒學會接受示好。現在看起來，我根本永遠學不會。

酷暑和內疚，加上身體不舒服，使我脾氣壞得可怕。我想在情緒穩定前離其他人遠一點，於是躲在家裡，坐在沙發上吃冰棒看電影。我看的大多是不必專心的動作片，可以邊看邊滑手機，後來不知怎麼選的，看起了二〇一二年的《末日倒數怎麼伴》（*Seeking a Friend for the End of the World*）。

那部片在演某個版本的地球，即將被一顆足以摧毀全人類的小行星撞上，大家都知道末日要來了，阻止方法全部無效，每個人都想把握最後一個月完成未了的心願。電影主角由史提夫．卡爾（Steve Carrell）和綺拉．奈特莉（Kiera Knightley）飾演，介紹寫說是喜劇片，所以我幾乎看到結尾都認定人類會逃過一劫。至少，那兩個在非常時期下相愛的人，總不會被小行星撞死吧？

還真的會。片尾名單捲動的同時，我被一股從未有過的恐怖虛無感吞沒。不曉得是因為太意外，還是因為不曾真正想像末日事件，我真的為此作嘔，我不得不站起來，在小客廳裡踱來踱去，等待激動平息。我面對過許多人的死，想到死亡也常使我深感恐懼，但這次的感覺不一樣，直到這一刻我才明白，自己死後地球依然轉動的想法，帶給我多大的安慰。

我希望當我告別世界的那天，我會知道某處有人在公園曬太陽、在替餵鳥器加飼料、在畫眼線、在吐口水、在嘆息好累、在興高采烈、在敲門、在拿掉腳踏車上的輔助輪、在選衣服參加生日會、在打開咖啡機煮咖啡、在聊八卦、在做推拿、在掉下衝浪板、在對著電話哭、在諷刺地擊掌、在真心地擊掌、在看天氣預報、在忘記倒回收、在趕一班火車、在吹一杯熱茶、在打一隻蚊子、在狂歡慶祝、在嫌鄰居吵、在耍醜、在助人、在搞笑，或什麼也沒做，因為活著沒有必要任務，只是透過那些不懈的微小宣示持續自我重複。如果未來一切將化為虛無，現在存在也毫無意義，這念頭簡直無法承受。

如果你的大腦運作正常，這類崩潰通常不會維持太久，我失去理性哭了一分鐘，決定去小睡。醒來時，我已差不多恢復了，順利將存在的恐怖封進某個心理的小抽屜。我站在有冷氣的窗前，伯特跳上窗臺加入我，我搔搔他柔軟的頭。和我的貓交流著，我能感覺到那些連結我和底下人群的細小絲線——由關心、興趣、承諾構成的千絲萬縷，讓存在延伸得更長更長，遠超過一場人生的疆界。好多人一輩子就只有一個眷戀的港灣，多可惜呀！我想，明明海上還有那麼多豐富的事物。不久後，柔軟也淡去了，不出幾天，開放的心境已然關閉，我又回到原來的我，一個尋找約會對象的獨居女子。

第9章 開派對吧！

我約會對象挑的酒吧，看起來像家生意清淡的遊戲空間。巨大的層層疊積木堆、大如茶几的四子棋（Connect 4）遊戲板，猶如桌飾般，立在三三兩兩的吵嚷年輕客中央。玩具的尺寸將他們的歡呼和打情罵俏壓了下去，氣氛非常類似生日宴會開始前，大家都還沒來，你很怕沒人會來的那種感覺。

我的對象塔爾已經坐在店內，我一眼就認出了他，因為他本人竟然真的跟照片一樣，有著精瘦身材和寬大肩膀。那是其中一張引誘我走出平常鬼混的區域，跑來威廉斯堡（Williamsburg）[1]的照片。正好我有群朋友在附近開派對，搭地鐵過來可以一石二鳥，如果約會不順利，至少安

1 譯註：布魯克林北邊的一區，有許多表演場所、時髦咖啡店、獨立書店等等，是紐約的文青大本營之一。

慰獎不會跑掉。

經過凡妮莎的事，我發現我和人互動有不自知的極限，但並不想放棄交友。我不確定該如何突破，我目前學會的一切，好像絕大多數來自我無數的初次約會。想「練習」與人深交，一定得先找到對象，而能否找到，似乎主要還是運氣問題。再說，在別人身上練習這種長期而親密的相處，對他們公平嗎？我覺得不該把伴侶當成可以上床的治療師。總之那陣子，我老在想這些有的沒的，卻未思考過為何靠近一個人，令我感覺更像一件苦差，而不是充實美好的事。

我決定貫徹初衷，繼續交友。現在夏天還剩下幾週，我挑中塔爾，因為他看起來很放鬆、頗帥，而且說自己從事藝術工作、最近才開始用 Bumble。他看見我後，從座位上站起來，彷彿鬆了口氣。我們擁抱問好。

「我選這家店，是聽說他們調酒不錯。」他一面說，一面將桌上那本潮濕的酒單推得離我近一點。我從年輕就經常在酒吧打工，調酒在我眼中已幾無神祕感，我見過太多調酒被攪拌、搖盪、打翻、偷喝，以至於無法再以市價看待它們。低頭盯著酒單，一百個在酒吧當外場的夜晚掠過腦海，我得抿緊嘴，以免說出什麼酒吧文化的蠢話。我終於點了杯帕洛瑪（paloma）[2]，酒保似乎很不爽。

「這款口感不太平衡喔。」她警告我，兩手撐在吧檯上，好像在說「有種你就點啊」。

「沒關係，還是來一杯。」我說，心想那樣的話，她幹嘛不改良得好喝一點。她憤然轉身去調那兩杯酒——塔爾和我點了一樣的，以示團結，我們確實好像因此變近了。只是為調酒這種瑣事站在同一陣線，就足以創造同一組的感覺，縱使不是來自共同點，而是建立在排斥之上，這種感覺仍然好誘人哪！

她將兩杯酒砰的一聲放在桌上。我嘗了嘗，很酸，比起甜甜的飲料，我更喜歡這樣，所以很滿意。

塔爾啜了一小口，做了個鬼臉，轉頭問我：「所以你是做什麼的呀？」

我很高興能回歸正題，告訴他我是文字工作者、在哪裡長大、是獨生女……東扯西扯。他很擅長一來一往的對話，有時說說自己，有時問我問題。他是個小有成就的藝術家，給我看了他大型畫作的照片。第二杯帕洛瑪飲盡，我發現自己開始幻想和一個巡迴各地、到知名美術館準備展覽的人交往會是什麼光景。我意識到，他吸引我的不光是外表，外表好看的人不難找，合得來的人稀罕多了。

雖然正和一個迷人男子愉快地約會，我還是想去派對露個臉。時間已經偏晚，塔爾說他明

2 譯註：墨西哥誕生的調酒，主材料為龍舌蘭及葡萄柚蘇打，「paloma」意為鴿子，一說是來自與西語葡萄柚（pomelo）近似。

早要出遠門，所以其實得走了。我想這是暗示他對我沒有意思，太可惜了，和他約會很開心。走出店外，我彎過去和他擁抱道別，因為龍舌蘭而感覺暖洋洋的，手臂伸向他的同時，他想親我，但嘴擦過臉頰，我站直身子，和他一起笑了。

「可以再一次嗎？」我問。

「當然！」

我們慢下速度靠近彼此，開始在大街上熱情接吻，我相當確定，所有路人——包括在店裡看戲的酒保——都看得很高興。

塔爾鬆開我，沙啞輕語：「你確定你不能不去派對嗎？」

「確定。」我微笑答道。我能感到我們之間燃起了什麼，那使我興奮期待，卻又有點遲疑。我對凡妮莎有過類似的感覺，結果自己退縮了，遲疑甚至可能來自那年春天的記憶，想起我幾年來吻的第一個對象沒兩天就人間蒸發。有時候，你真的很難揮開過去其他關係的陰影，看見眼前的人原本模樣。要是我們能煥然一新地認識每個想認識的人，那該多好呀！或許這就是所謂的包袱，甚至創傷，令你懷疑每段關係都只會變成老樣子，永遠得不到更好的，有時你會忘記，對方也背著他們的包袱到處跑。你們都是獨特的雪花，刻著各自受過的傷。

走遠的同時，也有一部分的我很狂妄，認為反正還有機會見面，他好像挺喜歡我的，我們還能再約，總有時間。

我找到朋友們等我的酒吧，說「等」不是很精確，因為一見了裡頭的狂歡豪飲，我馬上明白今晚我不來也沒人會發現。一臺煙霧機朝舞池規律地噴出新的白煙，一顆迪斯可球閃閃反射LED燈打出的七彩光點。在場的大部分人，包括DJ，都是我喜劇圈子的朋友，雖說我沒來他們不會介意，但我有來他們很開心，在震天的音樂聲中投來歡欣的招呼。

跳舞可就沒什麼好慢或遲疑的了，氣氛已熱到最高點，調不好的帕洛瑪使我整個人都放鬆了，接吻也是。彷彿有某種電流連結著在場每個人，朋友們圍成小圈，圍了又散、散了又圍。所有人都陶醉在一股夏日狂熱中，在那狂熱的魔法下做出一致的動作，二十分鐘後，我就完全瘋了，飆著汗，得意地跳上跳下。

「我好開心呀！」我衝著我朋友派翠克的耳朵大吼，他拉起我的手，和我一起狂跳。夜繼續展開，我滿心喜悅，多麼高興自己來和這群人共度，沒有隨一個男人回家，儘管再見到那個人的期待替這一切添上了額外的光芒。

隔天早上，我被貓兒們的命令喚醒，感覺像顆被踩過的葡萄柚，破破爛爛、果汁外流。我搖晃走向水槽，想倒杯水來喝，張嘴咳了咳，還飄出一絲煙霧。我沒有真的宿醉，主要是全身痛，尤其是脖子和可憐的腳掌，甩頭甩太凶、蹬腳蹬太猛了。一點雞蛋和咖啡下肚後，我已堪稱正常，不由得有點感動，我的身體現在這麼強壯可靠，徹夜處理完帕洛瑪的酒精，還能在中午前起床了嗎？做這一行要獨處的時間太長，有時候我會有種感覺，好像自己在世界上半個人也不認識，最近和許多陌生人約會，使那種錯覺更強烈了，昨晚的派對上，我想起還有一大群多年來都認識我的人，而且他們也都互相認識。

若我每週都能參加這種狂熱的團聚，或隨便什麼形式的社群活動，我會把戀愛的念頭從此拋出我的人生外。這樣的夜晚使我更理解教會的存在，感覺很近似我以前去聽桃莉・巴頓（Dolly Parton）[3]演唱會的時候，我去過兩次，兩次都開心得落淚。我在熱舞派對的餘韻裡沉醉了兩三天，才又聯絡塔爾，問他有沒有興趣再出來。

他有。我們約好時間後，他臨時取消了，說要出城一趟。他沒再傳訊息來。

這次我不太為被拒絕傷心，但為欲求不滿受挫。大家抱怨交友軟體時，經常順帶抱怨上面的約砲文化，說人們太隨便、太頻繁相約上床。我怎麼都找不到一起睡的對象？性的定義很多，我並不認為它一定指什麼，但就我個人的標準來說，至今做的這些都沒有真正止渴。

想起自己對凡妮莎簡訊的反應，我沒再試圖聯絡塔爾，刺激放縱的週末留下的興奮消退了，我又回到較典型的一個週末，赴了不慍不火的一兩場約會。

喜劇圈子的朋友對我而言很特別，因為那是我所找到最能自動長久的社群。我和高中及大學的普通朋友，畢業後就音訊漸稀，我的摯友們大多已經結婚，好幾個人有孩子了，我能拜訪他們，看看他們的生活，但很少有機會和他們一起嘗試人生中的新鮮事。我的其他嗜好多是一人從事的活動，雖然我很愛桃莉・巴頓，但不曾開著篷車、載著一票癡狂粉絲追隨她全國演唱。喜劇朋友來來去去，但總有一群班底，隨時能陪我一起做有趣的事，正因如此，即使現在做喜劇、看喜劇已不像最初那麼令我心滿意足，我還是一直留在這個圈子。

每年都有新血加入，多半是更年輕的人。年紀大一點的人陸續淡出，被那些召喚我其他朋友的變化喚走。大家總是盡量展現包容，但我真的不知道，再過幾年，我還會覺得這樣每週末和比我小很多、更多的人一起跳舞妥當嗎？享受嗎？

社會上還有多少這類和睦、固定，而且不是以家庭互動為核心的社群呢？教會？很遺憾，西方的主流宗教也多半強調父權家庭的互動模式，儘管他們理論上歡迎任何人參加禮拜活動。普特南的《獨自打保齡球》出版於二〇〇〇年，已是二十多年前了，但當時就能觀察到，團體式的活動正在沒落。普特南的主要論點為：隨著網路或電視科技將人群拆散，公民參與——他稱之為社會資本——的品質逐漸下滑。如今娛樂選項太過多樣，將人們分散至各種方向，無法再

---

3 譯註：一九四六年出生的美國鄉村女歌手。

凝聚起來，關心我們生活的社區，乃至於我們的國家。普特南並不像迪波洛那般，相信有必要摧毀傳統家庭結構，不過他似乎也和迪波洛一樣，認為人們變得太孤僻，休閒時都躲在家裡，而不是去鎮上廣場逛逛。

《獨自打保齡球》比臉書早四年問世，讀起來有點預言的味道，彷彿已在預示那些篩選過後的動態消息，將使人們在政治上極度分裂，不同同溫層完全隔絕。普特南也談到時間之有限，指出人們會變得太過忙碌，再也無暇經營社群關係。他希望看見更多公民參與，並認為世代間的態度落差，是過去興盛的團體組織今日凋零的主因之一。

該書出版後的二十年來，科技只有更分眾化的趨勢，人們關心的主題被切得愈來愈細，政治版圖甚至比二十年前更破碎了。普特南很精確地，警告了面對面交流匱乏的嚴重問題，但他相信能團結人群的組織（童軍、扶輪社、全美步槍協會），並非不帶色彩的中立場域，想將人們拉回一個較單純的時代——回到電視只有三臺[4]、每週就等那麼一場重要球賽、觀點基本上只有一種的舊時光——是不可能的。

個人化的科技產品，可能造成人與人的疏離，然而，比起加入社團的費用、一起從事喜好活動的時間、經營社群關係的情緒成本，買臺手機還是便宜多了。我參加的很多即興課和短劇課，是用劇場打工換來的，但不是全部，我想我付給夥伴團體的報酬，不會少於參加任何姊妹會、兄弟會或會員制社團的費用。

把科技或電視從生活中移除，或許能讓事情單純一點，但參與社群的經濟門檻依舊不會消失。對許多人，尤其是上了年紀、沒有時間或力氣培養新嗜好的人來說，若不想徹底孤絕，最簡單便宜的辦法就是找個伴一起住，順便共享網飛帳號。

關於嗜好，我還發現一件堪疑的事，那就是人們很少被允許從事某種喜歡的活動，而不靠它賺錢。做藝術、寫詩、織毛線、拼布的人，總是會被問起，他們有沒有在 Etsy 手作網路市集上開店，甚至他們自己可能也在思考，該如何將某件為了休閒或樂趣而學的事轉為副業。由於背負著把每分每秒、每項產出、每件趣事都化為收入的壓力，不能單獨從事的嗜好，變得像是浪費時間，除非那是開發人脈的機會。

喜劇自然不是例外。我的多數朋友，都希望靠演戲或寫戲做出一番事業，或至少成為網路名人。不管這些抒發管道如何有限，我仍然認為擁有它們極其幸運，只是，和塔爾約會的下個週末就沒有舞會了，再下個週末也沒有。人生的精彩時刻之間有許多空白要打發，我回到我的日常，最終開始後悔沒能把握雲雨一場的機會。

4 譯註：美國早期只有三大電視網，即 ABC（美國廣播公司）、CBS（哥倫比亞廣播公司）、NBC（國家廣播公司）。

紐約大抵是座高高水泥方塊間的十字路繪出的城市，但紐約人對四季變化感受很深。冬天裡，冷風颼過摩天大樓之間的窄廊，水溝中填滿雪泥，紐約的冬季即使在最溫和的年份，也彷彿漫無止盡；春天的第一個暖日，沒有別處比這座城市更喜得飄飄然；夏季代表派對、公園演唱會、在狹小房間的天花板吊扇下悲慘枯萎。這些變化銘刻在我心裡，如同農作生長銘刻在繼承一片田的農人心裡，因此我認出了夏季離去之跡。某天日暮後，空氣裡出現一絲涼意，取代了八月上旬瀰漫夜空的窒悶濕氣，接著，「九十九分錢商店」掛出了新款背包，Mead 牌筆記本被挪到店口第一排。秋天即將來臨。

人們有多期待夏季到來，現在就有多期待在秋天裡為它守喪。任何在美國被迫上過中小學的人，都有某種內建日曆。勞動節[5]過後，海灘和性感風騷便告結束，該來討論萬聖節，或者往北邊森林來趟賞秋行了。

要我放棄剩下的八月簡直不能想像，我還在死撐活撐，想完成我的每週兩次約會任務，六月初把我沖昏頭的大斬獲，現在只剩斷斷續續的小水流。要得到一個配對成功的對象都難得要命！真的約出來的人不是像騙子，就是像草包，或者根本沒來。一切都減速了，包括性慾。

一個悶熱的傍晚，我只穿內衣躺在沙發上，邊看《即刻救援2》（*Taken 2*），邊愁眉苦臉滑交友軟體。伯特優雅走來，哀怨地叫了一聲，傳達完畢便一踮一踮走開。我背部貼著灰色仿麂皮的地方全濕了，額頭被微弱的冷氣吹得發涼，我原以為驅動我重新開始交友、制定小小作戰的焦躁，到這時候一定已經平靜下來。我的好奇心想必已經滿足，或者已經真的找到能一起去賞秋旅行的伴。結果沒想到焦躁更嚴重了，尋找答案的過程使我更不滿、更渴求。我覺得好絕望，卻又無法叫自己死了這條心，我答應自己，再自我折磨個幾週就好，然後就正式放棄。

所以我才會一個平日晚上，混到十一點四十五還沒睡，傳些「嗨」給我配對清單上寥寥可數的人選。Bumble 上有個傢伙的大頭貼，是他自己和一隻小玳瑁貓，有時我看見養動物的人就會往右滑[6]，想認識他們。

我傳給他：你的貓好可愛。他馬上回覆了。

謝謝，他說。我不想兜圈子，老實跟你說喔。我只在紐約待到明天下午，但十月會回來。

十月？到時候我搞不好都死了。

哇！我寫道，嘆息著又一個對象沒希望了。現在不能見面就算了吧。十月歡迎聯絡我。

那何不現在就見面？他問。

很多在交友軟體上認識男生的人都能告訴你，他們每天晚上收到多少飢渴男士的「約嗎？」

5 譯註：美國的勞動節定在九月的第一個週一，為國定假日。

6 譯註：許多交友軟體以向右滑代表「有興趣」，向左滑代表「沒興趣」。

這麼多人傳這種訊息，顯示一定有時能成功。我偶爾會有點心動，但這些男士會以下列方式把我勸退：

一、要我保證他們來找我的話，我絕對會跟他們上床。我個人沒辦法信任一個承受不起拒絕的人。

二、凌晨三點才傳訊息給我。那時我早就睡了。

這個人相當清楚有這兩大阻礙。我正好對此很警戒，他善用這點為自己加分。

要不要你挑一家酒吧，我去找你？我現在出門搭車。我們可以隨意聊聊，沒有一定要做什麼，他寫。

我盯著手裡的手機，陷入沉思。明天還要工作，我該答應跟一個不認識的怪咖在午夜後見面嗎？我看向伯特，牠緩緩對我眨著眼。忽然間，我能感覺到夏末的清風呼嘯而過，夏天要結束了，生命在流逝，我正在白白放走吻一個可愛男人的機會，我會不會就這樣踏進人生的冬天，永遠沒在大草原上奔跑過？

好，我寫。但如果你十二點半還沒上車，就不用來了喔。

我傳給他喬佳娜的地址、清了貓砂、倒了垃圾，還來得及套件短褲再跑下樓。我只比他晚一步到，認出他的髮型，看見他正走下一輛酒吧前的計程車。我們在門口轉向彼此，擁抱一下，一面玩味著真實與照片的異同，然後我們走進店內，在幾乎全空的酒吧裡極其醒目，擺明了就是半夜約出來勾搭的網友。他的膚色很迷人，透出臉頰的熱和太陽穴的薄薄汗水，他的手臂很好看、眼睛很漂亮，食指上戴了個華麗的大金戒，和一身素雅的文青打扮不太搭。我立刻決定，只要這個人不在五分鐘內說出什麼罪證確鑿的話，我就跟他睡。

我看著他喝威士忌加冰塊，我們盡力聊完那些該聊的五四三，再做最後定奪。他是個演員，來討論某齣製作。我是在夢想成名的藝術家堆裡長大的，我能看出他有我熟悉的那種樣子，想讓自己顯得比實際上更厲害、更成功。我覺得無妨，我自己也不像我希望的那麼厲害或成功，而且說穿了，我不是很在意明天以後他是誰、要去哪。

我從以前就很迷戀職業表演者的表面魅力，他們的工作需要一種特殊的技能，要觀察對方、妥善回應、遮掩起自己的脆弱、模擬成某個新的人。某部分的我很喜歡尋找和觸碰那些他們沒藏好的地方，像撬開一顆生蠔般撬開他們的殼，把防備丟到一旁，看看裡面粉嫩扭動的真心。

又或者我只是知道，一個好演員會視你想要什麼、需要什麼，來假裝他們自己，這很有助於享受一場沒有下次的愉快相遇。更棒的是，這個男人不到十二小時後就要離開我住的城市。我不可能因為還想找他，結果碰釘子，就像好多個月前，對我第一次約出來見面的人那樣。自那以來，我有過幾次親親摸摸、濃密愛撫，但這一次，我打定主意要做**全套**。如果之後引起什麼情緒餘波，反正這人也遠得感覺不到。

喝完那杯酒，我對象問：「要不要我去再點兩杯？」

「不用了。」我說，於是我們繞過街角，走回我家。

我年紀很輕的時候，對自己的身體很害羞，和摩根在一起的時候，我甚至寧願穿著衣服做愛居多，尤其在白天裡。隨著歲數增加，我已經不太記得當時的心境，雖然根據雜誌標準，我的身體應該只有「變糟」而已，它現在更重、更多毛、更多小傷小疤以及歲月的痕跡。我的心也變老了，沒在想謙虛的問題，我們在我家客廳的燈光下親吻，我把上衣拉過頭頂脫掉。

他伸手捧我的乳房，動作極慢，猶如接近草地上遊蕩的一頭小鹿。我主動傾向他，同時意識到他是被我帶動的一方，他並不知道會發生什麼，能主導的其實是我。這樣的角色使我能比較自在地採取下一步，再下一步，幾乎還不到我們在酒吧聊天的時間，事情就做完了。

我們在我床上躺了一會兒，靜靜呼吸，我品嘗著擁有祕密的滋味。我做到了，這下我終於能滿足了，順利達成約會的終極目標：交媾。這想法令我好笑，因為我已經知道此非事實。性能讓我感覺充滿生機，感覺自己是大人世界的一員，那是我隱居的六年中所沒有的，然而不出片刻，滿足感已開始消散。性就只是性而已，並不比參加一場鐵人三項更能夠排解寂寞，實質動作能喚起某些情緒，卻無法獨力撐住它們。

「哇噢，」他的聲音打斷我的思緒，「真的很好玩。可是……你根本不知道我是誰耶。」

如果這是恐怖故事，隔天鄰居就會發現我家發生謀殺案了。

「果然，約人做這件事對女人來說真的很危險啊！」他繼續道，響亮的聲音暗示那是重大的領悟。

「確實可能很恐怖，」一小段耐人尋味的沉默後，我說，「我可不想隨便死掉。」

他提醒了我滿足性慾對女人而言隱含的風險，這不是個愉快的念頭。我衡量過各種他八成沒想過的危險，比他更理解這件事：和一個男人見面、和一個男人上床、接受某個男人端來請你的飲料、搭上某個男人開的計程車、在一個充滿男人的世界裡深夜獨自走路回家。在女人的世界裡，我的處境相對安全：順性別、白皮膚、看起來像異性戀、有足夠的錢購買些許奢侈。倘若我在兩廂情願的風流玩樂中，真的遭遇了暴力事件，我知道輿論依然會說，那是我自找的。

我伸個懶腰說：「我最好趕快睡了。」

他收到暗示，起身離開。他拾起衣服的同時，我去倒了杯水喝。他走之後，這一夜一點也不像什麼大事了，一切都和我們見面前一模一樣，沒有帶來特別可怕的後果。我檢視自己，感受全身上下的感覺，尋找潛在的啟示，沒什麼不對，也沒什麼驚天動地的轉變，未來的冷酷再度籠罩了我。

第二部

- 心全蝕
- 大逃亡
- 大眾行程
- 好久不見

第10章 心全蝕

一場日全蝕前幾天，某個霧氣蒸騰的夜晚，我遇見了我即將愛上的人。我坐在喬佳娜酒吧窗邊，身穿牛仔短褲和白色V領衫，兩腿收在高腳椅上，啜飲香檳杯裡的粉紅氣泡酒。那是整個夏天我心情最糟的日子之一，宿醉、水腫，感覺淒慘至極。

那週，難得的天文事件吸引了所有人的想像力，就連平素不太抬頭看天空的人也同樣入迷。想看見完整的日全蝕，只能到某些特定地區，狄倫和我商量著在洛杉磯碰頭，一起開車去懷俄明，住在他一個朋友的老家，那裡剛好位於可觀測日蝕的區域。狄倫的妻子當然也會去，但我們討論時，多半都在說會看見的景色——山脈、藍湖，還有經典的美國公路路邊景點。我想像我終於能跟狄倫面對面暢談幾小時，坐在副駕駛座，朝著夕陽奔馳而去。

只不過我不會坐在副駕駛座。我自然是坐後座，他老婆坐前座。這幅景象有時會浮現在我的公路旅行計畫裡，但我會迅速切換回我偏好的妄想設定，日期逐漸接近，我愈來愈難把那畫面關掉。狄倫也邀了幾個其他朋友，所以我安慰自己沒問題，到時我們會是一團人，至少有兩車追日蝕的朋友，絕對不會變成一對夫妻外加一個電燈泡。

結果，本來要去的夥伴一個接一個退出了。飛去洛杉磯的日子剩不到一週，我坐在家裡沙發上，預感使我心情沉重，我怎麼會跑進這種處境？還來得及逃走嗎？

我精雕細琢了一則長長的簡訊傳給狄倫，盡可能誠實解釋，要和一對夫妻一起公路旅行這麼久，不是我最理想的度假方式。有一點我沒說，但我尤其不想去的原因，是他老婆不太喜歡我，而且我知道他們最近在鬧彆扭，我已經有過父母離婚時被夾在中間的感受，實在不需要年過三十再想起那種場面，更別說我們還得三人關在一輛轎車裡。

旅行的其他規畫也不那麼迷人了，狄倫原本以為有時間觀光，但最近發現他不能提早請假，也就是說我們得從洛杉磯一路殺過去，坐好幾天的車，只是為了去我不認識的某人家露營一晚、打擾人家親戚聚會，以便看月亮擋住太陽。我把途中露營的事交給狄倫安排，照目前情況看，我有點擔心帳篷會帶幾頂。

我退出不會害他們有什麼損失，可能只差油費少一個人攤吧？但狄倫還是極力挽留我，他跟我談條件，說我們可以有一晚住在某個國家公園、途中走某條風景道路，反正隨便我想怎樣啦！他開始跟我吵的時候，我才終於失控，我打電話給我媽媽，想分析自己亂成一團的情緒。

「他就是在利用你，當他情緒上的緩衝，」她說，「你不該被這樣對待。」

我堅持表示不然，並說朋友就是如此，在情緒上互相支持；但內心裡，我知道她說的對，其實也不是針對狄倫，只是我不該被這樣對待。我不該這樣對自己，讓自己落得像個跑到別人愛情的餐桌邊討食的乞丐，我值得一趟自己的冒險，去跟一對夫妻擠在車裡幾天，只會令我鬱鬱寡歡。

決心不和他們去看日蝕，把一切都敲定後，果斷隨即離開身體，使我變得空空洞洞。當我放眼未來，想到往後每趟旅行，會不會都只能在一個人去和勉強妥協之間二擇一，所有說要獨立的大話又都喪失了意義。上一刻好像是明哲保身的舉動，下一刻又彷彿一種懦弱。

我宿醉的理由，是前晚和一群女生朋友聚在喬佳娜喝酒。我試圖召集她們一起策畫一趟比較小的旅行。討論十分熱烈，大家商議著何時出發、要去哪裡、要住誰家，說著「這裡春天真的很美」、「我可以借到那棟別墅」、「一定超好玩的」，但是「我這週不行」、「我春天很忙」、「我那時要跟家人出去」，幾小時內，我們的計畫順利升空，又轟然墜毀。希望的碎片在酒吧裡飄盪，沉落在黑暗的角落裡，過了那晚就被徹底忘記，我們又各自回到工作崗位，度過出遊機會更渺茫的一天又一天。早上醒來，我頭痛欲裂、滿身貓毛，家裡好髒——我昂貴的單身女子貓旅館竟然那麼髒，我的心情低到了谷底。

下午稍晚，我收到一則訊息，是Bumble上一個叫亞德里安的傢伙傳來的，幾週前的週末我們約過一次，結果他放我鴿子。我是在蒙托克（Montauk）[1]的阿姨姨丈家作客時和他配對上的，他說過他今年夏天都在長島的一家餐廳工作，週六放假就會來市區。他問我今天晚上要做什麼。

初見亞德里安走進酒吧的印象，至今還鮮明地印在我腦海裡。我發現每次和交友軟體上認識的人見面，總會有個小小的停頓，在那一奈秒之間，你會將你想像中的人和他們本尊做對照。然後又一個小停頓中，你認知到你是否第一眼就被這個人吸引。

我閉起眼睛，就能看見當時的情景在重播，我知道記憶不可盡信，考慮到我和此人後來幾年的關係，我更懷疑我的記憶能不能信。我的心智很可能曾經溜回過去，這裡調調、那裡整整，把我們共度的時光修改到能配合我對於我倆、甚至對於愛情的論述。我只能說，我還清楚記得和他眼神對上時的感覺，好像有什麼在頭頂一閃，衝下脊椎，然後一抹微笑浮上嘴角。他似乎和我帶著同一種意識到好感的笑，那使我們有了某種共通點。他將側背包舉過頭頂放下，

1 譯註：長島最東端的小村鎮。

坐到窗邊我的對面，我看見他的眼神飄開幾秒又飄回來，彷彿在趁機復原。

話雖如此，那場約會中，我一點也不確定要不要和他更進一步，我的疲勞還沒恢復，經期還沒完全走，而且我知道只能來我家，家裡到處都是貓毛。亞德里安也有那種滔滔不絕說自己、很少問問題的習慣，他從事寫作，跟我說完了他已發表的每部小說、他喜歡的每個大師、他最新的計畫，才想起要問問我做哪一行。聽到我同樣從事寫作，他笑了起來，我也笑了。

無所謂，吸引力仍在湧動。我們喝完飲料，又各點了一杯。第二杯見底後，他問我想怎麼做。

「我們接吻看看吧。」我說。他勉強答應，給了我一個很遜的吻，半伸著舌頭，像一隻輕巧地吃葡萄的鸚鵡。他抬起頭時，我輕撫他的臉，以免又是一吻。他靠過來任由我摸，他蓄著有型的落腮鬍，黑中夾雜閃亮的銀，寬唇上留了一道精心修整的鬍髭。我將手指穿過他椒鹽色的捲髮，他閉上淺綠雙目，享受我的碰觸，我喜歡這樣。

「不如我們再喝一杯，晚點決定。」我說。他沒馬上接話，要是他不同意，或催我帶他回家，我想我會對他說再聯絡，從此忘了這號人物。

後來他告訴我，他那晚還在用 Tinder 和另一個「確定追得到」的女生傳訊息。如果他選擇走出酒吧，去找那個確定的對象，這故事將多麼不同呀！然而他留下了，我們又喝完一杯，然後一起回我家，他尾隨我爬上嘎吱嘎吱的長階梯，到了樓梯頂，我停下來等他喘口氣。

進了門，我還沒開燈，就領他到窗邊，看曼哈頓的夜景，他同意那片夜景美極了，然後俯向我的耳朵。

「我要跟你在窗臺上做。」他說。

我們就只是打砲而已。經過酒吧那個乏味的吻，和他打砲比我預期的好多了——吻的部分也隨後趕上，待我們找到更有品味的約會場所後——，但依然只是那樣，之後我便請他回家，不想睡在一個陌生人身旁。他說他很快會再進城，要搭飛機回他原本住的地方，也就是洛杉磯，這年頭好像大家都住在那裡，不然就是過陣子要回那裡去。那座城市好像在朝我招手，透過另一個使者呼喚我搬去，我會有搬去的一天嗎？

我給了他我的電話號碼，雖然那天挺愉快的，但我沒料到他真的又傳了訊息來。

我們再約會是幾天之後，正好是日蝕那天。紐約只能看見日偏蝕，不過也足以迷得許多人站在街上，腳底生了根般，拿著特殊鏡片或自製紙盒朝天空看。他約我吃晚餐，那時的畫面也歷歷在目，我還能看見亞德里安在餐廳外等我，交叉雙臂，站得穩穩的，直到我湊上前吻他。我們好像在扮演一夜限定的情侶，有何不可？反正他明天就要走了。我沒點吃的，只叫了一杯橙葡萄酒，看著他嚼凱薩沙拉，心想這個人真的完全不怕口氣差。

為了驅開這些無聊的批判，我開始配合他咀嚼的脆脆節奏說起我今天見的一個老友，即我來跟他吃飯的藉口。我說到我們長大後漸行漸遠，但我常想起我朋友，多希望我們能像以前那樣見面聊天，某方面而言，那比失去情人更難過，因為沒人會像失戀時那樣安慰我。我說得出神，在亞德里安碰我時嚇了一跳。他將手伸過餐桌，輕輕摸摸我的手臂，是那種很熟的人才會做的、表示同理的動作。

我們到隔壁的酒窖帶了瓶粉紅酒，站在櫃檯等結帳時，同樣那隻手溜過我的腿，溜過我的背。我察覺他發現我的背心洋裝下沒穿內衣時，稍稍變了個姿勢。我們把酒拎到公園喝。

「你好有趣喔。」親吻之餘，他說，彷彿感到意外。我本來就很有趣呀，我心道。我既年輕又有趣，我的夏天還沒完呢，夜幕緩緩降臨的同時，他的手指沿著我的腿爬上爬下。

幾個鐘頭後，我們已回到我用吸塵器仔細清理過的家，這時正赤裸地對坐在沙發兩頭，猶如雙魚座的兩條魚，游往不同方向。

「我之前在推特上搜尋你，讀了你寫寂寞的文章，」他開啟話題。我哀嚎一聲，承認道：「那是我最出名的一件事。」

我沒追加說明，要不是因為那篇文章還算成功，招來那麼多壓力，我才不會這樣跟他坐在沙發上咧！那篇文章刊登以來，我採取的一切行動終於把我帶到這裡，和我暫時的愛人裸身相對。他跟我差不多高，細瘦健美，胸膛中央和腿上覆著淺淺的毛，像鬍鬚一樣點綴些許銀灰。我有次問他都做什麼運動，才能練出那麼漂亮的腹部線條和緊實胸肌，結果他說：「什麼都沒做啊。不公平吧？哈哈。」

那天晚上，他對我的寂寞宣言只說了「我滿喜歡的。」他又補上一句：「愛情是雙方面的幻覺，我已經不玩感情那一套了。」

這話可能是給我的警告。如果你有在聽，大部分人其實都會先警告你他們的問題，因為他們知道你不會聽。我沒聽，我以為不必聽，這只是短暫的風花雪月，馬上就會結束，他要不要跟誰玩感情那一套，似乎都不干我的事。

我是四月初開始交友的，現在八月了，時隔不到半年，我已經不再擔心自己無法與人約會、甚至與人上床了，雖說他也不過是和我睡的第二個對象。這些是天大的轉變，許多意義上，我已不再是那個秋晚聚會上的我，我已翻越曾經好像永遠翻不過的障礙，另一方面，我的約會實驗仍然沒說服我「愛情終究會來」，我還是不相信我是有問題才找不到愛。

這就表示愛情是雙方面的幻覺嗎？我不這麼認為。我認為只是愛情很稀有，比情侶的數量使人以為的稀有太多了，要離開情侶模式的大道，開拓一條自己的路，要面對太多荊棘、太少安全的棲身處。我見到的情侶關係之中，最多的還是那些首重務實、求生、妥協的關係，趕快隨便找個誰定下來，確保未來安穩一點、有人照顧，是很誘人的想法，但我還沒急到那樣想，就算哪天想了，也不會找個住在美國另一端的傢伙。

亞德里安從沙發起身，在我的小客廳裡閒逛。他停下來摸摸坐在窗臺甩尾巴的伯特，柔聲稱讚牠毛茸茸的腳掌；他看了看我堆滿紙張的桌子，停在書架前，那裡展示著一本相簿，封面照片是穿著睡衣、戴著心形眼鏡的我，坐在廚房水槽邊緣，吃一塊戰士公主西娜（Xena）的造型蛋糕，照片上方刻了字：「可愛艾梅十六歲生日會」。那是我阿姨特地為我準備的禮物，裡頭裝滿我的朋友趁著那次來我家，用一臺老打字機寫給我的話，我媽媽看在我生日的份上，特准我邀請一堆女生男生，來我們單臥室的家裡過夜。

讓他看那張我十幾歲的照片，比在他面前脫光衣服更令我害羞，他對照片上的我一笑，而客廳裡的我接收到他的笑。十六歲的我很彆扭，歲數翻倍的今天，我不確定這件事有好轉多少。他放下我的照片，手放在我膝蓋上。

「可惜我要走了，」亞德里安說，「留下來一定很開心。」

他離開後一兩天，我收到一則訊息，他得回來漢普頓[2]工作一週，問我他下飛機後要不要先來找我。他這次睡在我家，我幾乎整夜沒闔眼，太不習慣有人睡我旁邊，而且我們聊戀愛和交友軟體聊到很晚才睡，他說他上週在洛杉磯和一個女網友碰面，他們倆原本「很來電」，但實際見面後感覺普普通通。他解釋道，她好像希望他慢慢追求她，但他就不是那種型。

我那週也和一個人約了會，是我主動邀約的，對方是我的前同事。難得不是和陌生人約會的感覺很好，似乎必然會比較有戀愛氣氛，我們沿著哈德遜河散步，卿卿我我，欣賞河景。他的表情如夢似幻，彷彿發現了什麼，但我們只停留在接吻。我告訴亞德里安那個人怎麼送我到地鐵站，吻我一下與我道別，他沒答話。

「我覺得那樣也不錯，」我說，指的是慢慢追求，「但可能不是我偏好的速度。」

「反正那些都是屁。」他說，手在我腰際溜呀溜。

我轉回仰躺，凝望天花板，回想上次戀愛是什麼感覺。好多年前了，不是摩根或歐文，是我愛上合租公社的室友，卻始終追不到他的時期，那場戀愛有很多難以忍受的地方，但並不像都是屁。當時的我彷彿裂成兩半：一半理智冷靜，注視我心儀的室友欺騙我、玩弄我、對我沒興趣還把我當備胎；另一半熱烈地為他癡迷，導致經常又和他抱在一起哭。我現在的人生階段，已經無法承受那麼激烈的情感了。

「我懂那種想占有一個人，或被一個人占有的心情，」我說，「也許哪天我會想念那種感覺，

2 譯註：長島東端的區域，紐約富人的夏日度假勝地。

但不是現在。」

我加上最後那句，以表明我對他沒有絲毫關於占有的想法。隔天早上，我陪他去搭巴士，他臨走前提議我去漢普頓找他，說我們可以住他老闆的夏日別墅，聽起來很棒。

「要不是我工作來來去去，一直這麼唐突會被討厭吧。」他打趣道。

「對呀，我都要懷疑你是不是在編故事騙我上床了。」我說，他哈哈大笑。

和一個只約過三次會的人計畫這些，感覺不真實得像夢一樣，所以我把這次行程當作先前懷俄明之旅取消時，我答應給自己的冒險，我一定要去。

那個週末，我在海灘邊的一個小鎮下了巴士，緊張兮兮又半信半疑。快一週不見，我開始覺得自己很蠢，我根本搞不清楚亞德里安是什麼人，也搞不清楚我在幹嘛，為了一個沒見過幾次的人跑來這種前不著村、後不著店的地方，但一看到他走出一輛車，我就什麼問題都沒了。他是那麼優雅、從容，臉上洋溢興奮，我心裡靜止多年的某種東西無預警地顫動起來，引發連鎖反應，點亮每條神經，我感覺自己幾乎放射出活力，走到草地中央與他會合相吻。

他嘴裡飄著蒜味，有那麼片刻，我頗不滿他這種親熱前吃重口味的習慣。接著他告訴我，他租車是因為我說我還沒體驗過車震，太白癡了，我好喜歡。

幸福的感覺總讓人以為生命要從此不同了。那趟短短旅程中有好多時刻，令我覺得「這就是了」，我已經找到我的幸福，它再也不會溜走，隨時會在那裡供我汲取，這就是我所有成長、努力、寂寞的終點。從今以後，愛和連結的宇宙將永遠對我敞開了。

我們共度的每一刻像回憶凝結的珠子，被我收集成串配戴，日後成了我祈禱的念珠。有一刻，我倆在星空下，正想在車邊做愛，就看見遠方的車燈開始把樹木打得比百老匯還亮，我們倉皇逃進後座，笑得喘不過氣；有一刻，我們臥在沙灘的毛巾上，我俯身向他，他撥開我的濕髮說：「我喜歡看你的眼睛。」有一刻，我們的車駛過閃爍的草原，他拉起我放在膝上的手，舉到唇邊吻了一下，到頭來，擄獲我的是溫柔，而不是性，雖然性也在我周圍撒下了網。

第二天下午，亞德里安載我到巴士站等車，我要往東，再度去蒙托克找親戚，度過剩下的週末。我告訴他我頭有點痛，或許因為昨天晚睡，又在海邊喝紅酒。他開著租的車去還了，我則走到對街咖啡店，弄點咖啡因來治頭痛，我帶著咖啡坐在長椅上等巴士，心頭重播這迷幻的二十四小時。

忽然，我看見亞德里安走回來，他還完車，買了一包止痛藥粉來給我。

「謝謝你。」我說，將那包藥收進口袋當紀念品。

向晚的光線下，他的綠眼閃爍微光，幾乎金黃，我在他眼中，有可能如他在我眼中這麼美嗎？我正這麼想時，他伸出手，輕觸我的雙頰，然後他揮手道別，準備走去餐廳上班，他穿過馬路，回頭向我望。

一週後，亞德里安返回洛杉磯，離開前又來布魯克林找我，我們像上次一樣一起上街，那天是勞動節、夏天的盡頭，晚餐時，我們又聊到交友，亞德里安再度提起我的寂寞小文。

「我看你不必擔心，」他說，認為我交友不會有問題，「你滿有魅力的呀，甚至還滿有趣的。」

他的評語很刺耳，好像過去幾週，我努力讓他看星星，他的回應竟是拍拍我的頭。當然，我知道他同時還有一堆長島比基尼皇后女友，偶爾才輪到我，只是我自以為我很特別。不過，無論他看不看好我的交友前途，我已經和寫那篇文章的我不同了，我能做到當時做不到的事，例如與人溫存，而且我還找到了幸福的任意門！他離開也無妨，我告訴自己。和亞德里安一起的時光，已為我解鎖與人交往、纏綿、連結的美好，我的實驗完成了，可能性的生產線即將啟動，我要像露西兒．鮑爾（Lucille Ball）[3]那樣，將愉悅送進每條管線。我辛苦揮汗過，現在要來收穫成果，隨他去走他的路，他離去確實有點可惜，但仔細想想，我們認識並不深。

次日上午，我們又打了一砲為他餞行。我一時衝動，要亞德里安叫我的名字，這要求好像很怪，但我很少有機會聽他喚我名字，畢竟我們是在交友軟體上認識的……他遲疑了一下，我正想也許他不知怎麼發音，就聽見他念了那個字。

聽見自己的名字，引起了我意外的反應，我感覺喉嚨一緊，淚水湧上眼睛，我轉開臉，深呼吸，掩飾泛淚的跡象。經歷過約會和旅行的種種，聽見這個人與我歡合時念出我的名字，把我變成了最脆弱的樣子，在他面前暴露身體的渴望不算什麼，暴露心底的渴望卻非同小可。渴望留下他，留下這個人，讓他看見我過去與未來的一切，想對他說：「我們試著在一起吧，以某種方式。」

完事的同時，我恢復鎮定，從無邊的內在大地重返狹窄多了的身體經緯。我們回到原形，只是短暫相會的兩人，被其他各種事物包圍。

亞德里安收拾東西，準備出發，我們倆找不到對的離別氛圍，他說起一些以後能一起做的事，才說了一半，又轉到別的地方去，像默默承認不會有「以後」了。

「若不是世界太小、時間太短。」他再度開口，那是馬維爾（Andrew Marvell）[4]的詩，〈致羞怯的情人〉（To His Coy Mistress）。不過用在這裡好像不太精確，因為我已經大方獻身了。

「墳墓是個清幽的好處所，但墳中人並不相擁。」我應道，看他一臉疑惑，我問他我們不是在說同一首詩嗎？

---

3 譯註：一九一一至一九八九年，美國喜劇女演員，她的經典喜劇片段之一，是在生產線上包裝巧克力。

4 譯註：十七世紀英國詩人，〈致羞怯的情人〉為其代表作之一。

「應該不是吧？」他說，我真變態，幹嘛臨別前講什麼墳墓。

他走後，我查了一下，發現果然是同一首詩。詩裡的馬維爾試圖說服一名女子放棄她「寶貴的」貞操，告訴她人生苦短，盡頭只有死亡。我無法不注意到，這麼做的所有風險都在女子身上，儘管在詩人的描述下，那確實顯得像值得冒險的美好。

讓我倆將一切力量與甜蜜，
滾成同一顆球；
粗野地釋放歡快，
自生命的道道鐵門！
縱然無法令太陽止步，
我們卻能叫它狂奔。

亞德里安和我所有快樂的回憶，到這裡差不多都過完了。回到洛杉磯，他繼續傳訊息給我，他動了一場小手術，之後每天在病床上和我簡訊聯絡，半開玩笑地問我要不要飛去洛杉磯照顧他。

我認為我的交友特訓算是結束了，但還是出於習慣繼續約會。我漸漸領悟，和亞德里安相處時的感覺，並不是那麼容易重現。有時我也會想，他不知還傳簡訊給多少女生，約她們喝茶探病、跟她們「很來電」、跟她們正好在讀同一本聶魯達詩集（他真的說過有這種事），他和我不曾承諾彼此什麼，簡訊終歸只是一些字。

然後有一晚，他傳訊息跟我說，他在看飛紐約的機票，看起來週三來、週三回最划算。

我正在西村[5]和人約會，約會很愉快，對方很有趣，不過完全不是我的菜。我們走去一個攤子買薯條，我瞄了瞄手機，看到那則簡訊。我真想對他說快來吧，卻回覆：你確定一週不會太久嗎？

自從多年前，我和摩根分手以來，好久不曾有人這麼明確表示想見我了，我怕相處那麼久會膩，怕他來找我之後，我們之間的魔力就消失了，我希望他會用他的信心把我的疑慮掃盡。

是嗎？他寫道，反而流露同樣的不確定。

我試圖修正軌道，說我無論如何都歡迎他，但他回覆：我再想想好了，明天跟你說。

事後回想，我總會忍不住自問：是不是我勇敢一點就好了？是不是說「買吧！」就好了？我

5 譯註：曼哈頓西南、格林威治村（Greenwich Village）之西的一區。

永遠幸福的機會，是不是就被那一瞬的動搖給毀了？我會忘記，我早已不相信什麼永遠幸福；我也沒想通，一個真正想和我在一起的人，不會被那麼點障礙擋住。

亞德里安隔天沒來消息，再隔天也沒有，最後他傳簡訊告訴我，他有點擔心花太多錢。他的訊息漸少，一直到我提起十月底要去洛杉磯，看狄倫和幾個朋友之後，才又變得熱絡，萬聖節那天，我飛抵洛杉磯國際機場，次日，亞德里安開著另一臺租來的車，到狄倫家樓下接我，這次車是我租的，我不會開車，他說他願意當我的司機。

接下來幾天，我們一起度過，在洛杉磯四處兜風、做愛、看表演。我們造訪威尼斯海灘（Venice Beach），他摟著我站在海灘上，戲稱要害我懷孕，我發出真心惶恐的尖叫，他把我抱得更緊了，之後，我們手牽手走在街上，他說我應該搬來，我們就能天天這麼開心。我對他說過，我一直在考慮搬來洛杉磯，現在又有了更好的理由——可能吧。

「我要等明年六月租約到期，之後我就會搬來。」我提醒他，雖然沒給自己設下任何期限，忽然間，這件事好像真的可行，他並未再說什麼。

我們找狄倫出來，三人在 Jitlada 泰式餐廳吃米飯料理，狄倫告訴我們那趟日蝕之旅的後續，承認那次旅行很折磨。和狄倫與我「戀愛對象」同桌很奇妙，以前總是我加入狄倫及他的女伴，我們聊到我要回紐約那天，應該提前多久到機場。

「上次我來，你說起飛前一小時到就好，結果我差點錯過飛機，」我對狄倫抱怨，「我只好求別人讓我插隊過安檢。」

「啊，我每次都這樣！」他說，得意地朝面露鄙夷的我倆笑。

我離開那晚，我們跟我一個朋友在洛斯費利茲（Los Feliz）的餐廳吃飯，她為我和亞德里安拍了張照，拍照時他親了我的臉頰，後來，我時常翻出那張合照看，不理解那動作的含意。亞德里安依然不是我男友，也不是我的任何人，我們之間沒有任何約定或未來計畫。我和朋友叫的車抵達，她走在前面，讓我們有點獨處空間，他與我假裝共舞，舞下餐廳外的斜坡路，演得很爛，我真希望能持續更久。

「我應該待晚一點，到機場再狄倫一下。」我說。

「不行，不能狄倫啦！」他咯咯笑，最後一次旋轉我。

從他擁抱我的方式，我能感覺出他在向我告別。車轉過街角前，我從窗裡朝他揮手——一個全身黑的幽影，水汪汪的眼眸反射光線。

我搭的是地獄級的紅眼航班，趴睡在拉出來的餐桌上，紐約很冷，蠢蠢欲動等著歲末佳節。十一月裡，亞德里安傳過幾則短短的訊息給我，他愈是退開，我愈想拚命抓住我們轉瞬即逝的共處時光。度過幾次平淡的約會和幾個獨處的夜晚，我便理解幸福不是你能隨時打開的開關，我開始相當確信，我的幸福其實在亞德里安那裡，只要他回我訊息，或者訂計畫來找我，就能把幸福還我。

我們在一起如此快樂，也看不出無法繼續快樂的理由，我們只不過需要稍稍向對方伸出手，我知道我的手伸得愈來愈長，而我想接觸的人大概望著別的方向。最後，我提議我出錢、請他來紐約，他沒答應。

可以讓我想一想嗎？他問。

當然，我回覆，知道意思是他不想來。那可以幫我個忙嗎？最晚十二月中告訴我要或不要，好嗎？我不想再問一次。

沒問題。他說。感恩節過了，十二月中也過了，加州發生野火時，我傳訊息問他還好嗎，他說一切平安，但隻字未提我的邀約。

耶誕節和新年之間，狄倫來探望我，他去紐約北邊拜訪親戚，回程順道進城來，我們去了聯合廣場的一家時髦酒吧，坐在掛滿花環和冬青的店裡，喝著售價過高的曼哈頓。寫那篇文章後經過整整一年，許多事都不同了，只除了一件不小的事。我還是不覺得能遇見長久的對象。

亞德里安不過是一段迷亂的插曲，令人不快的是，尾聲收在他的消失，他也沒守信用，告訴我他不來紐約了。沉默的意思很明白，只是我以為我們的回憶值得體面一點的收尾方式，也許一聲不吭是他甩我最有效的辦法，但我卻為此空等了好幾週。我瞥見的那片蘊藏喜悅的新天地，結果只是路過的風景。

我對狄倫述說這一切，他若有所思地點頭，喝著他的調酒。

「最慘的是，我明明這麼努力，」說起我對亞德里安的失望，我眼眶都沒濕，現在提到這點，忽然情緒都湧上來了。「我這麼認真約會、見了這麼多人，好不容易遇到一個特別的人，和他度過那麼不可思議的時光。感覺好像我長久以來的追尋、成長……」

「考驗與磨難。」他插話。

「嗯嗯，考驗與磨難！好像那些都值得了。因為故事不都這樣寫嗎？主角努力改變自己、變得更好，最後一定會得到回報。」

「實際上沒有什麼回報，」狄倫提醒我，「沒有什麼必然。你會得到什麼不是看你做了什麼，就只是看你的命。」

「可能我內心深處希望有回報吧？真丟臉，」我惆悵地說，「現在這樣，我愈來愈沒動力繼續下去，再重新認識一個人了。」

「故事之所以要有結局，就是為了讓前面發生的事看來好像有意義，」他講起哲理，把空杯裡的大冰塊搖得哐啷響。「你的故事還沒到結局啊。」

「難怪都沒意義！」

「沒錯。」

我們笑了，又點了兩杯酒。

狄倫趕著飛回家，帶他老婆去參加他公司的豪華跨年晚會，聽說他們還請到德瑞克（Drake）[6]壓軸演出。我到布希維克的朋友家跨年，在那裡碰見一個好久以前的跨年派對上，和我在倒數完後接吻的人，我走去和他聊天，半調情地問他：「你記不記得有一次跨年，我們還接吻了？」

「我們哪有接吻？」他答。

我吃了一驚，愚昧地說：「有啊！絕對有。」

我開始描述是哪場派對、在哪間酒吧。他打斷我。

「我知道你在說哪一次，但我們沒接吻啊，因為我那時候喜歡另一個女生——塔米。之後沒多久，我就跟她交往了。」他解釋。

不知怎地，我非常火大，我不是特別在意他，也不在意有沒有接吻，但我確定此事真的發生過，很生氣他竟然否認。

「恐怕你沒那麼喜歡她吧？因為你那天親的是我！」我啐道。

「我覺得這很有趣耶，」他換了冷靜很多的語氣說，「你知道嗎？人的記憶幾乎都不是事實，因為我們會一直重建自己的記憶，最後，你記得的事可能根本沒發生過。」

「你怎麼知道重建記憶的不是你？」我問。

「可是我真的記得塔米……」

我們反覆爭辯我們到底一起經歷過什麼，直到我心情惡劣地走開，如果他不記得了，我還能怎樣？令我深深不安的是關於記憶的話題，我想到亞德里安，想到我心裡那個共同回憶的寶箱，我一遍一遍翻看那些寶藏，想延續希望的火光，縱使早就不應該再抱希望。他已經那麼明顯往前走了，我還是不斷對自己重播那些回憶，一路回溯到最初的默契跡象，回到他走進酒吧，與啜飲粉紅香檳的我對望的眼神。

那些時刻在他記憶中是什麼樣？對我而言如此寶貴的時光，他為何能輕輕鬆鬆捨棄呢？在他心裡，那一切真的發生過嗎？

一月十五日，我收到他的訊息。

嗨，抱歉之前沒聯絡你。你和貓都好嗎？

6 譯註：一九八六年出生的加拿大饒舌歌手。

第11章 大逃亡

亞德里安上次聯絡我已是兩個月前了。我沒有裝模作樣拖個一兩天，一小時內就回了訊息，說我和貓都還行，那他好嗎？

很好唷！他回覆，就這樣，沒了。幾天後，我寫了封電子郵件給他，誠實表達我的感受，我盡量寫得理性客觀，不要讓自己像個可以被當作「肖婆」無視的人。有則笑話說，如果有個男人說某個女人瘋了，你得先問問他對她做了什麼，亞德里安沒有對我做什麼，只是不睬我，所以我不確定自己有沒有資格抱怨。「生氣的女人最可怕」這種說法，也許和關係的某些基本義務——尊重、溝通、界線清楚、同理——還有助長「人人為己」之風的文化密不可分吧。

或者我的信真的就是瘋了，我該體貼地自行消失，像勃朗特小說中的第一任妻子一樣乖乖住到閣樓上。我寫道，他始終不跟我說清楚，實在滿過分的，我真的很喜歡他，我這個人很少喜歡任何人，他卻讓我這樣一直等、一直猜，不會太不厚道了嗎？反正還是祝他一切都好啦！！！

可想而知，他沒回信。

心碎沒有特效藥，去年我還抱怨過，心碎至少會讓你覺得自己活著，正確來說，應該是會讓你覺得你快活不下去了，我可能前一天還好端端的，後一天又五感鮮明地記起和他躺在沙灘上。就像我告訴狄倫的，我難過的，不是失去一段才剛萌芽的戀情，而是我連走到這一步都已費盡千辛萬苦，我試著透過實踐，把自己練成不怕受傷害、同時對愛情敞開，結果這兩者從本質上就相互矛盾，我的冒險最終只換來羞恥和懊悔的痛苦，使我覺得這一整年都白白努力了。

我不知道怎麼從失戀中恢復，但我沒給自己時間，反而再度打開交友軟體。我是從一年前開始改造身體的，後來這項行動演變成了持續至今的交友課，我曾找到些許歡樂，現在又找到些許憂傷。這趟冒險中，亞德里安只是和我發生關係的第二個對象，看來我的賭注都下錯邊了，若無法擁有愛，至少我能從性之中得到一點安慰吧。

某天下午，我和一個叫湯米的網友相約見面，打算買杯咖啡到公園約會。他的 Tinder 檔案上寫著已訂婚，但與伴侶保持著開放式關係，任何這幾年用過交友軟體的人都能告訴你，上面幾乎找不到半個單身的人，我說的不是說謊或出軌的傢伙——雖然裡頭大概同樣混雜了那些人——而是指多重伴侶關係（polyamory）。這類關係如今已非禁忌，成了一種隨處可見的生活方式，乃至於點開某個有魅力的自我介紹時，要是最底下沒寫著「非單一伴侶道德」（ethically nonmonogamous），那才叫怪事。

以前的我可能受不了這種態度，但我脫離長期關係愈久，愈好奇人們究竟怎麼能維持長期關係，我對此深感入迷，所以想和自認關係認真卻開放的人們聊一聊。開放的伴侶們看待愛情、愛情何以能長久的觀點，似乎往往是最複雜的，非單一伴侶關係要能成功，需要大量的理解和接受，他們反覆論證過關係的界線，與不曾想太深的單一伴侶者截然不同，許多人進入單一伴侶關係只是順勢而為，多重伴侶則遠遠是更主動的選擇。

心理治療師埃絲特・沛瑞爾（Esther Perel），於其著作《情欲徒刑：給困在親密關係卻失去性愛的你》（*Mating in Captivity: Reconciling the Erotic and the Domestic*）中明白表示，單一伴侶戀人十分掙扎地，想在對方身上找到自己需要的一切，而這不只包括性愛的多樣。「當今之世，我們向單一對象尋求過去全村合力提供的事物——一種扎實、意義、延續感。同一時間，我們還期待承諾與我們牽手的那個人，滿足我們於浪漫、情感、性方面的所有需求。這麼沉重的負荷壓垮了許多關係，還會令人意外嗎？」她寫道。

性在這一連串念不完的需求中，占據著獨特的地位，我們的文化容許人們承認單一性伴侶很難實踐，但多數人仍聲稱奉行此道，或選擇在對方「偷吃」時終結關係，性也是感情出現裂痕時，會首先被搬上談判桌的事項之一。開放式關係經常被稱為「分手鄉的前一站」，而且不是沒有道理，似乎頗多走不下去的情侶，決定先把該解決的其他問題晾在一旁，各自踏上多元戀愛探索之旅。

這些其他問題是如何累積的？又怎會最後都歸結到性？或許是由於，比起愛情的陰晴圓缺，性致的陰晴圓缺更容易掌握吧！性可以被**加點料**、**變刺激**，透過一時興起、角色扮演、內衣、玩具、色情片，最極端的情況下還可以添加其他人。如果一個人坦承自己今天沒有昨天那麼愛另一半，人們聽了會怎麼想？說自己今天沒心情上床，引起的問題小多了。愛情總被認為應該恆久不變，縱使一切證據都顯示沒這種事，無論人有什麼成長、時空如何移轉、條件如何更改，「真正的愛」都得始終如一，否則就稱不上真的，「真正的愛」永遠不能喘口氣，因為停歇一秒便代表它的死，愛就像鯊魚，停下來就完了。

表現琴瑟和鳴的壓力，使人們極少承認他們怎麼將非關情慾的愛外包出去，給一個能一起開懷大笑的摯友、一個總會發現他們換髮型的可愛人士、一個隨時願意聽他們訴苦的表兄弟姊妹、一整團在比賽日讓他們覺得被接納和需要的壘球隊友。人們無時無刻不在單一伴侶關係以外找尋他們需要的東西，但這些次要的情感依靠，卻很少因為挽救了情侶關係而得到肯定。某個意義上，大多數的單伴侶戀人都在實踐著情感上的多伴侶關係，藉此使兩人關係更為牢靠，我並不覺得這是什麼下流的事，那又為什麼，用與別人上床來鞏固一段兩人關係，就好像太超過了呢？

自己沒在談戀愛時，要拋開成見、大談愛情自由何其容易；如果沒有鍾情的對象，共享情人的想法當然很容易接受。我幾次想像過亞德里安和別的女人在一起，滋味不是頂好，而他和我的關係離男女朋友還差了十萬八千里，他甚至不是我前男友。另一方面，我經常在朋友需要和情人分開一下時，擔任他們的傾聽者或放鬆出去玩的同伴。我已經很習慣在許多層面，當情侶關係裡的「次要夥伴」，性不過就是再多開發一個層面而已。

作為開放式關係中的訪客，討論那些嫉妒的衝動、複雜的情緒，說到底也不是我的工作，是那對情侶自己的事，我只想開開心心，並且不破壞任何人設下的界線。我發現，多數的開放式關係中，其實都設有許多界線，真正開放式的關係，通常會承認一項事實，即人有同時愛很多人的能力。也因此，這類關係讓人們有機會發展出地位平等的多人關係，聽起來很不錯，但實務上，我發覺大家對於「非單一伴侶道德」的定義五花八門。這並不令人驚訝，我猜想 Tinder 上堅持打砲要「合乎道德」的人，可能和世界上真正的正人君子差不多數量。

湯米現身時，完全符合我對多人行男子的刻板印象。他很英俊，但風格和我愛的類型剛好相反，好像正準備去參加蒸氣龐克（steampunk）[1]研討會。他留了兩撇長長捲捲的八字鬍，模樣就像瀟灑年輕版的大富翁叔叔，可惜看起來並沒有聽起來那麼性感，酒精或許會稀釋他成套西裝背心、領帶、袖箍造成的效果，但我們只有咖啡喝。

我們走過格林堡公園塵土飛揚的草地，以一月底來說，今天暖得嚇人。走了十公尺左右，我決定有技巧地探問他的關係是什麼情況，我很好奇：他是怎麼遇上了一個願意和他相守又不相守的完美對象？

「你和你未婚妻怎麼認識的呀？」我問，「你們是朋友變情人嗎？」

他對自己輕笑，沉吟半晌，似乎下定決心全盤托出。

「不是，我們是玩『陌生人』認識的。」他說。

「『陌生人』是什麼？」我警覺地問，察覺到他接下來要說的話，足以定調這場約會的氣氛。自從那個下午，我跟很多人提起過「陌生人」，發現大致上可以從一個人有沒有聽過這種活動，判斷出他們的特殊癖好程度。有聽過的傢伙絕對有其他撩人的故事。

根據湯米和他未婚妻的玩法，「陌生人」是在 OkCupid 上約定時間後，女生把家門打開，脫

1 譯註：科幻的一種子類型，背景設定在蒸氣機器（如火車、飛行船）發展至鼎盛的架空世界，是種混合復古與未來狂想的風格。

了衣服在臥室等男生來，「保險套等等都張羅好」，他一到就能「對她為所欲為」。

「大家都說，我的訊息讓人覺得很放心。」他補充。

「好像是這樣。」我說，大受震撼，「陌生人」做的並不是多驚世駭俗的事……到處都有人在跟不認識的人上床，但這種預先安排好的香豔約會，我好像只聽過朋友的朋友的朋友轉述，或在男性色情誌的讀者分享上讀過。現在我面前站了一個真人，不僅曾經說服別人和他來這麼一場約會，那個人還變成了他的真愛，我正暗自揣摩他們怎麼會發展到成為戀人的時候，他告訴我，他們第二次見面，一起去了場性愛派對。

「這是『陌生人』的升級啊！」我驚嘆，還無法從衝擊中恢復，令我震驚的甚至不是「陌生人」的潛在危險性，而是毫無篩選就和對方上床這件事。萬一那個人味道很難聞，或者笑起來很討厭，或者帽子很醜呢？有些令人反感的地方，不是能從幾張照片或訊息中看出來的，可以想見，「陌生人」的情慾樂趣應該能壓過那些疑慮，或者可能不愉快即為情趣的一部分，和討厭的人做愛會興奮的人多的是。不過這對瘋狂情侶根本不討厭彼此，反而發現他們是特別符合彼此需求的人，我看看湯米，心想他會符合我的需求嗎？

我們坐在貧瘠的丘坡上，就在亞德里安和我不久以前，曾於青草環繞中親吻的地方。我的約會對象繼續告訴我他的事，他大概感覺到我淫穢的興趣，多透露了一些他的個人史，他始終用四平八穩的語氣講解；要是他講得富含暗示，或者評論過我的臉或身體，我八成就會放棄聆聽了。不過聽他解說，更像是在某個熱忱專業的導覽員帶領下，去誰的私人性愛博物館逛一圈。

湯米二十幾歲時，曾在成人娛樂產業工作，當過表演者，也當過管理者。他告訴我他的藝名，讓我之後可以搜尋他，我當然搜尋了，還看了一些我有生以來看過最瘋癲的塑膠色情片。「塑膠」指的是影片中的女子穿著乳膠緊身衣，戴著塑膠手套，和一整群人（對，就是整群）置身於一大片泡泡紙之中。

他喜歡兩男一女的3P，說他也認識幾個人住我那區，可能有興趣和我交朋友。徵求我的同意後，他翻出一些藝術氣息的露骨性愛照讓我看，說他打算把那些照片放大，洗出來掛在他的工作室。我們始終沒聊到我們可以一起做什麼，直到臨別前，他問我能不能到我家借用洗手間。我知道那是什麼意思——陌生人簡易版——於是為他指出公園洗手間的方向，雖然我對他很有興趣，但我懷疑我的級別和他差太遠，至少那天下午這麼想，他的話足夠讓我思考好一陣子了，我存下他的電話號碼。

在湯米之前與之後，我也遇過其他相當彈性看待傳統交往模式的人，我認識或約會過的人當中，有些剛與伴侶轉向開放式關係，也有些最初就是以此為前提；有些人只是到處找人約會，想加入熱鬧的多重伴侶世界；有些人期待遇見真正喜歡的人，在主要伴侶的陪同下開始交往；也有些人不過是想找其他了解狀況的人，和他們一起享受床上樂趣。

這些約會愉不愉快，就像所有約會一樣，主要取決於對方本身是怎樣的人。整體來說，我覺得已經有伴的人，更懂得表達自己的需求與期望，遠超過一個可能只是想找你出來見個面，看看有無機會進一步的人，有伴的人很習慣討論他們和愛人能做什麼、不能做什麼，他們會坦然承認，有些需求不是單一戀愛對象所能滿足的。想到這裡，我又會納悶，我自己有辦法給一個我認真深愛的伴那麼大的自由嗎？同時愛著許多人的概念不太容易想像，畢竟我連一個彼此都想長久走下去的人也找不到。

湯米和他的未婚妻能長久走下去的方法，似乎是放開「人只需要一個對象」的迷思，我很欣賞這一點，但不確定自己想不想加入他們的多人行，直到某個醉得一塌糊塗的夜晚。我去了一場工作餐會，那裡有某款新潮的琴酒調酒無限暢飲，喝完兩杯後，我開始在化妝室傳簡訊給湯米，問他我們到底能一起做什麼。

我想要你坐在你家沙發上，只套一件T恤，他馬上回覆。你倒杯紅酒喝，我會走進你家，跪在沙發前。你一面放鬆，我一面服務你。

這提議相當誘人，他很快就實踐了，湯米和我開始每隔幾週見一次面。雖然技術上來說，和他上床不輸亞德里安——可能更好吧，因為那基本上是他的本行——但始終只停留在打砲，沒有更多意義。我一直認為總會有的，認為總有一天，我會想到他要離開我家、回去找未婚妻就醋勁大發，或者在寂寞的夜裡渴望他的陪伴，先前對亞德里安的迷戀，使我覺得自己說不定只是天生會愛上任何讓我高潮的人，但我並沒有愛上湯米。

我們的共同話題很少，共同點更少，幾乎從來不會一起說笑，有時他會提起他的未婚妻，但我從未感到嫉妒，據他描述，她是個為社會運動賣力的志工，在對他人的責任中找到人生的成就感。除卻奇特的性生活，他們的煩惱和一般情侶大同小異，對湯米而言，和我在一起，似乎是暫時逃脫生命中各種煩憂的方式——照顧生病的爸爸、經營剛起步的生意、面對大大小小的壓力——各種和一個露水情人嬉戲一晚可以幫助你忘記的煩憂。

湯米對多重伴侶關係的處理方式，建立在他遠比一般人豐富的性經歷和成長上，他也比我年長幾歲，已經安定下來，至少以他的生活形態算是非常安定了。我倆關係的情感特點，迥異於我和另一個多重伴侶者的關係。她叫珍妮，是個二十五、六歲的年輕女子。

通常，我和處於開放式關係中的女人配對上時，她們都是想找第三個人，我是她們預計送給男友的禮物，但很少有一次真的送出。談及多人性愛，大家經常講到不安全感、互動尷尬，卻從來沒人提到喬時間有多難，三個大忙人全都有空、有心情、有場地，還正巧沒撞上任何人的經期？這種日子比日蝕還稀罕。

和珍妮配對成功後，我以為她會約我和她們情侶一同見面，因為她顯然和男友一起在找伴。她邀我時沒說什麼，所以我問了她男友會不會來，從照片看，他不是我偏好的類型。

她回覆道不會，只是她自己想見我。

珍妮屬於那種一見到她，就讓我想發奮變好的人。形容一個人甜美，聽起來好像很嗲或很假，珍妮不是那樣，她就是純粹很甜美，整個人散發著慷慨善良。她的藍綠色眸子夾在黑睫毛的流蘇間，臉蛋亮晶晶的，我這輩子有看起來這麼年輕過嗎？

她怎麼會和我坐在這裡？我不懂珍妮喜歡我哪一點，但她明顯是喜歡我的，我如果直勾勾望著她，她會臉紅、垂下視線。我們的初次約會，來到她挑的一間酒吧，聊起多元戀愛和生活種種。我感冒剛痊癒，喝著氣泡水，她則小口小口飲著一杯莫西多，她有雙纖細迷人的手，戴了好多精緻的戒指。

珍妮和她男友最近剛決定進入開放式關係，目前發展得很順利。他們對彼此的信心堅固得不可思議，她是會叫伴侶「我家那位」的人，聽起來真的很有說服力。但她還想要其他東西，尤其想和女生在一起。

我們第一次做愛之後，兩人躺在床上，她像淋糖漿一樣將讚美淋在我身上，有些男人做愛後會稱讚我的身體，總是說些用哪隻耳朵聽都毫不浪漫的話，珍妮沒有這種令人遺憾之處。

「你的手好美，難怪你能寫出那麼多美麗的字，」她說，「你的頭髮好像火做的。」

我想笑，但不敢笑，她是如此真誠，想讓我知道她欣賞我，覺得好笑的我真是怪胎。

珍妮傾身向我，等待著。我想講些什麼回贈她，震驚地聽見自己脫口說出：「我愛你，」又慌忙補上：「你最可愛了！」想沖淡前面那句話。她很有風度，對於我的無厘頭發言什麼也沒說，我兩頰發燙，走去浴室用冷水沖沖臉。

我並不愛她，我只是覺得，對我那麼好的人應該值得一些了不起的東西，比我所能給的更了不起。過了幾次約會，她告訴我，她已經刪除我們當初認識的交友軟體，因為她生命中已經有夠多喜歡的人了，包括我。我無法回以同樣的話。

和已有伴侶的人約會有個問題，就是你仍會有一堆時間不知道怎麼打發。我和我的情人們平日不一起吃晚餐，週末也不一起睡到中午，我不必陪他們去出席婚禮，不必參加他們同事的生日派對，不必負擔任何認真的情侶檔必須共同執行的、占據時間的任務。正好相反，我是他們終於有空時能探索的刺激新事物。

這讓我很榮幸，也很能轉移注意力，但還是不太夠。我喜歡我的獨立，卻也希望有個人能和我一起做那些占據時間的事，我永遠不可能和湯米或珍妮一起做那些，自從認識他們兩個之後，我不再那麼勤於交友了。我想著是不是該重新加把勁，甚至再開始每週約會兩次。然而，這就是最使我質疑多重伴侶的一點，如果我已經找到想長久走下去的對象，也確定他們對我有同樣的心意，為什麼還要繼續找？也太累了吧！

這樣的話，何時才能休息？我問自己，想像著一面經營長久關係，一面還要維持約會的旋轉木馬轉個不停，還要自己邀請那些起起伏伏、單相思、爛桃花、失望、危險……進入生命。我推測那就是刺激所在，但聽起來也好令人疲憊，但換個角度想，如果約會失敗，至少會有個人在家等你，可以陪你吃吃垃圾食物，然後炒個飯。

湯米和我會還在兩人剛好都有空的下午碰面，某次約好後，我赫然發現那天是情人節，真好玩。他來之前，我決定招待自己過節，於是從附近我最愛的墨西哥小館叫了起司肉醬玉米片。性和起司肉醬玉米片，單身女郎的美夢成真啊！

他來了，我們在門口親嘴，他試圖攔腰抱起我，一把勒住我還在消化的胃，明年我得把順序倒過來。我心想。

我們克服我的腸胃問題，開始辦正事。最後，我赤條條躺在床上，看著湯米的頭頂。我閉上眼睛，專注體會高潮來臨——那有時比我希望的更容易分心。快感擊中我的同時，我忽然有種以往做愛從未有過的奇異感受，我開始大聲抽泣。

想哭的衝動比亞德里安輕喚我名字時的憂愁更激烈數倍，我無法掩飾，甚至無法停止。我需要哭。我把頭藏在交叉的雙臂中間，湯米站起來，說要去幫我倒杯水。

「謝謝你，」我泣道，「我不知道我怎麼了，不是因為你。」

「我懂的。」他邊走邊說，很自在地光溜溜走到廚房，我的情人們真好，個個都這麼禮貌。

我很感謝湯米給我空間，讓我自行恢復，若他試圖安慰我，我會覺得非常難堪。他那麼體貼，我卻暗自希望他繼續走、走出我家門外，好讓我能哭個痛快。我感覺到一種真正的釋放，比高潮深沉得多，充滿悲戚也充滿欣喜。過了幾分鐘，我擦擦臉，接過湯米遞給我的水。他回去之後，我試著重新開始，把傷心都擰出來，但哭不出來了。

我的爆哭和衝口而出的示愛令自己擔憂，自從性、愛與交友回到我生活中，從前保護我的界線逐漸瓦解，有些界線的存在，以前我也不曉得。為何我無法承受別人說我美？為何我害怕讓人看我哭？又為何我現在變得什麼也藏不住？

某日，珍妮邀我去她和她男友家，我沒見過她男友，他那天也不在，她想讓他們家的貓咪認識我。進門後，我摘下太陽眼鏡，她怯怯地偷笑。

「你好漂亮。」她說。

我想問她是不是在開我玩笑，不過最後選擇吻她。為什麼不能？為什麼不能相信有人喜歡我、覺得我漂亮？那天也熱得反常，我們用袋子裝著幾瓶IPA去公園，鋪出珍妮新買的一條浴巾當野餐墊。她的品味和我很不同，她解釋，她最近把家裡的毛巾布浴巾，全都換成了她在 Etsy 上找到的土耳其棉浴巾。

「看到你家，我覺得我家真是太恐怖了，」我說，「我家簡直像大學單身漢在住的。」

「其實你只要加點小東西就好了，」她說，「我們第二次約會的時候，我想過要不要帶條地毯去送你。但又覺得……那時候送禮物好像太早了。」

雖然我恨死地毯了，但我好感動。

「你什麼都不用送我，」我說道，仰面躺回薄毛巾上，「對呀，送地毯真的太早了。第二次約會就送個大到可以做陷阱的東西一定是太早了啦！」

「我想送嘛！」她抗議。然後她問：「可以拍張你的照片嗎？」

「當然可以呀！」我說完抬起眼，對著她的 iPhone 鏡頭微笑。之前我們討論過，要不要在IG上追蹤彼此。我覺得看我的IG，會以為我是個比實際上還瘋的瘋子，所以把帳號設定為不公開。再說，IG是在我和最後一個長期對象分手後才發明的，我還不想讓那裡變得跟臉書一樣充斥我前任的照片。現在打開每個 App，我都會看見大家精挑細選後呈現的品牌。

但我沒追蹤珍妮的主要原因是，我不確定我想看她的日常生活——和男友出遊、拜訪他親戚家、兩個人一起逗貓玩。

她若有所思地凝視手機螢幕。我問：「你要發在IG上嗎？」

「沒有，這是我要自己看的。」

珍妮的男友可以公開閱覽，我則是用於私人研讀。我知道珍妮有其他約會對象，大部分是男的，而他們也沒出現在她的動態時報上。對，我還是看了，她的帳號是公開的。

開放式關係中的協商已經夠難了，你得把所有人的需求和期待都擠進來。若告訴那些不是你愛情生活中直接玩家的人，說你是多重伴侶主義者，似乎還會惹來更多批判，弄得事情更麻煩。我能理解珍妮為何還不想將這一面放到公開動態上。

珍妮和我交往近兩個月後，我某次傳訊息找她出來，她說她和男友正在討論他們的界線和其他人的約會得暫停一下。完全合理，但隔了一陣子、她又約我的時候，我不太喜歡那種感覺，當關係中的第三人——或第四人、第五人——的問題是，你在那對情侶心中永遠不會是第一優先，你對關係也沒有和他們同等的發言權。一個從未謀面的男人一句話，就能讓珍妮從此不再和我見面。

單一伴侶關係中，人們會有特定的期待，雖說沒能達到的情侶實在太多，但社會對於這些期待是有共識的，大家都知道單一伴侶關係下的背叛指什麼——破壞承諾、說謊、愛情生變。儘管多重伴侶不再是禁忌了，已比從前盛行許多，然而，其中並沒有類似的公認準則，每個人的看法都相差甚遠，每段關係的安排也極為不同。像我這樣為了一個有伴侶的伴侶傷心，不會有多少人同情，突然被隔絕在另外兩人的感情外有什麼好痛苦的？同樣在實踐多元戀愛的人也許能明白，任何其他人大概都只會覺得我行為偏差、自己活該。

崔斯坦・桃兒米娜（Tristan Taormino）的《愛的開放式》（*Opening Up*），被許多探索開放式關係的人們奉為聖經。然而他們定義下的「開放」，也是以一對夫妻為中心：「是故，我們可以將開放式婚姻定義為一種守護彼此成長的關係。這種關係誠實、開放，建立在親密及自我揭露上，並以對等的自由、雙方的個性意識為根基。」這本書提供了處理嫉妒情緒、跳脫單一伴侶制度束縛的大量實用建議，因此這麼定義有其道理。桃兒米娜寫道：「事實是，許多人並非自己有意進入單一伴侶關係。社會替他們做了這個決定，將此作為預設選項。」

有鑑於此，探索多元可能的夫妻需要被循循善誘，學習尊重對方的感受，不互相隱瞞或互相傷害。其中也包括學習和其他交往對象溝通，珍視與關心這些人。但我怎麼看都覺得，通常多元戀愛、多邊戀、多人行、多重伴侶……不管它被怎麼稱呼，還是都以一對情侶為主角，其他人眾星拱月地環繞。我知道有些多重伴侶者會強烈反對這種觀點，表示「那樣不是真正的多重伴侶！」

你也可以評論一對極度不睦的夫妻，說「那樣不是真正的單一伴侶！」但大家仍會認為那是單一伴侶關係，所有的關係結構能否運作，都取決於其中的人們。我相當懷疑我有遇過任何人，能達到多重伴侶關係的理想境界，也發覺我自己達不到那種標準。我的能量耗盡了。我覺得我好像在幫別人維繫他們的首要關係，給他們為此所需的東西，卻沒有得到足夠的回報，收到珍妮重啟關係的簡訊後，我回覆她。

我好像需要喘口氣，暫停一下戀愛，我寫道。我也很喜歡和你的友誼，希望我們至少能繼續當朋友。

結束這段關係似乎是場豪賭，珍妮已經是我數一數二的交往對象了，沒有人提議要當我的唯一，而且她是個非常棒的人。但我還來不及後悔而收回訊息，珍妮就回傳說她能體諒、很願意和我當朋友。

湯米不需要我特別宣布終止關係。我只是沒再約他，他也沒問我要不要約，我們都能接受這種發展。

非單一伴侶確實可行，我自己也實踐了幾個月，作為小三、小四、小五，關係還持續了比我近年來任何其他性愛或戀愛關係更久。這些戀愛風浪之所以困擾我，問題不在非單一伴侶，問題是它們會變成我生活的全部，占據我的思緒、填滿我的腦袋。我想回到除了「約會女」以外還有其他身分的日子。

我家租約快到期了，我想起好久以前和亞德里安走在海灘邊，對他信誓旦旦地說我六月會搬去洛杉磯。我望著窗外的曼哈頓天際線，搔著貓兒的耳朵，轉頭看了看我的書桌，醒來的大部分時間，我都坐在那裡爬推特，每四十五分鐘丟出八百字的網路文章。好像沒什麼必要離開我創造的生活，即使那不是我夢想中的生活，美國另一端沒有任何人在等我，該是時候放棄掙扎，沉回我平靜的獨居歲月了。

我簽好新的租約，附上幾張遠期支票寄給房東，準備展開我在那間幾乎租不起的公寓的第二年生活。

大約兩週後，我上網檢查銀行戶頭，我得繳一筆超龐大的自雇稅，一想到就直打哆嗦。我的支票付款日還有一陣子，我抱著周轉一點給國稅局的盤算登入帳戶，發現出了嚴重的事。

少了一萬美元、沒了、飛了！情緒打擊完全降臨前，我大腦較客觀的部分開始計算那代表多少部落格文章：我寫了幾字、在電腦前坐了幾小時、犧牲了多少放假的機會、生病也爬起來工作了多少天才賺到那一萬美元，居然就這樣不見了？然後我開始過度呼吸。

我打電話聯絡銀行和房東，來來回回詢問後，才知道房東沒收到我那封租約和支票的信，他責怪我怎麼會用普通信件寄支票。他說的對，但我還是覺得忿忿不平，不懂信是在他忙碌的辦公室、大街上，還是郵局裡被偷拿走了。

奇蹟的是，銀行補貼了我被盜領的錢，我用那筆錢繳了稅，嚴格來說是部分的稅，想繳清還不夠。因為租約遺失，房東讓我考慮到週末，決定要不要從下個月開始簽新約，就在那週，我的一個老闆來信，告訴我他們業務調整，預計只會再和我合作四週。

突然之間收入砍半，我不可能再續租我的公寓，我負擔不起，就這麼簡單。這一連串倒楣事，使我原有的許多責任都沒了，現在我想去哪裡就能去哪裡，我用最合我心意的方式解讀這些信號，我決定搬往洛杉磯。

第12章 大眾行程

我家裡沒失火、親友沒過世，健康狀況也一切正常。在人生變故中，失去工作應該算輕微的了，麻煩的是，我對於自己是誰的認知，和我的工作糾纏在一起，這下我的身分好像被扯破了一個大洞。

大學畢業後到三十歲前，我最常做的是餐飲業，找到靠文字謀生的方法那會兒，感覺彷彿壞掉的膝蓋奇蹟痊癒了，但很快我就發現自己太天真，意識到媒體產業是個翻臉如翻書的世界。通知我不續約的這家公司，是我每週工作五天，服務了將近三年的地方，然而他們從來沒提議要升我為正職。雖然我也許可以求助企業工會，堅持公司約聘超過兩年就必須正式僱用我，但工會的諮詢員強烈暗示，這樣公司就會棄用我，另找其他約聘寫手，結果我橫豎都被棄用了。

氣歸氣，我還是感到這種事很尋常，凡是靠零工經濟吃過飯的人，一定都很清楚那種擔心契約到期就失業的感覺，或者客源都在接案平臺上，卻不知道平臺何時會突然調漲抽成的感覺。現在人們都很習慣，雇主忽然宣布不再聘你，你也無計可施，而且十之八九拿不到資遣費，可能也拿不到失業補助。近來，勞工保障被肆無忌憚地一項一項砍除，如今連對這些議題最勇於發聲的工會成員，似乎也不再關心公司不景氣下，被僱來兼職當正職用的寫手同仁了，大家都只能自保。

此外，我還是遠距上班，同事們雖然知道我，但和我不算真的認識，沒人會在我等待咖啡時跟我說早安，或關機收工時跟我說掰掰。大部分同事直到我在 Slack 上向大家道別，才知道那是我最後一天上班，感覺有點像我一退出群組，在那裡工作的時光就融化消失了。後來疫情時，居家上班成了許多人共享的新工作文化，不過到了那時候，大家的 Zoom 辦公生活已經附有視訊溝通兼監視系統，我丟掉那份工作時，在家上班更像某種特殊的孤立狀態。

要不是親戚都住紐約，我恐怕會完全失重。我還有一些零散的寫作工作，但覺得那些也好脆弱，誰知道它們又能持續多久？前幾年我有種安全感，以為自己是公司信賴的好員工，到最後都是一場空，就算你喜歡你老闆，希望得到他們的肯定或賞識，老闆終究不是你朋友，也不是你家人；就算你的工作條件下，同事與你是彼此平日互動最多的人，也不代表你們是一群夥伴。

我不小心忘了這點，感覺幾乎像被更親密的人背叛一樣困惑和氣惱，失去了在前職場的身分，我渾渾噩噩，不再確定該怎麼理解我是誰。

以前，我為一本非常知名的雜誌工作，我的文字會被送到成千上萬，甚至數十萬讀者手中；以前，我是獨居在一間貴得要死的美麗公寓的單身皇后，如今卻要去借住媽媽家，睡在客廳的墊子上；以前，我是個自豪的在地紐約人，如今卻巴不得早一刻搬走，離開我長大的城市。一個人辛苦建立的生活忽然失去意義時，可以做的事很多，而在我眼裡，逃跑似乎是最好的。

我把多數東西都清掉了，也丟了這些年來我接收的家具，從前每次搬家，我總是帶著它們搬來搬去，彷彿那是多好的東西。家具才被抬到人行道上，我過度旺盛的想像力就開始看見它們腐朽的模樣——書架倒成一片、沙發鬆弛凹陷、沾了污漬的床墊塑膠套裡，填充物變成一團一團白霧，彷彿出不去的搗蛋幽靈。慾望幽靈，我心想。我走回樓上掃地，看見一小堆拆過亂扔的保險套包裝，不知何時累積在床底下，想到抬走床的搬家工人，我糗得閉上眼睛。

前往洛杉磯時，我並未真正承認我要搬家。我花了一個月收拾東西，陪伯特和喬治適應牠們的新家，牠們要暫時和愛貓成癡的我媽媽住，等我安頓下來再回來接牠們。我都跟大家說我要去旅行，順便去洛杉磯住幾天，看看喜不喜歡，但其實我心裡早已知道答案。

天剛亮，比莉就開車來接我，一起去吃臨別早餐，我們邊吃蛋捲和鬆餅，邊討論我的旅行規畫，我的旅行規畫非常不固定，和我的未來規畫有得比，我會先去蒙特婁——確定的部分大概就這樣。她載我回我媽媽家，抵達樓下，我們又坐在車裡繼續聊，聊了三十年還沒聊過癮。

「你是九月回來嗎？」她問。

「我覺得我不會回來了，」我坦白說，「我不確定。」

「什麼？」她驚呼，「你是**要走**的那種要走？」

「應該吧。」

要不要回來都好，拿捏不定實在很虛。一部分的問題是，我好像整個人都開始分崩離析了，我曾在文章裡寫過，單身或寂寞的人超過某個歲數，生命裡會很少東西把他們拉住，現在自己切身體會了到這件事，我以後會做什麼、發現什麼、成為什麼都在未定之天，說來說去，我根本不知道自己是誰。我搭上火車，往加拿大出發，像一團毛線漸漸被拉亂。

描述一個女人對自己是誰感到茫然，而展開追尋之旅的書，已經多到自成一個文類了。伊莉莎白・吉兒伯特（Elizabeth Gilbert）那本經典的《享受吧！一個人的旅行》（*Eat Pray Love*），可能是「特權文學」（priv-lit，privilege literature）最廣為人知的例子。這類作品有個幾乎永遠是白人的女主角，敘述主角如何透過觀光，尋獲某種形式的心靈平靜。書中的旅程通常很花錢，而且不會解釋主角的錢從哪來，再次證明了，自我實現是富人才能取得的奢侈品。

我去旅行前那個月都睡在我媽媽家地板上，藉此存了一點旅費。路途中，我也繼續接案工作，火車駛出紐約那天，當哈德遜河景掠過窗外，我正盯著電腦寫文章。我成功問到幾個能借宿的地方，有朋友家、親戚家、親戚的朋友家，接下來一個月，我迂迴移動，乘火車、轉飛機、換巴士，讓票價和住宿選項替我決定目的地。儘管如此，我知道許多與我同齡的女人不會擁有這種機會，人際關係淡薄給了我自由，從事寫作工作使我不至於收入中斷，如此安全的一趟旅行，還配稱作冒險嗎？

吉兒伯特在一場沉痛的離婚後踏上旅程，頗有名地和那次旅行中遇見的男人結婚了，後來她離開他，和一位女人在一起，她們本來是朋友，後來吉兒伯特才意識到自己愛上了對方。縱使你所選擇的結論能為一本書完美收尾，旅程仍然會一直繼續下去，直到最後盡頭。《享受吧！一個人的旅行》暢銷的部分原因，在於書中刻畫的願景，吉兒伯特似乎透過修行和祈禱，贏得了她的歡喜大結局——至少那些能把自己想像成她的女性讀者，應該會這麼認為吧。該書出版以來，吉兒伯特文字中對特權的不自知，受到了許多批評，不過那並不影響她的故事被翻拍成電影，還由茱莉亞・羅勃茲（Julia Roberts）主演。單身女子獨自旅行的主題能長青，也是其來有自，人們還是認為，那是某種把你孤獨寂寞的毛病治好的方法，尤其當故事還以戀愛為結局。

傑莎．克里斯賓（Jessa Crispin）在二〇一五年某期《波士頓評論》（Boston Review）上寫道，她曾在隻身出國壯遊前，被朋友們奉勸「不要變成伊莉莎白．吉兒伯特就好」。這使克里斯賓開始思索，為何人們如此受吉兒伯特的形象吸引，對她的評價又如此兩極，她的看法是，特權文學令人愉快，往往是因為讀者認為它們具有顛覆色彩，這些作品將女人旅行描繪為一種反抗現狀之舉。

「這些敘事的作者常強調，她們不應該來這些地方遠遊，因為乖女孩就該待在家裡。」克里斯賓寫道。她指出，許多這類作品主要著墨於內在反思，外在見聞則可多可少，譬如《那時候，我只剩下勇敢》（*Wild*）中，雪兒．史翠德（Cheryl Strayed）主要在回憶母親，而不是細述太平洋屋脊步道（Pacific Crest Trail）上的鳥獸花草。克里斯賓認為，男性作者與此不同，他們會仔細告訴你整趟下來總共看見幾隻地鼠，他們每次做了什麼、用了何種飛踢送那些嚙齒類回到路徑外。

「然而特權文學踰越的性質，其實沒有反動的性質多，」她說，「畢竟它們還是遵守性別規範：男人去探險，女人去自我發現。」

克里斯賓檢視的歷代作者，大部分為西方白人，這些作者無論男女，仰賴殖民語彙來敘述他們的故事，他們不是以某種程度的輕蔑看待異於自己的人們，就是將這些人們視為神祕的啟示及指引之泉，兩種觀點都缺乏人性，卻依舊出現在不少當代旅行文學裡。克里斯賓主張：消除這些傾向才是真正的顛覆；性別與旅行題材已經太大眾了，難以再產生意義。

我不自詡為旅行作家，也沒想來趟自我發現之旅，但好像不知不覺還是走上了迷惘單身女子旅行的老路，因為這條路**真的就是**太大眾。克里斯賓的文章以及其他對特權文學的批判，從另一個角度令我良心不安，讀到她評論人們把旅途中的人事物，都當作了解自己的工具，我想起先前好多個月，我約會不也是出於同樣的理由嗎？而且我現在還在約會。

我到哪都在用交友軟體，也到哪都能找到晚上願意跟我出來的男生和少數女生，我在紐約時，很討厭當網友的地陪，所以我直接把停留天數寫在個人檔案上，心想這樣還選我的人，應該會有不同想法吧。

我會有罪惡感，倒不是覺得自己浪費他們的時間，有些人大概認為我是一夜情的好對象，有時候他們沒猜錯；有些人可能只是想交個新朋友、推廣家鄉魅力，或來場隨意邂逅；有些事情你只能對陌生人說，而我是個好聊的陌生人。一面旅行一面交友，似乎並沒有對任何人造成傷害，但最後，這一切確實使我清楚聯想到還在紐約時，我所做的那些情感觀光。

我約會是為了更認識自己，不是更認識對方，到頭來所獲不多，也無法作為脫罪的藉口。將他人當作一面鏡子的時候，我們真有可能深入了解、或由衷關心他們嗎？我想起我媽媽說過，她過去在男人面前多半扮演這種角色，而她也學會映出他們想看的東西，以達某些必要或自私的目的，這項發現和我的另一種感覺交錯——一種沒有伴侶就不被看見的感覺，彷彿我需要一個特別的人見證我的生命、確認我的存在。然而，若那麼多人只是想利用對方看見理想的自己，則這種期待也不切實際，我們之間永遠只會是個無限反射的鏡廳，裝滿不實的倒影，每個人都在努力證明自己，不曾真的相聚。

我那時差不多都在想這類虛無又沒啥邏輯的想法，結果是，我覺得自己好可恥，而且前方一片黯淡。

最後，我總算擺脫愧疚的感覺，告訴自己絕大多數時候，我的約會對象也在利用我，通常那些利用是無害的，甚至互惠，但也有一些令我下場淒慘。亞德里安對我的方式就使我誤會和受傷了，他表現得一副有意和我發展下去的樣子，說得好像我去洛杉磯，他就會和我在一起。但一到需要花力氣維持關係的時候，他就不願意了，連跟我說清楚都懶，始終不告訴他對我沒興趣。這才是天經地義的，我心想，對於任何人，你能期待他們給予的，以及你能回報對方的，最多最多就是一起開開心。我前往下一座城，遇見下一個人，再前往下一座城，從底特律到了芝加哥、奧斯汀，然後於佛羅里達濕濕黏黏的夜風中，在邁阿密海灘的某家飯店酒吧遇見了一個男人。

到邁阿密的時候，我已經開始懷疑自己到底在幹什麼，我造訪的每個地方都好熱，但沒有一處能跟佛羅里達的酷溽比。我一直不太喜歡吹冷氣，除非絕對必要，在佛羅里達，冷氣二十四小時都絕對必要。我在邁阿密海灘住的旅館，位於小島較平價的那一端，但還是很貴，我計畫離開邁阿密之後，要去不遠的一個佛羅里達城鎮找朋友住幾天，所以平均開銷還算說得過去。那家旅館走廊上排著很多大桶子，塞滿床單和毛巾，散發濃濃的氯味，但看起來沒有游泳池；房間裡有微波爐和一張床，彷彿太空時代以前設計的假想太空船小艙，那整區都有這種老科幻的氣息，或許源於街上的裝飾藝術風格建築。待在那裡，感覺就像置身《大都會》（*Metropolis*）「電影中，只不過換成粉彩色系，而且女人們都穿得非常清涼，不是包在金屬殼裡。

我把早上用來工作，只著胸罩坐在桌前，窗簾都拉上了，還是能聽見外頭喧鬧不斷的狂歡，走到哪兒都可見到人們在縱情享樂、喝酒、跳舞、開著造型性感的跑車，把引擎催得震天價響。有一回，我看見兩個人在人行道上踢著一袋大麻玩，尺寸大得像條麵包，那時候才下午而已。

寫完文章，我會走去海邊，我的旅館房間附有陽傘和折疊椅，但坐在沙灘上，我總覺得自己格格不入。人們都是全家老小一起去，搭了超級寬敞的客廳帳，巨大的冰櫃裝滿啤酒，音響設備有力到可以替小型婚禮當DJ了，我好像闖入了一群不認識的人的大旅行，從我小小的毛巾上吸收他們溢出來的能量。

到了海邊，我會向幾個有生意頭腦、想到總有人忘記帶啤酒來的小販買瓶冰可樂娜。那區的沙比較粗，鴿子也比一般海灘多，但天空美呆了，濕度使雲朵形成教堂穹頂畫裡的模樣。喝著啤酒，我會拋開在陰暗旅館房間裡關了半天的煩悶，凝望眼前的海水，水裡就和岸上一樣擠滿了人。

我的旅行逐漸有一場幻覺的氛圍。幾瓶可樂娜喝完，我會漫步走進海水，岸邊那帶水很淺、風平浪靜，在那裡划著水，與其說游泳，更像是在加大的重力下走路。我會打量四周小群小群的人們，看著裝啤酒的水桶在泳圈裡上下擺動，想著有多少人小便在我身邊的水裡。我會想到自己隻身一人在邁阿密，不必對任何人負責，想到就這麼輕輕沉進海中，被微乎其微的浪潮帶走，有多容易呀！

我好寂寞，一種很陌生的寂寞，我彷彿和世界上的任何人、任何事都沒有關聯，沒有人知道我在哪裡、在做什麼。我當然可以想像，旅行會將人抽離熟悉的一切，只是實際感受起來和我預期的不太一樣，我沒有感覺因為增加了新的見識和新的體驗而壯大，反而覺得我的存在愈

1 譯註：一九二七年弗里茨．朗（Fritz Lang）執導的經典科幻電影，其中的女性機器人形象對後世想像影響甚大。

縮愈小，那麼小，好像隨時會轉進一條不該走的街，跌下一座樓梯，被一波海浪捲走，就此從真實的某條隙縫掉進漆黑之中，然後完全出界。

沒有人在旅館等我回去。我想如果哪天早上我沒出現在工作群組，我老闆可能只會聳聳肩，繼續工作；我媽媽應該會擔心，上帝祝福她，但她大概沒有財力物力能尋找我的下落。聽起來好像我在考慮失蹤，不過我沒這種意圖，只是想到我多輕易就能消失在其他人重要事物的雷達上。他們看不見我主要是我自己造成的，所以好可憐喔，但誰理你。

我一點也不介意。我泡在海裡喝著啤酒，活得好好的，也有錢吃晚餐，不過我和虛無的距離薄如飛蛾的翅膀。

這種百無聊賴持續幾天後，我沒那麼恍惚渙散了，無聊迫使我再找點事做，邁阿密好玩的事那麼多，我還有機會扳回一城再走。如果我的人生是部電影，接下來會怎麼演呢？就當我真的是茱莉亞．羅勃茲好了，那我會做什麼？應該不會在小便海裡喝便宜啤酒吧？一定會有些引人入勝的情節，遇見一個性感帥哥，和他共譜一夜戀曲之類的，前幾晚都獨自關在我冷颼颼的小櫥裡，我決心要來找個能帶我進高級飯店的人。

我配對上一個已婚男人，是開放式婚姻。他的自我介紹謹慎到有點呆，照片裡有雙榛果色眼睛、身材很好，他承認他那晚會住飯店，約我到屋頂酒吧碰面。我搜尋了地址，發現是家海灘飯店，位在小島比較紙醉金迷的那一端。很好，看來我們可以各取所需。

我異常緊張，像去參加甄選似的，約會有這種感覺並不奇怪，但我好幾年不曾這樣了。那是一種想把戲份演好的緊張，稱職演出一個放蕩不羈的女人，到高檔飯店和一個好色客相會。

每次約會都挑你家附近的同一間店，好處之一就是落跑策略會變得非常洗練，要是苗頭不對，我知道何時該藉口去洗手間，然後偷偷把自己的帳結了；我家也很近，我知道要逃跑回去——或帶人回去——需要幾分鐘。最重要的是，店裡的人認識我，酒保白天就在對街的熟食店工作，我相信如果我尖叫，應該會有人來救我。

今天的精緻酒吧裡不會有任何人認識我，包括約我去那裡的人，對未知的警戒，使我的旅茫又清醒了一點。飯店大廳開闊寬敞，擺著奢華的白皮革沙發，被有品味的氣氛燈打亮，幾件搭調的雕塑安插在底座上，看起來是不必勞神思考的純裝飾，一道水簾嘩嘩流下假牆，背面掛著當地植物。

我對象傳訊息說他會遲到。他是來開會的，負責重新設計這家飯店，他會決定以後這裡沙發皮用什麼材質、照明要不要改成崁燈，或者他會嚴選樓上房間的床單顏色。我也不確定他做什麼，總之是薪資和我不同次元的決策工作。他是個大人物、已婚、這家飯店是他設計的，在他面前，我算什麼？什麼也不算。我甚至縮得更小了。

他終於出現，模樣與我腦中用照片拼湊出的差不多：滿帥的、比我矮一些，就像不少其他男人。衣著很配他的飯店，輕鬆顯出富裕派頭：一襲亞麻衫、一只金錶。我對手錶研究不多，但那只錶感覺很貴。他和我擁抱問好。

我穿著一件在多倫多二手商店買的七美元洋裝，滿是沙的運動鞋破舊不堪，左邊那隻還破了個洞，露出我的大腳趾。也許今夜這種難得的機會，我該盛裝打扮成深諳世故的神祕女子，可惜呀可惜，我是輕裝旅行。

我對象熟練地開啟閒談的同時，我們走出屋頂平臺，迎向一片極美的眺望。平臺一側是發亮的波浪形屋頂，上方一如往常堆著大朵大朵的積雲，另一側是遼闊的灰白色海水，海天之界在轉暗的天色下漸漸擦去。

我們點了飲料，坐在白帆布覆蓋的狹長酒吧裡，不同部位曬黑或脫皮的客人零星分布在其他桌，享受著日落，雖說大部分皺著眉頭。

喝完一杯容量很有誠意的蘇維濃白酒，我把緊張拋到九霄雲外了，這不是甄選，我早已選上，這就是正式演出。

「我和我太太進入開放式婚姻大約八年了，」他說，「我們從高中時代就在一起，後來讀了一本書……」

「《愛的開放式》嗎？」我帶著會意的微笑問，賣弄我的多元戀愛學識。

「對！」他高呼，「但真的很好看耶，事實上……」

他告訴我他平時住紐約，在紐約參加了很多性愛派對，多數是在同一個公寓社區舉辦的，那裡有點像租來給酷愛夜夜笙歌之徒合住的公社。聽他描述創始元老們，我才發現我和其中一人在 Tinder 上配對成功過，但我們不曾相約見面，可能因為我那時對性愛的害羞程度，明顯不適合他的交友喜好。

「他這個人有點怪，」我對象坦承，「但那場地真的非常漂亮，參加的人也都很棒。」

他回顧，那裡最近才發生一場衝突，有個女人說她被占便宜了。他說她不該喝那麼醉或嗑那麼多藥才來，但注意到我的反應，又迅速改口，表示這整件事都令人難過。

「這種事任何狀況下都不該發生。」他向我保證。

他的調適力過人，微微機械化地扮演他自己的角色。倒不是說他冷漠或呆板，他如魚得水地進行著對話，但其中似乎有種演算法的精準，比起入戲演出，他更像在使用那些談吐，彷彿那是一套他在千百次幽會中用了千百次的老程式，我只需跟著他，直到安裝結束──如果你懂我意思。

他跟我說了他創業的故事，堅稱他至今還是很窮，因為員工薪水占去了大半收入，我根本不知道有員工是什麼感覺！還不只一個！他聲稱他開現在的公司以前，和很多搖滾樂團合作過，提到的其中一團裡正好有我認識的人，我後來問了那個朋友，他聽都沒聽過我情夫。

我問他是不是每次約女生見面，都會帶她們來這種時髦飯店，他頓了一下。

「其實我第一次帶人的時候，遇過一點狀況，」他說，「我那時候在翻新一家飯店，帶了一個女人去看新的房間。她溜進洗手間，再出來時，已經嗑藥嗑過頭了，簡直無法想像人會嗨成那樣子。她朝我走兩步，然後就直直栽下去。我以為她死了，心想『我毀了』。」

故事最後，女人恢復到能說出住址，他趕緊招了輛計程車，讓車子把比較清醒的她送回家。那句「我毀了」在我腦海裡迴盪。我能想像那種恐懼，因為一個女人用藥過量死在你的職場，導致你的祕密性生活曝光，事業一落千丈。

我能想像自己瀕臨死亡，看著我的人心想「我毀了」。

瞥見他內心深處的自私本質，我覺得不寒而慄，但並未因此卻步，大家都很自私，想和這個糟糕的人繼續度過這個奇異夜晚的我也很自私。回去對我沒什麼好處，只有氯臭味和街上醉鬼吵架的聲音在等我。

我們又去點了兩杯葡萄酒，移往屋頂平臺深處的座位，他在雅致的桌上放下我們的高腳杯，我注意到杯子中間停著一隻囂張的大負子蟲（giant water bug）[2]。啊，在佛羅里達應該是叫棕櫚蟲，總而言之，牠贏了，我們搬到更靠邊的一桌，俯瞰空蕩蕩的沙灘。

「我以前很有趣。」我忽然哀訴。我有點醉了，沉浸在自己的思緒裡，我倚著玻璃欄杆，呆望此刻漆黑一片的天與海。

「我今晚遇見的人好像也很有趣呀！」他鼓勵地說。我無法向他解釋，因為我想的其實是「以前我身邊的事都很有趣」，以前我不必這麼拚命，冒險就會自動展開，在我還沒重新開始交友以前，在我還沒逐漸停止與人交往以前。朋友總是能交心、派對總是通宵達旦、每個夜晚總是充滿期盼，隨著年紀，這一切紛紛消失了，我卻找不到任何感覺真實的事物，來填補它們留下的空洞。我現在坐在這裡，實現著單身女郎度假豔遇的經典幻想，可是……我覺得好無聊，大家都說這些事不無聊，所以無聊的想必是我，我一定有什麼深刻的問題，再怎麼旅行、戀愛、思考也治不好。

我沒有解釋這些，只問他要不要接吻，他立即同意，感覺不錯，親吻了一段恰到好處的時長後，他建議我們下樓去他房間。

以一個似乎只對性愛有興趣的人來說，他的床上功夫好像不怎麼樣。刻意問他舔技行不行

2 譯註：一種肉食性的大型水棲昆蟲，是椿象的遠親，因為會將卵載在背上而得名。又被稱為「咬腳趾蟲」。

之後，我才達到高潮，除此之外的時間，感覺就像上一堂高強度間歇運動課，什麼都做了、確實很費力，但一直在換動作，始終無法好好感受身體，這也是我第一次那麼快被別人轟出去。結束後一轉眼，他已經在穿衣服了，哀怨地說：「這麼晚了，我明天還要六點起床耶！」彷彿是我來纏著他做愛似的。

他堅持要送我下樓，我猜五成是基於紳士風度，五成是怕我在飯店裡亂跑，惹出什麼會毀了他的麻煩，他在飯店入口與我道別。

「哪天……的話，就想想我吧。」他說。但我真的打死都想不起來，他到底叫我怎樣的話要想他了。

我微微一笑，揮揮手，心中暗道：臭爛人，我走出這扇門就把你忘了。

我並沒有出去就把他忘了。我一面走，一面思索他這個人，思索今天的相遇為何令我如此不痛快，我最近和一大堆不愛的人睡了，多數時候也挺開心的呀！最後我意識到，我從來沒有和一個這麼緊閉心門的人上床過，性愛總能使人多多少少卸下心防，無論結果是好是壞。對我這種不知悔改的偷窺者來說，從親密接觸打開的那扇窗往裡瞧，是樂趣的重要來源，那是一種溝通的形態，他沒有誠實和我分享任何事，所以我也沒有和他分享任何事，這是我的情感遊歷中最走馬看花的一次。

我徹底糊塗了，決定步行回住處，沿著海邊的木板路，經過三十或四十個街口就到了。我無意間跟著一條棕櫚樹夾道的棧道來到海灘上，發現棧道消失在沙中，海岸荒涼，充滿敵意，但我沒有掉頭就走。我望了望前方的空無、看了看身後的酒吧燈火，然後蹲下來尿尿，之後，我打電話給我媽媽，也就是我唯一知道隨時都會接電話的人。

我告訴她我剛剛遇見一個什麼樣的男人，說我從飯店出來就心情都亂了。

「邁阿密我去過一次，」她回答，「你那種經驗好像很邁阿密，跟一個男人去豪華酒店開房間，享受膚淺的男歡女愛。飲料是他請客嗎？」

「不是。」我鬱悶地說，她倒抽一口氣，相當憤慨。我們笑了。

接著我哭起來，她耐心地聽我哭訴我如何感覺斷了線、失了根，說我有時候覺得我只是一直付出、一直付出，永遠得不到回報；所有人都只從我身上拿了想要的東西就走。然後我不小心說溜嘴道自己已經很幸運了，不該在這裡抱怨，於是在吐更多苦水之前及時打住。

這一切其實無關乎我的爛約會、爛房間，或沒得抱怨的人生。問題出在我心裡有片好大好大、我的靈魂似乎跨不過去的虛空。

每當我的戲劇傾向導致小題大作，我媽媽總是很有辦法安慰我，她說可能只是那座城市的關係（她每次都這麼說），旅行一定會有美好和不美好的時候。聽著她說，我慢慢冷靜下來，正要開口說些理智的話，忽然瞄見沙地上有團小黑點朝我過來，我看不出那是蟲子還是螃蟹，所以拔腿就跑，跟她說我晚點再打給她。

走路回旅館很有用，微波幾條中午剩的薯條吃也很有用，在它們的幫助下，我又能順利回想起人生中的好事。我睡睡醒醒，聽著窗外一對情侶討論他們的刺青。

離開邁阿密，我繼續上路，被穩定一點的精神狀態下制定的計畫拖著走。終於，我抵達西雅圖，從那裡搭火車到波特蘭，再搭去舊金山。舊金山已經有個對象在等我了。

我們是好幾個月以前在 Tinder 上配對成功的，就在我剛開始滑交友軟體的時期，他點了「超級喜歡」我，也就是 Tinder 上告知對方你**真的**想認識他們的選項。我覺得十分榮幸，便向右滑了他，發現他基本上生活在西岸，自那以來，他持續透過交友軟體追求我，每次來紐約就會問我有沒有空，不過我從來沒空，他也多次問過我，等我旅行到他的城市，我們能不能見個面。通常，一個根本沒見過我本人的傢伙那麼積極約我，我是不會答應的，但這次實在太方便了，而且他有給我一些他的公開資訊，雖然感覺很可疑，但他似乎不是危險人物，也許那只是經營科技新創公司的人一般程度的熱情吧。

抵達舊金山，我傳訊息問他還有沒有興趣出來。當然有啊！他說他才剛回來，前幾天在參加一個他形容為「水上火人祭[3]」的活動——真是噩夢般的景象。我答應去他選的一間飯店頂樓酒吧碰面，內心好奇他們的小船隊怎麼有辦法無人傷亡。

飯店大廳非常寬廣，但特色不明，有點像醫院的美食廣場，或一座小機場的航廈，很多忙碌的人，很少獨特性，我對這神祕地點的品質心存懷疑。然而到了頂樓、電梯門一開，眼前的景觀令我震撼得說不出話來，大片大片的落地窗伸上挑高得誇張的天花板，外面是將近三百六十度的舊金山全景，那就像神的視野、鳥瞰眾生的滋味，還是《魔戒》裡的索倫（Sauron）之眼。我暗自決定，不管我對象是怎樣的人，我不會忘記這份恩情，我試圖拍照，可是拍不出那種站在天頂的感覺。

他來了，個頭小小的，穿著一套皺了的西裝，舉止散發巨無霸級的自信和對我的著迷，我能看出他眼中燃燒著那種著迷。我們端起葡萄酒，坐到一張軟墊長椅上，面對一覽無遺的夢幻景觀，開始隨意閒談。又一次，我得知我對象維持著一段開放式婚姻，他和伴侶都經常旅行，發現自由能讓他們的感情更平靜，他很善於談話，他的生活與我很不一樣，和他聊天很愉快，只是我並不覺得被吸引。

突然，他提議要幫我看手相，那是他的嗜好之一，他曾經認真鑽研過，現在還是偶爾會

3 譯註：火人祭（Burning Man）是一年一度、於內華達黑岩沙漠（Black Rock Desert）舉辦的知名創意祭典，以焚燒木製的巨大人像作為壓軸儀式。

看。那可能是觸摸我的藉口，但如同大部分喜歡胡思亂想的自戀者，任何關於我的事我都想聽，所以立刻上鉤了。他用雙手包住我的雙手，輕輕轉一轉、扭一扭，用一隻指頭畫著我的生命線，他數了數我手掌邊的凹痕。

「有幾條凹痕，就代表你命中會愛上幾個人。」他一面說，一面點著那些凹痕。我想問他，能不能判斷那些人經過了沒有，但不敢問。

他又從我小指和無名指之間，往下畫出一道彎曲的短線，說那條線代表成功，看得出我會有某些知性的成就。他把手指停在我生命線和健康線交叉的地方。

「你能接受壞消息嗎？」他沉默須臾才問。

「應該可以。」我說。

「那我就說了。這個交叉啊，代表你可能會比較早過世，或遇到某種健康危機。」

我盯著那洩漏天機的交叉，然後抬頭望望他的手掌。

「你也有呀！」我質疑。他聳聳肩。

「所以呢？早死就早死囉，這就是我的命啊。」

他說不在意早死的神情，看起來很誠懇，我這方面，則驚覺自己並不是那麼能接受壞消息，外面的風景忽然搖搖欲墜，好像隨時會傾塌在我身上。世界如此浩瀚、如此巨大，還有那麼多我沒做過的事——這個人卻告訴我，我搞不好還沒享受到他預言的成功，就要先死了。這步棋很大膽，而他馬上採取了更大膽的動作，他向我靠過來，我只好一直挪得更遠，他邀我加入他跟幾個朋友，一起去他們有溫泉池的度假小屋玩，我拒絕了。

「我真的好喜歡你，我自己也不懂為什麼。」他說，語調暗示或許是冥冥中的安排。

「因為我很迷人吧。」我說，邊沉思死亡，邊將杯中酒飲盡。我能理解他為什麼會那樣說，我也曾經好想得到某人，誤以為我的慾望有更深的意涵。

「你讓我不太自在，但你都沒有自覺，我覺得我無法喜歡上給我這種感覺的人。」我對又擠過來的他說明，納悶我幹嘛不起身走人。他安分了一點，承認說得有理。

「能不能和你牽手？」過了一會兒，他說。

「絕對不行！」我堅決表示，儘管他剛剛才摸過我的兩隻手。我想起凡妮莎，想起她問我同樣的問題時，我的反應是多麼不同。這個人太狂熱了，答應跟他牽手的話，搞不好他就從此不放了，他會像個藤壺一樣巴著我，一路黏我黏回借住的家族友人家，到時候我該怎麼跟他們解釋呀？

他還真的跟來了，陪我去搭舊金山灣區捷運，走到我的月臺，所幸我的車很快就來了。或許有一部分的我還在猶豫，而他也感覺到了，誰不喜歡被崇拜？誰不喜歡有個人宣稱看見你心裡的宇宙、真的懂你、癡情地想陪你？而且他不是講了嗎？反正我快死了。乾脆跟他在一起算了。我尋思，會不會唯有透過這樣，只有和一個完全在妄想的人在一起，我才可能再次得到某人百分百的專注。

分道揚鑣後，他繼續傳訊息給我，說他多麼希望我在他身邊，我告訴他我們永遠只可能是朋友，他熱烈表示同意，我不曾再回覆他的訊息。

聽見有人說我會早死，即使那是想勸我纏綿的話，還是牽動了過去的心結。死亡在我生命中一直沒缺席，從十歲左右開始，好像每隔三四年，我就必須面對某個在乎或熟悉的人之死，我叔叔、另一個叔叔、我朋友、另一個朋友、再一個朋友、又一個朋友。我看過我媽媽一次一次奔往醫院；我見過我的城市倒塌燃燒，一日內失去了數千條生命。在我成長最關鍵的歲月裡，死亡成了常駐的存在，盤旋在我頭頂，時遠時近。死亡不可避免，我知道，但我確實覺得，它總徘徊在我蹉跎光陰時，不會潛伏在我揮灑人生時。

我尤其會感覺到死亡的時候，是每次想休息的時候，當我躺在沙發上想打個盹，或者鑽進被窩閉上眼睛，飄入夢鄉的同時，我的脈搏會像短跑衝刺一樣加快，最後眼皮又啪一聲睜開。我相信我睡著後，心臟就會放棄跳動，至少在意識穿梭於夢與清醒交界的短暫期間，我真的如此相信。

又開始交友之前，我生活的節奏已經僵硬得像具屍體，每天就是起床、工作、午睡、工作、讀書、看影集、睡覺。我當然也會做其他事，有時表演，有時參加派對，有時戴著耳機上街，我有朋友、有貓、有消遣活動。很容易想像未來的每一年，我都會用同樣的作息度過，繼續以那些活動填充時間，直到人生終點。自從試圖改變這一切，我才發覺，我夜裡睡不著的理由，根本不是恐懼死亡，而是害怕自己從未真正活過。

旅行是這個想法的延伸，之所以尋求冒險，也許一半是為了體驗新事物，一半是為了趕上時光飛逝的速度。我記得我曾經在哪裡讀過，當生活一成不變，人會覺得時間過得更快，獨一無二的日子才會使我們慢下來，感知自己在這星球上的存在。

約會讓許多日子變得更值得記憶，約會改變了我怎麼看待未來，也改變了我怎麼看待現在那些放手一搏就有可能的機會，還有答案等待我去發現，甚至未必是壞事。但那位詭異約會對象的不祥預言，刺激我更拚命把握當下了，我帶著一種**必須盡情生活**的狂熱飛抵洛杉磯，機票是我用去年退票得到的點數買的。去年我退了那張日蝕之旅的機票，結果在 Bumble 上遇見亞德里安——一個曾讓我感覺如此活力四射、如此充實活著、放眼望去盡是可能性而非死胡同的人。

旅行期間，許多結構溶解了。如今抵達目的地，我再次找到焦點，我只想重新尋回那種感覺，不論要付出多少代價。

第13章 好久不見

我來到離海灘不遠的狄倫家，睡在他家凹凸不平的沙發上。此時正值一波熱浪當中，狄倫的一個兄弟也碰巧在那兒借住。每天上午，我們三人都聚在客廳，在擺頭的多臺電扇之間，各自對著螢幕工作，我寫我的網路文章，他們做他們科技業的謎樣工作。

抵達不到一天，我就寄了封電子郵件給亞德里安，寄信好像比傳訊息安全，我至少知道信大概寄到了，因為沒被退回來。按下「傳送」後，我又想起上個冬天苦苦等他回訊息的日子，想起從愈隔愈久的訊息裡，痛苦地感覺出他對我愈來愈不在乎，要是我提早兩秒鐘想起，也許不會按下寄出。

狄倫和他老婆帶我去海邊，我發現她對我比從前友善多了。經過一趟疲憊的旅行，我現在沒什麼威脅性，她推薦我去一家店做除毛雷射，我們也開始有了共同話題。

太平洋比我想像中冰冷。他們警告我，最近才有個朋友的朋友踩到一隻浪花裡的魟魚。狄倫以前跟我說過，海洋的遼闊深邃會令他有點恐慌，但我覺得看著地平線、看著世界有多大，我的心變廣了。海的另一邊還有陸地，再過去還有陸地，沒有什麼會真正終結，只是繞一圈回來而已。

然而一想到亞德里安，我對人生可能的無邊想像就大幅縮窄。他什麼時候才會回我信？狄倫對我吃回頭草表示不齒。

「你找得到更好、更可靠的人。」狄倫說，在我承認我寄信給亞德里安之後。他錯了，我找不到。我不僅沒遇到我能喜歡久一點的對象，也沒遇到感覺特別可靠的人，不如把全副身家押在我真正想要的那個人身上，就算會輸個精光。

我寄信大約一天後，亞德里安回覆了。好呀，約個時間出來吧。

到了約定的那天，他說他生病沒辦法來。意思夠明白了吧？我對自己說，心裡很難過。我這時已搬到一間轉租的房間，下午通常都在一家咖啡店度過。可想而知，人們都說洛杉磯很分散、很孤單，但我上哪兒都碰見認識的人，其他紐約人啦、以前的朋友啦，我總在餐廳或酒吧巧遇他們。看來這裡居住區域廣袤，但大家都聚集到那些小小的鬧區玩耍。

雖然他不住這一帶，但每次咖啡店門打開，我都會想：「要是進來的是亞德里安，那就好玩了。」

與此同時，我繼續約會，認識了又一個多重伴侶的男生——他帶我去了一家祕密酒吧，在那裡撞見一個他的前女友——、一個年紀較長的大叔——他在環球影城工作，扮演《陰屍路》（*Walking Dead*）裡頭的殭屍——、一個女畫家——她帶我去了一家非常昂貴的素食餐廳——，還有一個奇妙的男人——他拎著一個特大的提袋走進酒吧，裡面裝了一根日立魔杖按摩棒。

然後，出乎意料，亞德里安又寄信來了。我感覺好點了，要不要約週五？

我的化妝無懈可擊，穿上一件褪色的碎花黑洋裝，放下剛洗好的長髮。我走向他選的那家附近夜店，戴起我的無線耳機，按下手機上的「播放」，耳機裡傳來海慕樂團（Haim）[1]的〈回來吧〉（Want You Back），聽見那首歌使我嘴角揚起，心中的希望緩緩綻放，儘管我一直努力訓斥那個小芽，他不過就是答應和我見面而已，這不代表什麼。

夜店門口，一個頭髮花白的保鏢為我檢查證件。他說了個笑話，內容我忘得一乾二淨，但我被逗得呵呵笑，一面轉進店裡，看見亞德里安站起來迎接我。

「你笑得好燦爛。」他說。他一點也沒變，但又和我記得的完全不同，他鬢角的頭髮好像變白了，我暗想。他以前好像更高大，他是不是有點變矮或變瘦？他的雙眸還是一樣醉人，兩汪淺綠色池塘，坐落於臉頰柔軟的平原上。

我們坐在昏暗的吧檯，喝著酒、聊著天。和他談話就像過往一樣輕鬆，遇見彷彿能與我聊一整晚的人，向來都使我著迷。我們談笑著，什麼都聊了，唯獨避開我們顯然都耿耿於懷的事，我沒提起他無視我的上一封信，他也沒提。吧檯上方有個螢幕，正播出足球賽，有一會兒吸引了我們的目光。

「足球員都好帥。」我發表輕率的言論。

「是嗎？」他說，意味深長地望著我。

「怎麼了？」

「我以前是踢足球的，我以為你在誇我。」他說。

「這個嘛……你的確很帥。」我順著他帶的方向說，我們今晚第一次出現了曖昧氛圍。

吧檯逐漸坐滿了人。我們看見一對好像約會很尷尬的情侶，於是聊起交友軟體，他提到他現在有用某幾個軟體。他還單身，我心想。

我們喝完了第三杯，始終沒人提起該不該再找間酒吧續攤。最後，我們走進一家雜貨店，買了啤酒和罐裝紅酒，帶回我的租處，把門口的折疊椅打開來坐。

1 譯註：二〇〇七年成軍的洛杉磯三姊妹樂團。

我知道我們都在刻意把自己灌醉，以便做出某些不智的決定。月亮出來了，照亮庭院中央咕嘟咕嘟的小噴泉，肥厚棕櫚葉的影子投在角落裡，使場景猶如電影。我鄰居的法國鬥牛犬從樹叢下鑽出來，嘴裡咬著一根橘色的塑膠骨頭。

「你怎麼這麼棒！」亞德里安讚道，彎下身去跟牠搶骨頭。他們玩的時候，前幾個鐘頭支撐我的健談活力流走了，我的話開始減少，想著心事、看著他親暱地哄狗玩，他的肌肉在黑T恤下清晰起伏。他也逐漸安靜下來，給了那隻狗最後一拍，小法鬥叼起牠的玩具，蹦蹦跳跳跑走，留下我們在緊張的靜默中獨處。不再被話語擋住，我們吻上彼此的唇。

我們從庭院移動到我的小房間，迅速寬衣解帶，做我們最擅長一起做的事，如今有近期經驗作對照，我們的床事並沒有我回憶中美化的那麼不可思議。我們之間有火花和熟悉，也有少許尷尬和遲疑。他比我記憶裡粗魯，更偏重他的需求、而不是我的喜好，但那瞬間的失望很快就被揮散，取而代之的是滿足渴望後湧現的神祕感受。

我終於得到了夢寐以求好幾個月、早已不指望擁有的東西，這種感覺是多麼甜美呀！而且我已來到洛杉磯，搭上計程車就能去找他，再也不必跑過整個北美大陸，我們真的可能在一起。畢竟我們之間的問題，不就只是距離遙遠和不夠坦誠嗎？他已經明白我想復合，也毫不計較他曾經不理我，這次自然會認真和我交往了。

然而，當亞德里安把我擁進他懷裡，繼續我們聊不完的話題，我不禁希望有個暫停鍵，讓我能停在這一刻久一點。即使在勝利的喜悅中，我也感覺到好景不常，我心裡歡欣的歌聲底下，有個更低沉的哀愁聲部。這陣子我取得的斬獲，使我對個人成長稍有領悟，我不像自己想得那麼深陷泥淖，也比自己想得可塑多了。我改變了許多地方——人際關係、我的身體，甚至有生以來第一次搬到別的城市，同時，我也發現自己內在有許多無法一夕之間改變的部分。亞德里安一定有某些我無力改變的部分，說到底，要改變另一個人是不可能的，他不會忽然就變成我希望的樣子，變成一個會陪伴我、關心我、除了性以外和我分享更多的人。

我希望亞德里安像我需要他一樣需要我、我希望他會說想再見我。他走的時候沒有回頭，也沒再傳訊息給我，所以幾天後我寫訊息給他，說希望以後還能跟他見面，但不要超過朋友。

這是個無恥大謊，他回覆了，說不要上床「可能對彼此最好」。

於是我們再次碰面，大約十分鐘不到就在床上了。事後，當他坐在床緣，我從背後摟他，又吻遍他的脊椎上下，熱烈地以肢體訴說我最深的願望，因為我無法用言語表達。

讓我坐在你的影子裡，只要能知道你在附近……我的一切都隨你拿取，只要部分的我能跟著你……我心裡充滿錯亂的詩句，因為日常話語不足以道出那些感情。

不然我還能說什麼？許久後，我會向一個朋友承認：「有時我會想，如果我那時候直說我愛他會怎樣？」

朋友自己也有過情傷，搖搖頭表示：「這種事他早就知道了。」

所以我才不能說。亞德里安確實知道我愛他，說出來只會迫使他挑明他不愛我，我不願面對這件事。

穿起衣服時，亞德里安提議我們下週再找時間見面，週三如何？我送他出去，兩人隔著鐵門交換了最後一吻。他終於主動約我了，我欣喜若狂，整週都彷彿漫步在雲端上。

約定時間前幾小時，他來訊說他不舒服，今天沒辦法碰面了。

可惜！我寫道。好一點再跟我說吧，如果你還想約。

他給了我最殘酷的回覆，就是沒有回覆。

後來幾週，發生了許多事。我再度搬家，搬到銀湖（Silver Lake）[2]一處比較長期的轉租房間。我接了一份新工作，某個週末需要飛到奧斯汀，我從那裡回紐約，再飛回洛杉磯。目標明確地跳訪我不久前才浪遊過的路線，感覺好奇特呀！真正的目標使那些閒蕩顯得很荒唐，無論我在路上有過多少狂野的冒險。接著，我迎接了人生中最輝煌的時刻之一：有人付錢讓我寫一本書（就是這本）！我很確定這麼光榮的機會一定不會屬於我，每分每秒都可能會被奪走。但忽然間，雖然感情不順，我的生活好像又有意義和方向了，原來我只需要獲得比先前都高一級的外在肯定，就能產生這種感覺。

我四處奔波、擔心、慶祝的同時，也試著聯絡久未見面的親友。有人要生小孩了，有人正遭遇關卡，有人在搬家、在談分手、在換工作。我穿越美國追尋新生活的期間，我愛的每個人也都各自經歷著人生的浮浮沉沉。

我自己也有許多新故事能和他們分享，那些可能都比又被放生重要，遺憾的是，我就是放不下我和亞德里安發生的事——最新的那些。不少次點著頭、專心聽完朋友的近況後，我說起我最近遇上了這件事，有時候講完整版，有時候講精簡版，取決於對方多能接受這類「男人戀愛心態分析」。我想知道他為什麼又不理我了，明明我們終於不是分隔兩地，終於能把說得那麼美的關係化為真實了呀？

一個已婚朋友說：「以前遇到這種事，我都會告訴自己『世上還有其他人』，說穿了就是這樣。」

一個單身朋友最近也碰上一個類似的對象，每次都我行我素傳訊息給她。她說：「他們就是真的不在意而已。女人會想這些，一直都在想，但男人就是不會啊！他們哪管你怎樣。」

2 譯註：洛杉磯有名的文青社區，多山丘，銀湖為該區已無使用的水庫之名。

比莉和我坐在她的車裡，停在東河邊短暫敘舊，她馬上就要回去照顧小孩了。我們聊到憂鬱症，聊到有時你認識的人會忽然選擇進入冬眠狀態，有那麼片刻，我覺得亞德里安不傳簡訊給我必然是苦於什麼心理問題，對他深感同情。嗯，沒錯，應該就是這樣吧！

一個奧斯汀的同事問我他幾歲，我答三十六，她道：「我真的覺得呀，男人到了那年紀會很恐怖耶！他們會對自己人生的一切都非常不爽。」

我媽媽克制不住自己，睿智地向我建言，說可能是因為我去年又胖了幾公斤，才會把他嚇跑。有一分鐘，我駭然感到可能真是如此，直到想起我們事隔兩週又上床了一次，至少第二次他知道我的體型。

我在紐約的治療師多數時候都在聽我說，我透過 FaceTime 告訴她，我懷疑亞德里安只是找到了更年輕性感的對象，某個他願意為她改變、回她訊息的人。

「的確，很多男人追逐的是父權社會的審美標準，」她說，用很複雜的說法證實了我最擔心的事。「不過我認為，有個很常見的誤解，就是人會為了要配得上另一半而改變或變好。事實上大家都很爛，只是爛鍋配爛蓋而已！」

狄倫說：「他可能只是覺得你是好砲友，但跟你這種人談戀愛太乏味了啊。」

愣了半秒，我和他一起爆笑出來。令人難過的是，我想他可能說中了，但我很感動狄倫把

「跟我談戀愛太乏味」當笑話看。

「你不要傻了，他只是故意不講清楚，下次想打砲又會來找你了，」狄倫繼續道。我認得那種煩躁的語氣，我自己聽到女生朋友還在留戀爛對象的時候，也經常這樣講話。「而且是你自己縱容他這樣對你。快點把他忘了，去認識新的人。讓他繼續去住他姊家的車庫還是哪裡吧。」

對於這些忠告，我幾乎每次都是回答：「我知道。」

我還知道，我是在重複那些無聊的老套，我的經驗就和所有嘗試解開「渣男到底在想什麼」之謎的女人都差不多。該放手了，**上次**就該放手了。

簽下書約那天，我買了一小瓶氣泡酒犒賞自己，喝完酒，靠在沙發上喜極而泣，其他一切都沒關係了。我甚至對遇見亞德里安心懷感激，因為就是探索愛情、思考及書寫愛和寂寞，才讓我找到了我想寫、還有人付錢請我寫的東西。

等等……他也是寫作的、他也很想得到一紙書約。我不再到處問「他為什麼不要我」，改問了幾個人「我該告訴他這件事嗎？」

不是啊，他對我那麼壞，這不是天上掉下來的報復機會嗎？他不想要我本人，但現在我這裡有他想要的東西，某種他盼望得到的成功，而且同領域女人的成功好像經常令男人特別惱火。這想法很卑鄙，也很有吸引力，卑鄙的想法通常都滿有吸引力的。

某天在一間酒吧，我遇見我的一個前老闆。他嗑了藥，有點鏘；我喝了酒，有點茫，所以我詢問他的意見。

「來，我跟你說問題出在哪，」他一面說，一面比手畫腳強調，「你現在不是迷那男的迷得要死嗎？那好哇，你可以跟他說你的書，擺出一臉『知道老娘厲害了吧，你這花心蘿蔔湯！』的樣子。但這麼一來，你以後恐怕真的見不到他了。」

最後，真正阻止我的不是這番話，我連續幾晚都在想這件事，每次睡前都告訴自己，如果隔天早上我還想這麼做，那就做吧！結果每次醒來，我都心平氣和，對亞德里安和世界沒什麼意見。誰知道他現在在做什麼？我沒必要自己去捅蜂窩，又招來一堆情緒，為了半吊子的報復，把值得慶賀的時刻搞得烏煙瘴氣。

至少我以為我是這麼想的。抵達洛杉磯兩個月後，我已結束第二輪旅行，終於回歸平日步調。某天，我抓了筆電出門，走下銀湖山丘間的街道，想去社區咖啡店彌補耽擱的工作進度，人行道好陡，我只能小步小步走，深怕不慎失去平衡滾下坡。樹梢有幾隻蜂鳥振翅穿梭，我看著牠們竊笑，像發現了什麼祕密活動，曾幾何時，也有人這樣看鴿子吧？我心想，但那反而讓我更喜歡這些小鳥了。

我穿著一條輕柔的棉洋裝，套了件毛衣，今天這樣穿有點暖，但鑽過布料透進來的陽光很怡人。在洛杉磯，每個這樣的日子都好像一年中最美的一日，我哼著歌，在腦中構思待會兒要打的句子。

我轉過街角，走進咖啡店，就看見了他。

我一眼就認出了亞德里安的背影、他的襯衫、他的包包，我的心飢餓地撲上它這一個月來，最熱烈觀察的獵物，他在櫃檯前排隊，我直接走過去，點點他的肩。

很難得能見識到一個男人露出那種表情——發現自己得應付一個原以為今生都不必再應付的女人。震驚、不可置信、逐漸降臨的惶恐，最後是試圖掩蓋這一切的歪扭笑容。

「我早就知道會這樣。」我說完，哈哈大笑，類似《小美人魚》裡女巫烏蘇拉的那種狂笑。

他稍微恢復鎮定，問我最近好嗎，湊過來和我擁抱，我來不及反應，沒能拒絕，站得老遠拍拍他的背，做出有敵意的見外姿態。霎時間，熟悉的氣味包圍我，那曾經在我床單上繚繞不散的他的氣味，我開始覺得不好玩了。

「最近如何？」他用升高的音調又問一次，「還好嗎？」

聽到這個問題，我重拾笑容，所有善意和「炫耀不好」的高尚情操都拋到了腦後。

「很好呀！有出版社請我寫一本書。」

「什麼意思？」他說，好像沒聽懂。

「有出版社請我寫一本書。」我口齒清晰地重複，看著他理解這件事。

知道老娘厲害了吧，你這花心蘿蔔湯！

他看起來大惑不解，雖然我曾經告訴過他我在爭取這種機會。他問是哪家出版社，我告訴他，他的臉甚至更困惑了，他問我是他們旗下的副品牌嗎？我說不是，就是他們。然後他問我怎麼會來這家咖啡店，我說我是來工作的，他也是。我已經接近歇斯底里狀態，嘲諷那乾脆坐同桌一起工作好了，他以為我是認真的，說可以啊。

我點了一杯美式。咖啡師完全誤判了我們的關係，問他「要一起付嗎？」我聽見他屏息。有那麼一秒鐘，我想故意讓他請我，結果還是出聲表示我自己付，利用撿來的權力發發慈悲。他注視我簽名，我的聲音很冷靜，也覺得自己頭腦非常清楚，但我費盡努力控制顫抖的手，才沒把托盤上的杯子震得哐啷響。

走往庭院的時候，我一度真的慌起來。

「其實也不用坐一起……」我開始說。

「坐一起吧，我們應該談一下。」他說。我們找到比較僻靜的一桌，稍微遠離其他敲著鍵盤的勤奮寫手們，在長椅上坐下，各自啜飲咖啡。我的心臟怦怦直跳，感覺到毛衣裡愈來愈燥熱，太陽穴滲出汗珠，我們又說了一點書的事，他仍然無法相信的樣子。

我已記不清我們零零碎碎的對話怎麼進行的，但最後，我攤牌了。

「你傳什麼給我都可以呀！」我對他說，「你可以說你不想交往、不想見我、只想當朋友……但你什麼都不說，就只是把我晾在那裡。」

「我有打算要聯絡你。」他辯稱。

「你才沒有。」我說。

「我有！」

我們沉默不語，就這麼坐了一分鐘。

「第二次跟你見面的時候，我是想不要發生關係的，」他終於道，「但我就是缺乏自制力。老實說，我是個滿懦弱的人。」

有時候，我覺得人們會承認他們很爛的地方，認為坦白這些缺點就是最了不起的行為。聽到這些真情告白，被他們虧待的人就應該衝過去聲援他們、安慰他們身為惡人的痛苦。

「你就是懦弱，」我直視他的臉說。我曾經多麼喜歡凝望這張臉，真希望我能說我現在已經毫無感覺了，可惜並非如此。「我很勇敢、我很誠實，我很希望能和你以禮相待，你卻把我當垃圾一樣對待，明明大可不必如此。」

我的肩膀緊繃，眼皮好痛。終於說出這些話本該讓我如釋重負，結果卻類似在那場聚會上說我會永遠一個人的感受。一種食道被揪住的緊張，因為我知道我說的話違反**該說的話**的常規，那是我無法粉飾或收回的發言。我集中精神阻止自己哭，等待他回答。

半晌後，他說：「我知道。」儘管我不記得他究竟有沒有說過一聲抱歉，那是道歉最好的時機了，但我不認為他說過。亞德里安只是告訴我，他有個交往對象，最近這陣子，關係突然之間變得認真了起來，真的很認真，他們才訂了票要一起去墨西哥旅行。她不是會要求他專情的人，但他自己想試試看。

「你和我的狀況一直都那麼奇怪，」他補充，「如果條件不同，也許事情會不一樣吧。」

「這不是廢話嗎？所有事都是這樣吧？」

「嗯。」

我完全能想像她的模樣。真命天女小姐。我腦海中浮現一個二十七歲女子，秀髮染得鮮豔、肌膚紋著刺青、愛聽龐克搖滾、比我苗條、也許比他矮一點、有著俏麗的雙峰、不穿內衣，非常有型，我想像著一個就是比我好、而非與他更相配的人。我回家後才開始想，亞德里安告訴我那些感情細節，會不會是他自己的卑鄙報復、報復寫作事業有進展的我？他還特地說了想對她忠實，說她一聲令下他就買了機票，我幾乎希望他就是故意的，而非滿不在乎地說出那些傷我的話。

我聳聳肩，我還能說什麼？

「如果你找到了你能愛的人，我當然祝福你。」我說。聽起來想必像謊話，但我真心覺得「他愛的是別人」好過於「他就是不愛我」。

「愛？」他說，「愛對我沒有意義。」

又來了。

他再度安靜下來，我的思緒開始翻滾，不確定該停歇何處。

「我剛剛是在想她和我們的旅行，」他突然說，「我不希望沒講話就被你過度詮釋。」

我完全不懂他什麼意思，除了要告訴我就算我坐在他對面，他想的也不是我，我大口喝光剩下的咖啡。

「好喔，我看我今天受的刺激夠多了，」我說，「我要回家工作了。我就住那邊山上而已。」

我指出那方向，想表明我不是為了躲他而千里迢迢跑回家。他臉色一變，追問我是哪條街，似乎暗示他女朋友也住那一帶。真好，我八成不久就會碰見他倆手牽手在路上遛狗了。我放下杯和碟。

「杯子麻煩你收吧。」我說，留下我的杯碟，或許還有長椅上一個汗濕的屁股印。我頭也不回走出店門，走過一兩條街，我的手機震動一下。好呀，這種時候他就傳訊息給我了！

他在訊息上說，今天見到我真開心，如果哪天想喝咖啡，歡迎我約他，還有，恭喜！我回覆道，很高興能把關係好好結束。我沒對咖啡之邀表示意見，總覺得他現在還提議我主動找他，未免也太不會看臉色了。他可能只是希望我再給他一個展現自己是好人的機會，但你到底能期待有多少次這種機會？

傳完訊息，我刪了他的號碼、我刪了他在我家沙發上摸我的貓的照片、在餐廳裡親我臉頰的照片，嗯，對啦，裸照也刪了。這個動作對我有很大的象徵意涵，有時候人們真的很需要象徵。

那天夜裡，一場暴風雨掃過洛杉磯，雷聲轟轟，閃電打亮窗外滴水的萊姆樹。我在心裡描繪此際的他，在洛杉磯的某個地方，懷裡抱著她，就像沒多久前抱我一樣。我的胃痙攣起來，為想像的光景頭暈想吐。

於是我嘗試對自己描繪另一幅畫面，幻想未來某天，我希望成為的樣子。我不斷回想起那一晚，我聽著海慕樂團的芭樂情歌，昂首闊步穿過大街，外在和內在都是我最棒的狀態：堅定、強壯，不知道前方有什麼，但總有勇氣試試看。多麼不怕死的傻瓜，多麼不同於那個在美甲沙龍洗手間裡，不敢傳訊息給多年來第一個對象的膽小女子呀！

我還是會痛，即使明白誰都沒有任何錯。真的很痛。但我不是沒戀愛過，我知道總有一天我會復原。總有一天，我會對亞德里安毫無感覺，甚至沒有怨懟，但我會能夠再感受這個世界。我要再勇敢起來，我一個人在被子下顫抖，這麼對自己承諾。

第三部

- 單身萬歲
- 新禮儀
- 狩獵的心啊，願你尋得所尋

第14章 單身萬歲

要是我能說那天之後我就完全忘了他就好了，丟臉的是，那只是我走出失戀的**起點**。我們的最後一次見面，讓故事有了比較明確的情節，縱使去年年底我和狄倫討論過，人生總是只管繼續，留下一堆意義不明的伏筆。如果這是部浪漫喜劇，大概會有這麼一幕：我走出那間咖啡店，帶著自信、明智的微笑，在另一家店挑了個位置坐好，才一抬起頭，就和櫃檯旁的某個帥哥四目相對，暗示本書女主角終於要展開**對的**那場戀愛了。因為她終於學會尊重自己，所以能夠獲得幸福了……之類的。

我這個人要當女主角，不在結尾前崩壞成反派，那只怕是太難了。所以真實狀況是，後來那幾週，我基本上都窩在床上看影集，幾小時的體熱把我的床墊變成了一座核電廠，我最積極的作為是偶爾把枕頭翻個面，藉底下那面冰涼一下。我一再滾回床中央那塊被我躺出的凹陷，一集接一集看著《慾望城市》（*Sex and the City*）。筆電也過熱了，風扇不停嗡嗡轉，努力阻止電腦爆炸，轟掉我的臉，我想就這樣頹廢下去嗎？我思忖，然後伸手去按播放鍵。

巧遇亞德里安之後，我像踩在兩個選擇間的一線上，我可以勇敢再出發，邁向新的方向；或者退縮躲起來，掉進無盡的絕望。某方面而言，我的狀態很類似被第一個見面的網友甩掉那時候，好久以前了，我連那人叫什麼名字都忘了。但就是因為他，我才決心奮力約會，直到徹底摸透戀愛交友。我的狀態也很像第一次被亞德里安斷絕往來那時候，那時我選擇了照常運作，繼續約會、生活、歡笑，最後離開紐約。

我當然也有察覺，這種「失望後再開始」一再重演，大部分人生命中都有重複的模式，可以重複在跌倒後爬起來也挺好的。但這一回，放棄的誘惑力更強了，我追求的人寧願選擇某個別人，拒絕我辛辛苦苦打造的最好自己，這殘酷的領悟令我覺得再爬起來毫無意義。尤其是因為，我已經為同一個人重新振作又被打垮第三次了吧，我努力有什麼屁用呀？

聽說亞德里安有女友之後，我迅速墮落回獨身時期的老樣子，仰賴影集和自我麻醉度日，但多了一絲從前沒有的惱怒不安。我是從二〇一七年元月開始改造自己的，再不到幾個月就二〇一九了，我交友即將屆滿兩年，如今，我知道嘗試之後會得到什麼了：跟之前差不多。我曾經告訴自己，只要認真努力、變成值得被愛的人，就會贏得快樂結局，結果卻和說好的不一樣。期望落空令我氣急敗壞，怒氣繞著我團團轉，像史努比漫畫裡乒乓（Pig-Pen）身上的塵埃。

為了撫平情緒，我買了一些大麻軟糖，關起房門，裹在羽絨被裡連續播放影集，陷入徹底的糜爛。我看完《莎賓娜的顫慄冒險》（*Chilling Adventures of Sabrina*），開始重看《吉爾莫女孩》（*Gilmore Girls*，又譯《奇異果女孩》），發現後者比我印象中更恐同。現在我看到《慾望城市》了，我還有數萬個小時要打發才會死。

看了幾集，我意識到，我現在更接近凱莉（Carrie Bradshaw）在後幾季裡的年紀了，我第一次看《慾望城市》的時候才高中，如今已經像裡頭的四個女主角一樣，成為許許多多過了花樣年華的單身熟女之一。當年主角們被視為令人開眼界或震驚的戀愛交往作風，搬到今天看，很多都不足為奇了。那個年代，人們對彼此很壞，二十年後的今天，人們還是對彼此很壞，我觀察到凱莉與我的時代最大的不同，可能是吻肛已經進入主流了吧。事實上，《慾望城市》裡單身者和有伴者之間的互動、失望、污名化、摩擦，絕大多數看起來都熟悉極了。

尤其是污名化的部分。整部影集裡，四個角色都因為單身而承受某些屈辱：她們不被邀請參加夫妻為主的工作聚餐、受到有另一半的女人以狐疑的眼光看待，還要為紐約都會區所有人的婚前單身派對或新生兒派對掏錢，然後無聊地坐在那裡忍耐，看別人幫小孩換尿片。有一集，凱莉被拍了一張難看的照片，登上《紐約》雜誌封面，小標寫道「單身真好？」，看得我捧腹大笑。那一刻，假如有個鏡頭拍下我的靈魂，我想它應該會像閃光燈下的凱莉一樣慘澹無神。四個好友中，只有莎曼珊（Samantha）一人，不必透過感情關係來證明自己的存在。但這件事甚至要到第一部電影才被放進主線裡！我氣壞了。

一天下午，我的電腦螢幕開始變得霧濛濛的，看起來特別遠……還是特別近？我伸手輕撫灰色羊毛毯，把纖維梳向這邊、又梳向那邊……還是**羊毛在摸我**？這時我才想起我吃了大麻軟糖。

到了我能夠專心看時鐘的時候，發現時間已經比我想的晚多了。我這個樣子沒辦法出門，但我的租處有條長長的木陽臺，建在樓下的屋頂上。我的室友是兩個二十歲後半的男生，把家裡弄得像校園外的兄弟會據點，唯一的差別是他們都很安靜，連躺在沙發上玩《碧血狂殺》（*Red Dead Redemption*）都會禮貌地戴起耳機，每次我像個幽靈般飄過客廳，他們都會友善地跟我說嗨，除此之外不太關心我在搞什麼。

沒錯，我又有室友了。找房子的時候，我發現很多人特別註明想找二十幾歲，最多三十出頭的室友，我要是再過幾年還想跟人合租房子，恐怕就要變成史蒂夫．布希密（Steve Buscemi）那張「同學安安」（How do you do, fellow kids?）[1]梗圖的真人版了。像我這種年紀的人照理說應該很有錢，和伴侶合住一間公寓才對。

向反了。

我輕輕走出房門，踩在粗糙的地毯上。我的一個室友正坐在外面，策馬奔過一條寬螢幕上的數位跑道，他向我點點頭。我正在使勁推客廳的滑門，怎麼也推不開，然後才發現我推的方向反了。

我從來不享受四氫大麻酚（THC）嗑多了的感覺，不幸我每隔半年就會忘記這件事。在加州，要買到藥品太容易了，而且有各種食用方式、各種口味款式，搭配非常迷人的包裝。選擇這麼多，我當然可以挑到一種不會讓我感覺好像對自己舌頭過敏的商品吧？嗯，這次沒挑到。我終於踏出室外，呼吸著新鮮空氣，再次納悶大家嗑藥是不是都這種感覺，如果是的話，他們到底喜歡這種感覺哪一點？

雖然這間公寓很普通，但陽臺望出去的景色可不普通，我們這裡位在稍高的山丘上，向東看去，平房和集合式住宅之間的蜿蜒街道彷彿谷裡的小溪，遠方可見好萊塢標誌，前景則是高高的梧桐樹，為巨大的鳥類提供了停棲處。搬來的這兩個月，我經常待在陽臺上，已經認得了附近的幾隻鳥。有隻大烏鴉總是停在牠最愛的樹枝上，一隻洋紅斑紋的安娜蜂鳥（Anna's hummingbird）會在電話線之間表演特技飛行。這片景色最美的是層次之豐富，像一個包含許多小宇宙的大宇宙，你能遠望、近觀，或沉浸其中。快日落了，天色柔和，沿著山稜聚集的灰雲漸漸轉為淡金，看著自然景物，不像盯著電腦那麼令我暈頭轉向。我拉來一把凹陷的休閒椅，面對燦爛的天幕，試著靜下心。

為什麼被拒絕會使人心煩意亂？發現你以為可能的事情並不可能，會顛覆你原有的平衡。我不僅不可能和亞德里安在一起，也根本沒有真正和他在一起過，這使我開始質疑自己對現實的認知、質疑我為什麼要跑來這座新城市、質疑我未來對感情的判斷力。就算沒有迷幻藥的影響，我也感覺慘斃了。

《蓋伊》（*Gay*）[2]雜誌的一篇文章中，作家艾莉森・金尼（Alison Kinney）訪問了神經科學家大衛・許（David Hsu）。先前曾有一項研究發現，吃止痛藥能幫助某些人減輕被拒絕後的難受，許和他的團隊正以此為基礎，研究如何測量「被拒絕感」，他們發現，人被拒絕時，大腦會分泌鴉片類物質（opioids），這些物質能與腦內接收疼痛訊號的受體結合，避免產生過多負面情緒——類似於你被踩到腳時的反應。

至少，大腦健康的時候應該是這樣。憂鬱症患者的大腦會分泌較少鴉片類物質，被拒絕後，不少人會選擇退縮，掉進離健康很遙遠的狀態中。許希望藉由這項研究了解，當拒絕使人產生「不健康」反應時，人是如何復原的。他向金尼解釋：「假設今天某人和男女朋友分手後陷

1 譯註：該圖中，布西密飾演的偵探大叔扮成滑板少年（但不太像），混進高中去跟其他學生裝熟。

2 譯註：作家羅珊・蓋伊（Roxane Gay）擔任總主筆的線上文化誌。

入憂鬱，就算他們去看心理醫生，也不會改變單身或分手的**狀態**。這不是一次性的事件，並不是說：『我遭遇了一次分手，結果變得憂鬱，現在我只要把憂鬱症治好就行了。』他們**還是**在和那個事件互動，無論症狀如何。」

被拒絕不只是一個念頭，它就像寂寞或愛，牽涉我們身體裡的某些機制。面對被拒絕的心痛，我們反應和恢復的方式，很類似處理物理疼痛的方式。心傷是看不見的，所以你也無法觀察痊癒的過程，不一定有誰能判斷出，你心裡是不是還在和那個事件互動，不斷被它掀起負面情緒和思想。

對於治好情傷應該花多久時間，眾說紛紜。愛情也有半衰期，事實上，不少坊間建議就在告訴你這件事：有人說要忘記一段戀情所需的時間，是戀情本身的一半；有人認為當離開一個人的時間，已經久到超過你們在一起的時間，你才算真正痊癒，也有人說交往幾個月就要花幾週忘記，或者機率取決於你對分手多麼震驚：對方不忠嗎？那可得久一點；這是你的初戀嗎？那還是死了這條心吧，你一輩子也忘不了的。

我和亞德里安的情況好像無法用這些規則來看，我們從來就沒交往過，如果用一起度過的天數來計算我們的「戀情」多長，我不到一週就該走出來了。我可能得改寫一下規則：「忘記一段戀情所需的時間，是你懷抱希望的時間的一半。」

他也沒有對我不忠吧？我們的關係本來就沒強調誰忠於誰，甚至是推崇與此相反的價值。真要說起來，他與我在一起的夜晚，反倒可能是不忠於那個要和他去墨西哥的女人，縱然如此，我還是覺得被背叛了。即使一般定義的交往和忠實對我們完全不適用，我還是覺得像在那種情境下一樣痛苦。不管這些悲痛有沒有道理可言，我只想止住它們。我不想再和那一個或一串使我變成這樣的事件互動了。

這時的我，還在努力走出混沌狀態，偶爾沒看影集時，我會為部落格寫點東西，最後寫了一篇關於悲痛的文章。最初提筆時，我思考的是死亡之悲。後來，一位叫艾蜜莉．亞當斯（Emily Adams）的心理治療師拓展了我的觀點。亞當斯是位婚姻和家庭諮商師，在舊金山正念心理療法中心（Center for Mindful Psychotherapy）工作。她在一封電子郵件裡告訴我，悲痛不一定是生離死別造成的，人們也會為一段關係的逝去悲痛，甚至為一個想法、一個關於自我或人生的夢想消逝而悲痛。

她說，人們往往將療傷的過程想像成線性的。很多人都聽過悲痛有五個階段[3]，最後會進入接受的階段，據她觀察，失去後的復原過程並非如此。

3 譯註：精神醫學及生死學者庫伯勒—羅絲（Elisabeth Kübler-Ross）一九六九年提出的概念，五階段依序為否認、憤怒、討價還價、沮喪、接受。

「我的經驗是，悲痛的人會在這些階段之間跳來跳去，不一定按照特定順序，」她在信件中寫道，「從否定和憤怒開始是很普遍的，但這些感受到了很後期，也仍然可能出現。有些人會先進入沮喪和接受，之後才感到憤怒。」

聽了亞當斯的解釋，我聯想到一個螺旋，在這多種感受之間穿進穿出，不斷循環，螺旋愈繞愈大圈，因此每次你會在接受中度過更久，然後當螺旋轉到下一個感受，你又久違地想起那個人而止不住憤怒。雖然這無法完全說明，我為什麼要花那麼大力氣才忘得掉亞德里安，但我因此理解到，我哀悼失去的主要不是他這個人，而是和他在一起時我所感到的可能性，我憑弔著戀愛中的自己，我已經許久不曾、往後也說不定永遠不會戀愛了。上一刻我處於接受中，下一刻又進入漫長的痛苦感受。

那些感受，也確實令我想到更大的失落帶來的悲痛。我想起我的高中好友雷蒙，他在我們二十歲後半死於溺水，有時看見朋友貼出一張他的照片懷念他，我還是會哭得彷彿他昨天才走。我記得那件事大約發生在我的單身六年之始，彷彿標記著我開始退縮，不再願意冒險，去愛任何可能失去的人。

焦慮之中，我告訴我媽媽這些聯想，說我總覺得好像愛任何可能消逝的東西都不值得。

「說什麼傻話！」她高呼，「那你都不愛花了嗎？不愛夕陽了嗎？一件事珍貴就是因為它脆弱，不是因為它長久。」

幾年後，疫情嚴峻的封城日子裡，悲痛瀰漫在空氣中，雖說政府呼籲人們盡快振作、繼續工作，我寫作的此刻，美國已有六十萬人死於COVID-19。死亡在家族中留下了空洞，與此同時，每個人也各自為較小的失落傷悲：失去工作、無法和心愛的人相見、已經期待和夢想了不知多久的計畫被一場傳染病化為泡影。

這些失落最痛苦的原因之一，是我們被趕著往前走。但這不是心傷痊癒的方式，你無法強迫一個人大步走出傷痛，那注定是一段進三步、退兩步的漫長跋涉。

不少科學家試圖尋找省去這些痛苦的方法，除了大衛．許之外，也有其他研究者在追蹤情緒與人體痛覺系統的關聯。

科學家伉儷史蒂芬妮．卡喬波（Stephanie Cacioppo）和約翰．卡喬波（John Cacioppo），曾經共同研究寂寞及其帶來的影響。約翰去世後，史蒂芬妮獨自繼續研究，她目前在研發一種大致上可形容為「寂寞藥物」的東西。雖然她本人未必會這麼描述，但討論這項研發的文章經常如此稱之。

卡喬波研究的是一種神經類固醇（neurosteroid），叫做孕烯醇酮（pregnenolone），這種物質被發現有助於改善社交威脅造成的壓力疾病和過度警覺（hypervigilance），其中也包括慢性寂寞。

「如果我們能成功將寂寞者心裡的警報系統關小一點，他們就能重新與人互動，而不是躲避他人。」卡喬波二〇一九年告訴《衛報》。第一次讀到這些藥物時，我覺得雖然作用機制不同，但功效似乎很像抗憂鬱或抗焦慮藥物。藥物能幫助人們打破循環，以前我也曾在抗憂鬱藥物的幫助下，脫離了雷蒙死後的悲傷，彷彿有人丟給落水的我一條繩子。

但是，讀到寂寞「有藥可醫」的說法，令我心神不寧。那條繩子本身沒有把我醫好，再說，真的有藥能「醫好」飄忽不定的情緒狀態嗎？我還是必須一把一把抓著繩子往上爬，逃離憂鬱症的洶湧波浪。繩子必須繫在一個支點上，也就是支撐我的朋友和家人。還得有個能爬上去的地方，讓我能安全地待在那裡把自己弄乾——我有收入、有住處、有心理治療師。卡喬波研究這種藥物的目的，應該不是提倡以此作為慢性寂寞的唯一處理方法，可怕的是，在今日醫療產業的運作方式下，事情可能真的會演變成：許多其實需要社會福利的人，都被建議去買藥吃吃就好。

金尼那篇訪問大衛．許的文章中，談到美國文化裡，「走出失戀」被認為是一種人格磨練。心理健康類似於生理健康，被視作個人自己的責任，但心理健康不光是腦內化學物質分泌的問題，也受到環境極大影響。這又要說到疫情的時候了，COVID 肆虐的日子裡，人們非常強調個人責任，要大家嚴守社交距離、叫外送、不與同住者以外的人接觸……儘管很多人無力辦到這些要求。

COVID的重症率和死亡率在不同族裔間差異懸殊，黑人與拉丁裔的數字遠高於白人。克利夫蘭醫學中心（Cleveland Clinic）認為，主因在經濟因素，例如：從事面對顧客、疫情期間被定義為「必要」的工作；住在人口稠密區域或多世代同住，因此無空間供生病者隔離；較不可能擁有補助篩檢和及早治療的醫療保險。這是醫療產業中存在已久的結構性種族主義問題，如今只是加速爆發出來而已，它不是任何個人有能力自己解決的問題。

某方面來說，疫情不過是BIPOC（黑人、原住民、有色人種〔black, indigenous, and people of color〕）族群平日就在承受的打擊之加重版。金尼的文章寫於COVID-19之前，但其中許多內容，亦可用來描述在索取那麼多、回報那麼少的西方社會結構下求生的一般處境：

> 自助書、療法、教育、各種文化規範……這一切決定了我們對於被拒絕的反應是恰當還是過度誇張，是合理還是神智不清。這些標準告訴我們，一個人承受拒絕的能力取決於他們夠不夠成熟、有沒有韌性、有沒有努力改進自己：我們應該走出來、忘了這件事、適應、繼續過生活，即使經歷這些打擊仍然不倒。但我們稱作韌性的東西，是建立在另一些人於物質、經濟、心理方面付出的龐大代價上。這些人本身沒有

任何過錯，卻鮮少或從未戰勝對他們不利的體制。

吃顆藥也許會對一個慢性寂寞的人有效，前提是他們擁有充足的支持。金尼所談的體制，是白人至上主義、健全主義（ableism，即歧視身體不健全者）、跨性別恐懼、仇外心理，以及其他種種所共同建構的體制。一個站在這些歧視交叉點的寂寞者，想從被拒絕和孤絕中復原，要面對的是一場全然不同的戰鬥，就算是大腦分泌最正常的人，也會被它們弄得心力交瘁、傷痕累累。

《人類大歷史：從野獸到扮演上帝》（*Sapiens: A Brief History of Humankind*）一書中，作者哈拉瑞（Yuval Noah Harari）從演化的脈絡檢視了快樂。他試圖整體觀察，從人類出現在地球上以來，人們到底是更快樂了，還是更沮喪了。現代社會對於「如何獲得快樂並保持快樂」非常著迷，因此有大量研究探討此主題，其中有社會學觀點，有史學觀點，也有從大腦機制出發的觀點。根據哈拉瑞所述，生物化學家對快樂的看法是：健康的腦會盡可能緩和情緒，就算你一時之間感到狂喜，也會漸漸趨於平靜，大喜或大悲，我們的腦袋都不喜歡。

「快樂就是身體產生愉悅的感受，」哈拉瑞寫道，「人體的生物化學機制，限制了這些感受的強度和長度，故想要長期而強烈地快樂，唯一辦法就是利用這些機制。」

哈拉瑞指出，快樂的關鍵可能是透過生物化學工程來控制人們的感受，而不是透過社會進步來改善他們的生活品質。個人讀起來，我覺得他玩笑開得有點過火了。不過幾行後，他就收回了應該普發快樂錠的話，並寫道，一種更複雜也更精確的看法是：快樂是種人生有意義、在做的事有價值、與周圍的人有連結的感覺。

就我的理解，哈拉瑞是指達到快樂的方法為：感到你是這世界上有意義的一分子，那些阻礙你的社會屏障都已消失。尋找人生意義是個定義不明的指示，丟給人們自己去揣摩它的意思，而不費什麼力就能融入充滿宰制和壓迫的文化現狀的人，總是比較容易達到快樂。金尼的文章區分了兩種打擊人的拒絕，一是針對個人的拒絕，一是體制性的拒絕。第二種標準下，我沒什麼嚴重的困擾，但如果有顆吃了就永遠不會因為第一種拒絕而悲慘不堪的藥，我大概會吃下去吧！

時間繼續前行。我的HBO影集也重播完了，我又開始上咖啡店和做其他事。我的感覺逐漸淡了，只是半夜偶爾會睡意全消地坐起來，碎碎唸著「他怎麼可以這樣對我！」一類的話。

現在已是耶誕節幾週前，我計畫早點回紐約，趕在朋友們返鄉過節前和他們聚聚。我來洛杉磯不到半年，他們可能沒多想念我，但我很想念他們。我正把行李裝進我破破爛爛的行李箱，忽然聽見手機啾啾叫了兩聲，告訴我有訊息。是薩維耶，那個晚餐宴會上的朋友之一——

就是那場聚會啟發了我最初的文章，引起我的交友瘋，使我愛上一個人，然後心碎一地。我一段時間沒聽到薩維耶的消息了。

嗨，我是要跟你說，我要結婚了，希望能邀你來跟我們一起慶祝。他寫道，說了個我碰巧會在紐約的日期。他傳來一張他咧嘴笑著、和未婚妻兩人在公園裡的照片，還有一張手作版畫邀請卡。

她超美的！我興奮地回。而且很有風格，真期待認識她。

她真的很棒。我好快樂喔！他說。一句有衝擊力的直白發言。上次我們聊天時，他還和一個開放式婚姻、有小小孩的女人在一起，那時他好像不是很開心。我們是老朋友了，有時候，老朋友反而會疏於聯絡。你很容易把關係想得理所當然，總是一直沒聯絡、想等更有空的時候，因為好像無論暫停多久都可以隨時繼續。

某方面而言，這樣想其實也沒錯。薩維耶結婚那天，我抵達那間兩年前聚餐的屋子，瑞秋和強恩也是在那裡結婚的，我看見許多熟悉的臉，大部分又都是好久沒聯絡的朋友，我和戴著婚戒的強恩與瑞秋打了招呼，認識了薩維耶的新婚妻子貝拉——他們早上才去法院登記回來。她有點矜持，用一種敬佩的表情看著她丈夫，幾乎肉麻得讓人不好意思旁觀。

屋裡歡騰快活，充滿人和食物，桌上堆著高高的一盤一盤現烤麵包、切片乳酪及水果、自製墨西哥粽（tamale）、豆子飯、三種湯（結果證實很難分食）、烤蔬菜、羽衣甘藍沙拉、甜點。隨著更多賓客前來獻上祝福，一張小桌很快就被紅白酒瓶擺滿，接連不斷的腳步壓得褐砂石住宅的樓梯嘎嘎響。

我也想善盡本分，於是抓了一杯香檳，正好撞見薩維耶的一個前室友，是個名叫丹的傢伙。每次跟他聊天，他總是三句不離他女友。

「哈囉，丹！」我說，「真高興看到你。最近在幹嘛？」

「最近喔，在跟我女朋友討論放假要去哪。」他說。

「這樣啊。」我說道，默默喝口香檳。我們交換了幾句玩笑話，然後我晃到走廊另一頭去找強恩與瑞秋。

「丹很妙。每次我跟他說話，他一定會馬上提起他女友，好像要委婉告訴我他死會了。」我說，覺得該釋放一下我小小的積怨。

「天哪，你說得對，」強恩驚呼，「我有發現他跟別的女生講話也會這樣。」

瑞秋表示，丹也對她說過類似的話。我納悶道：「他真的認為有必要警告每個人嗎？」

強恩搖搖頭。「我覺得他是在提醒自己。」

這段對話使我在一場慶祝承諾的派對上，冒出了一些關於承諾的灰暗想法，我想起亞德里安，他應該在又和我上床之前，提醒自己他有女朋友的。為了應付這些想法，我走去再拿點乳酪吃，取了食物轉過身，我看見一個戴眼鏡、短鬈髮的女人對我微笑揮手，隨即過來擁抱我。

「嗨——咿！」我說，還沒搞清楚她是誰。她後面站了一個男人，抱著一個三、四歲的小孩，顯然是和她一起來的，我這才恍然大悟，她是薩維耶之前的愛人，帶著先生小孩來參加他的婚禮了。好像不意外，畢竟他們很擅長處理複雜的局面，這使我想到，對於他們的故事，我知道的不過是冰山一角。

我在樓梯邊找到薩維耶，正一個人站在那裡休息。他微微對自己笑著，表情像天使般甜蜜平靜，我忍不住跑去抱抱他，跟他手搭著手說話。

「見到你真好！」我說。

「我也是！好高興你今天可以來，可是我都沒空跟人講話。趕快趕快！你最近怎麼樣？」

我簡述了一下我的洛杉磯生活。他跟我說了一點他和他妻子認識多久了、他們之後打算住的地方。最後，我湊近問他，我能不能提個比較私人的疑問。

「當然沒問題。」他說。

「你跟你前女友後來怎麼了？我剛剛看到她，有點好奇你們怎麼結束的。」

薩維耶告訴我，他和那位已婚女子認真交往三年後，她與丈夫決定搬往紐約北方。每次都要搭好久的車才能見面，讓經營關係難上加難了。

「最後，我真的太生氣、太難過了，」他說，「有一天我突然決定：『我今天一定要對自己很好。』我出門逛街，買了一雙新跑鞋，因為我很愛跑步。然後我請自己去吃一家好吃的餐廳。吃完飯，我坐在公園裡，收到一個朋友的訊息。」

訊息上說，那位友人有個叫貝拉的女生朋友，在 Tinder 上看到薩維耶的帳號。貝拉認得他，因為他曾經出現在那位友人拍的一個攝影系列裡。

「我已經把 Tinder 刪了，所以都不會看。」他說。但貝拉覺得他很可愛，所以請那位攝影師朋友幫她打聽一下，看他有沒有興趣一起喝杯咖啡。

「好呀。有何不可？」他回覆他朋友。他當天就和貝拉見了面，結果滔滔不絕聊了四小時。

這完全就是我單身時代聽到耳朵長繭的劇情，說只要你念頭轉個彎，幸福就會來。唯一的差別在於，這次故事不是發生在我媽的醫生的外甥女的表嫂的貓保母身上，這是我朋友的親身經歷，我自己看得出他多快樂。

重點或許應該放在薩維耶遇見了真愛，但我這個人卻一直在想他決心對自己好、不再等別人對他好的事。那有點像我不惜撒錢自我照顧的行為，然而，薩維耶並不是在進行什麼自我改造特訓，他僅僅是想再開心起來而已。聽他描述下定決心的瞬間，聽起來真的像解脫了，連我也幾乎感覺到那種終於放下失敗的感情往前走的清爽美妙，幾乎啦。

那是個不成形的夢，我再也不確定怎麼實現了。怎麼自得其樂、怎麼純粹為自己做某些事？不需要任何人選擇你、肯定你。不必迎合任何期望，除了你自己對有意義的人生的期望。忽然間，這個課題比一場戀愛是什麼樣更吸引我注意。雖然不知道方法，但我也想試著在不久後的某天醒來，說：「我今天一定要對自己很好。」

第15章 新禮儀

我在元旦當天飛回洛杉磯，因為機票最便宜。飛機深夜抵達，我累壞了，卻又睡不著。返鄉一趟後，我開始疑惑自己幹嘛搬走？我想念家人，而唯一支持我離開的理由，不過是渴望不一樣的感覺罷了，但身在一座新的城市，感覺並沒有那麼不一樣，主要是因為我也沒有那麼積極拓展生活。

我銘記薩維耶的經驗教我的事，期許這一年要對自己很好——如果我能搞清楚具體該做什麼的話。我慢下速度。我去哪都用走的，結果走路走太多，得了足底筋膜炎，只好穿起足弓鞋墊。我心裡的擔憂跨越了一條線，從普通病痛到了老化。

「現在你不能像以前一樣說復原就復原了，白癡！」我盯著我的倒影說，並且第一次發現鬢角有幾條白髮，對自己好的計畫一上路就碰壁了。

我沒有辦公室可進，工作時間零碎又寂寥。我不知道要做什麼消磨閒暇，只能到處亂走——去咖啡店、雜貨店、酒吧，覺得自己太墮落的時候就去皮拉提斯教室。我不會開車，就算會也不知道要開去哪。

我經常一路走去格里斐斯公園（Griffith Park），爬上公園高處的天文臺，觀察其他人從山腳下的洛斯費利茲大道，沿著蜿蜒的主步道跋涉上來，大部分是成群結隊的家族或朋友，偶有幾個獨跑者穿梭其間，展示他們驚人的好體能。

我很少夜裡散步，來到洛杉磯之後，我規定自己晚間十點後不能獨自在外遊蕩。住紐約時，我從深夜到凌晨都曾經一個人走在各種地方，從來不覺危險。紐約入夜後，才呈現出最真實的一面，曼哈頓中城的建築被光線打得彷彿蝙蝠俠的高譚市（Gotham City），霓虹門面的熱鬧商店投出刺眼的螢光燈，可靠的街燈像珍珠般縫在街區周圍，那一切我都很熟悉，而熟悉感和安全感很像。我對洛杉磯沒有那種熟悉，每到夜晚，洛杉磯彷彿穿過鏡子，變成截然不同的一座城，有些道路整段濃黑一片，巨大的棕櫚葉擋住路旁庭園裡微弱、不知在照哪兒的燈。偶爾會出現比較熱鬧的街道，Lyft 和 Uber 計程車來來去去，放下幾個乘客，又載走另外幾個。這些孤立的鬧區，就像中世紀森林裡的小村，你會希望趕在日落前找到一個。每個人好像都待在屋裡或車上，或在兩者之間快速轉移，毫不在乎外頭的人們。

某一夜，我違反了自己的門禁。我那晚稍早在約會，對，我還是在約會，不然晚上實在無事可做。約會現在成了我社交上的某種依靠，我很寂寞，這種寂寞已經未必和戀愛有關。我想念走在陪伴我從孩提到成年的街道上的感覺，我想念隨時找得到活動、也找得到人一起去的感覺。在洛杉磯約會，似乎都要提早排好行程，半個月前約好日期，敲定晚餐時段見面四十五分鐘。我很寂寞，因為周圍都沒有熟面孔，也不存在一間我走進門，大家都認識我的店，有一種叫「歡樂酒吧效應」（*Cheers* effect）[1]的交情，只能靠時間和一點機緣培養出來。當你去一個地方太多次，就會和店裡的人變成這種交情，但我來洛杉磯不夠久，還不足以去任何地方太多次。

更加深這一切寂寞的，是我大部分時間都一個人坐在桌前，想著、讀著、寫著什麼是寂寞。多數日子裡，我一整天都不會開口說話，連街道的空蕩都好令人難受，散步的我簡直像全洛杉磯唯一的步行者。

我不曉得如何是好，於是求助我的老靠山。每當我想在一個美麗的夜晚，找人一起去廣場或公園，一邊聊天一邊享受人群的環繞，通常都能在交友軟體上徵到伴。總是有很多寂寞的人，期待誰來拉住他們的手，把他們帶到戀愛分水嶺的另一側，我多半只是想跟人說說話。

---

1 譯註：來自情境喜劇《歡樂酒吧》（*Cheers*），指的是一間店裡人們都互相認識，像個大家庭一樣。

那天晚上，和我約會的人提議載我回家，但我不想搭那人的車，我說我真的住得很近，說完晚安，為了閃避一吻，隨便轉往一條路溜之大吉。我走的路彎過一片住宅區，比較漂亮，但比較迂迴。前方有條街和我的路相接，是從一座更荒涼的山丘下來的，有個身影正用和我差不多的速度走下那條街——是匹郊狼。我們同時看見彼此，同時停在原地，郊狼離我大約六公尺，看起來很像狗，可惜不是。並非所有野生動物都流露人類般的智力，遇見那樣的動物，真的會令人很不安，牠顯然在考慮和我一樣的事，也就是「該冒險嗎？」

我們又同時決定「不要好了」，一狼一人各自轉頭走開，走了幾步，我改變心意。如果郊狼決定回山上，我不就不必掉頭了嗎？我轉身，看見郊狼也得出了和我相同的結論，牠再次止步，但我繼續走，拐進岔路，設法用最低調的姿態繞過牠。直到看不見牠，我才開始狂奔，很幸運地碰巧做對了。後來有個野生動物專家告訴我，你千萬不能在掠食動物面前奔跑，牠們會出於本能去追你，不管是不是更想去翻街上垃圾桶裡的東西吃。老實說，我身為潛在獵物，想跑的衝動也幾乎一樣按捺不住。

等到終於敢停下來，我跑的距離已經超越這一生任何不是為野生肉食動物奔跑的時候。我大口喘氣、側腹作痛，因為腎上腺素飆升而顫抖，然後我不由自主笑起來，覺得當今要顧慮、要小心、要提防的一切真是太本末倒置了。我好一陣子沒這樣笑過了。笑聲揭開了一層我沒發現籠罩著我的麻木。

帷幕很快又拉上，但變鬆了，窸窸窣窣掀動，讓我體驗到先前麻痺的感覺。那些感覺不都是好的，正因如此，我們有時才需要麻痺自己，甚至暫時麻痺喜悅。郊狼插曲後沒多久，我出現一種全新的早期瘋狂跡象，開始懷疑我是不是真的有問題，而且相當嚴重。這種狀況發生了幾次，一次是某天下午走在另一條空曠街上的時候、一次是瑜伽課當中、一次是獨自坐在房裡時，還有一次特別恐怖，發生於我吃著披薩跟人約會的時候。

每次開始的症狀都一樣。我會忽然覺得和面前的事物斷開，好像我的身體是一個人偶，我從遙遠的地方操縱著它，我不知道究竟從哪裡？另一個星球？另一個時空？我是誰？我對象在披薩裡下了藥嗎？

經過幾秒（或幾宙）用力呼吸、專注於眼前某個定點之後，我會恢復正常，回到我的身體中。這種飄渺無依的感覺最可怕的地方，是你會很想試試看完全放手。一部分的我十分好奇，如果我不試圖重返有理智——我是指以我的標準來說——的狀態，那會怎麼樣？我會睜開眼，發現自己光溜溜躺在山間嗎？我的心智會飄去一個遙遠的星系嗎？或許我再也回不來了，那樣也好。

終於某次，分離的感覺出現時，我和一個可以討論這件事的人在一起，狄倫與我買了票去看一齣喜劇秀，還難得夠早抵達，搶到位子坐。那齣秀很熱賣，在下城的某個表演廳演出。狄倫買了我倆的第一杯飲料，我正喝著我那杯招牌紅酒，忽然感到腦袋在往上飄走。

不要啊！我心想。我極力保持冷靜，試圖回到表演廳裡，提醒自己這是很安全的地方，我不會真的怎麼樣。

你可能會把自己嚇死，我告訴自己，但那樣問題也解決了。

這時我想到，我旁邊坐了個認識的人，如果情況惡化，他還可以幫我叫救護車。我轉向狄倫，彷彿過了好久才轉過去。

「我最近常常有種感覺，好像我掉出現實了，現在也是。」我說。狄倫真是厲害，他幾乎讓我相信他聽了一點也不慌張。

「現在也是嗎？」他問。

「對。」我說。我察覺光是說出這件事，就讓我好一點了。我向他形容那種操縱人偶似的感覺，說我擔心這是某種嚴重精神崩潰的前兆。

「好，你放心，如果你開始脫光衣服在觀眾席亂跑，我一定送你到醫院，」聽完我假想的裸奔上山情境，狄倫說道。我很快就好些了，至少成功穿著衣服把戲看完。然而，我不能期待每次發生這種事，都有人在旁邊陪我說話，我得弄清楚我怎麼了。

我上次從紐約回來後，就沒看過我那位滑動費率（sliding-scale，即配合經濟能力調整收費）的治療師了，我不知道在洛杉磯要找誰，最後選了一間可以從我家步行去的診所。那位治療師會做眼動療法，全稱是眼動減敏與歷程更新療法（Eye Movement Desensitization and Reprocessing，EMDR），我的一個朋友做過這種治療，他在街上遭受攻擊，後來一直無法擺脫在家中被攻擊的妄想。眼動療法據說能協助你重新為自己說一個故事，用不同的眼光看待經歷的事，我覺得我困在同一套思考裡好久了，聽起來這正是我需要的，而且我已經爭取到一個案子，要為眼動療法寫篇文章，所以可以當作是去免費體驗。

有點遺憾的是，那位治療師似乎真的很棒，但我知道我沒錢每週來找她諮商，寫文章這招也不能再用一次了。我向她敘述，我覺得被我的過去、我的習慣、我的情緒困住，怎麼也出不來；同一時間，我又好像掉出了一切之外。這兩件事快把我扯散了，我想鬆手，卻又不敢鬆手，她安靜聽我說著獨白——心理治療就是這點好。

「我只是想問，」說了半天，我總結道：「我是不是要發瘋了？這種斷開的感覺會不會是什麼徵兆，比方說，徹底精神崩潰的前兆？」

「喔，」她說，「那倒不會。」

呼，太好了。

「你描述的很像解離的症狀，」她繼續道，「解離可能是創傷、壓力，或不安全感引起的。」

聽起來似乎嚴重了點，我沒有遭遇創傷，我只是從紐約搬來洛杉磯而已。我憂慮地想到去年夏天旅途中的那種無依無憑的感覺，也想到我一生都有的格格不入的感覺，我的心害怕的時候，把我帶到哪裡去了？

人們覺得被隔絕、被排擠、被遺漏、脫隊，而且說不清理由的時候，心都會躲到哪裡去？我自己的感覺是，我好像離一切重要的事都很遙遠，但始終不太清楚那些事**到底為何**重要、為何我必須回去。我對寂寞的探索並未減輕那種感覺，硬要說的話，反而使它更為強烈，因為我現在明白人和人之間相隔多麼遙遠。然而，這次解離是關乎我與自己的距離，通往自己的路如今已漫長得超越我的想像。

隨便啦，反正不嚴重，我心想，重點是我暫時還不會發瘋。一步一步來就好。治療師拿出她的眼動療法道具組，讓我抓住古怪的握把。握把在掌心嗡嗡震動的同時，她用話語帶領我進行一連串冥想，她要我想像一個感覺很有智慧的人、一個充滿愛的人、一個很有力量的人，想像他們都聚在我身旁。

實際做起來沒那麼簡單。她看出我痛苦的神色，告訴我也可以想虛構的人物，不知為何，這話立刻讓我想到了東尼虎，但我沒辦法讓東尼虎當我的守護者，只好又想了幾個朋友：狄倫、比莉、我奶奶。

「現在想像你在一個很安全、很美的地方。」她說。我想像站在我的公寓陽臺上，眼前是夕照中閃閃發光的洛杉磯市。她指示我想像剛才那三個人一個一個加入我，並帶來他們使我聯想到的智慧、關懷、支持。我努力照做，想發揮這次療程的最大價值，我的陽臺也愈來愈擠。

不管誰拒絕我、看輕我、嘲笑我，世上還有另外一些人，他們認識我真正的樣子、關心我發生的事、知道我的缺點卻還想與我為伍。我允許自己記得這件事，允許自己在做練習的半小時內活在這樣的接納中，一時之間，我真的對自己很好。

大部分愛情故事都說，愛情就是找到了解你有多完美的完美對象。隨著我治療師的細語，我看見愈來愈多我在乎、也在乎我的人，而他們並不要求我完美到哪裡去，我抓握把的雙手抓得更緊了，一大群人逐漸聚集在我心頭，使我溢滿溫柔的感激。掌中的嗡嗡止住，我張開眼皮。

或許我只是需要有人告訴我，我真的不會發瘋，無論如何，後來一週，我覺得好多了，只愛一個人消耗我太多，還給我太少，我不想再投注那麼大半精神、獻出那麼大量力氣找尋下一個亞德里安，或下一個任何人，我也不想再次退縮，遁入我的房間或解離的飄渺中。去年是關於極端之危險的一年，現在我想走中庸之道，一條不迴避寂寞的起起伏伏，也不把透過戀愛逃出寂寞當作人生動力的道路。慢下來，對自己好一點，我不斷說著，試圖真的給自己一些復原的時間和空間，而不是尋找逃避或分心的方法。

假如我要對追蹤者報告我的感情探索進度的話，我會寫篇新文說：「哈囉大家！跟大家分享最新消息：我這次真的非常努力，愛上了一個人，為此付出非常多心血和心痛，但從結果來看似乎效益不彰。我知道有些人會希望我繼續努力、努力、再努力，整個人生都砸進去也無妨。但我不想再努力了。因為我發覺，更有價值的是我的人生本身，而不是設法讓別人肯定它有價值的過程。」

至少我希望自己能這樣相信，雖然很難辦到。我想記得我還有很多可以聯絡的人、可以做的事，不是只能漫無目的走呀走呀，走到腳斷掉。我需要做的，是持續讓我的陽臺熱熱鬧鬧，哪怕無法一朝一夕完成，哪怕那是永無止盡的工程。

先前，我從對改變人生一無作為，一下跳到了做得太多。我所做的，多半是大家認為要找到愛或不寂寞必須做的事，那些人和我一樣深受「人生的最終獎勵就是找到伴侶」的故事影響。我們都困在同一套思考裡。茱迪絲・威廉森（Judith Williamson）在其著作《消耗激情：大眾文化的運作》（*Consuming Passions: The Dynamics of Popular Culture*）導論中寫道，當今，人類的創意太常被流行情節帶上類似的老路。「我們無時無刻不在消耗激情，」她寫道，「激情的源頭是不平衡、不安穩、對新可能的渴望，但它的材料是既存的物件和關係，於是，想像新局的能量成了維持現況的能量……我憂心的是，激情不僅不能動搖社會結構，反而被那些社會結構收編和消耗。」

我是好久以前讀到這段話的。當時我在為某篇文章研究戀愛小說，戀愛小說在我無性生活的歲月裡，一直是我轉移性能量的管道之一，但我對這種文類的心情很矛盾。據我理解，威廉森主要在強調：我們渴望或關注什麼，比我們願意承認的更受到外力篩選及控制，而原因有時僅僅在於看不見其他選擇。我真的想談戀愛嗎？還是那只是我能想到最代表人生滿足、安穩、有價值的範例？如果每個單身的人都能以全新的方式想像人生，不是只想到尋伴一途，會怎麼樣呢？如果每個人都能實驗雙人戀愛以外的新鮮互動方式，會怎麼樣呢？會不會當我們停止將能量送給那些現行體制，它們就自行瓦解了？

不過，此時我開始嘗試關注的事，以威廉森的標準來看，大概稱不上新思考。我很普通，我只是想找些自己覺得新鮮的事來關注。

寂寞的人會聽到的一般建議，雖然老套，且只能解決一小部分問題，但不完全是錯的：去找點你喜歡的事情做，也藉此認識興趣相同的人。我開始從事志工活動，起初在銀湖的一家食物銀行，替街角排隊的家庭裝滿他們的袋子，後來去了奧杜邦學會（Audubon Society）[2]，幫野鳥棲息的灌木澆水，我和二十個來拿社區服務學分的高中生一起工作，其中兩個女生與我被指派了一項艱苦任務，要重複用推車把水桶推上山，淹沒幾叢無甚特色的灌木。她們來自不同學校，我出神地望著水聚集成窪，滲入乾裂的土壤，她們聊起怎麼會來這裡。

「你呢？」

她們在問我。

「我嗎？」我說，「因為我喜歡鳥。」

她們顯然覺得為了這種理由，週六早上九點跑來奧杜邦學會相當怪異，身為一個成年人，被青少年評價不至於讓我**太**失措。她們還全然不知離開校園後，社交會成為什麼樣的一件事。不過後來幾週，每當我用新的嗜好、活動、嘗試來拓展生活，總會想起她們的反應而暗自發笑。嘗試新事物很難，尤其當你只有一個人的時候，有幾次，我成功拉了幾個洛杉磯友人作伴，其他時候都是獨自參加各種活動。我試著不怕被注意到，愈是如此，你愈容易被當作怪胎。

我去上了一堂呼吸課，真的就是一群大人躺在地板上吐納，直到尖叫或哭泣。課堂最後，大家圍成一圈坐著，分享這場瘋狂體驗的心得，我提到我剛搬來洛杉磯，若有其他工作坊或活動能參加，歡迎告訴我！沒人回應，連圈子裡的昆達里尼瑜伽老師也沒回應。大家都不要我，枉費我這麼有成為狂熱信徒的潛力。我還去了某座滑輪場舉辦的LGBTQ+彩虹之夜，滿場都是時尚打扮的年輕酷兒們，我注視他們飛快倒退溜，自己緊緊攀住絲絨牆壁不敢放。有個紫髮、削邊頭的人看見我的掙扎，向我這裡飄來。

「要像這樣，」那人用德國口音說，一步一步踩著大外八，示範給我看。「像企鵝一樣。」

「沒關係！謝謝你！」試了十秒鐘，我說。我又黏回牆壁上，像顆雌雄同體的笠螺，好心人聳聳肩，衝去別的地方了。

我決定回來滑輪場報名上課。我卯足全力，但進步還是緩慢至極，就算我現在把「慢下來」當座右銘，也沒想要慢到這種地步。想穿滑輪移動、想與人建立交情、想在手機和羨慕別人以外找到填滿生活的事物，都需要耐心，還有偶爾的無聊及失誤，耕耘的時間要更久更久，然而一旦真的有了收穫，收穫也遠遠更豐碩。第一次獨力溜完一整圈的那刻，我自信而自由，為純粹來自於我的溫暖成就感眉飛色舞，我不需要聽見別人說什麼，才能確認自己喜歡自己，這件小事比好久以來的任何事，更令我感到有力量。

接著我頗幸運地，被邀請加入一個女性寫作共學團，主要活動就是大家齊聚某人家，一起吃吃零食、聊聊八卦。我坐在粉紅色的長毛絨沙發上，感覺彷彿被什麼接納，儘管八卦聊的多半是我不認識的人，隨意聚在一起就夠了。老天，我真是太想念跟誰隨意聚在一起了——沒有

---

2 譯註：美國著名的野鳥及環境保護組織。也是全球歷史最悠久的野鳥學會。

目標、沒有行程、不必急著談完或結帳或回去工作。對話堆疊、垮下、被重新拾起，然後在一陣歡笑的蒸騰中捲動。笑聲掃過後，我們品嘗片刻寧靜，隨後又一個新的話匣子開啟，談話如此美味，誰也不急著宣布今晚散會。

以前我在紐約認識的一個玩喜劇的人，現在也在洛杉磯。他傳簡訊問我想不想加入一個即興劇團，當然有，我什麼都做，拜託讓我加入吧！我最喜歡即興了，我平時就是即興的狂熱信徒。去到那裡，我聽說他們正在為某間即興劇場的徵選排練，沒問題呀，來呀！我心想。他們面試了我，讓我加入一個固定組合，我認識、能傳訊息或打電話、能去喝一杯的人數逐漸增加。這件事使我更有重心了。表演也是，我再次體會到臺上臺下那種心電感應似的交流，我沒發現我多麼想念那種感受。

然後，我收到比莉的訊息，她要來洛杉磯幾天，某個前同事的學校在徵老師，比莉受到推薦，他們會替她出機票錢，請她來試教看看。

可以住你家嗎？！她問。

當然可以啊！我回覆，樂翻了。

我出發採購食材，計畫著早餐和晚餐要請她吃什麼。我把床單和被單洗得乾乾淨淨，讓她可以睡我的床，我連地都拖了——這可是百年一遇的事。比莉來了，開著一輛租來的車，跳下車來跟我擁抱，能和我的好友抱抱，感覺真是太好了！我突然想到，我在洛杉磯還未這樣抱過任何人，好像可以一直賴在彼此懷裡，不必擔心會不會抱太久了。

我讓比莉一個人在房間專心備課，過了一陣子，她拿著筆電和資料夾出來，整個人亮晶晶的，像光暈一樣散發出興奮緊張。

「我得去趟圖書館。」她宣布。

「好呀，不如我跟你一起去，我那堆書不拿去續借不行了。」我說著，打量那疊堆得高高的精裝書，我一直在逃避走路把它們扛去圖書館。

「我幫你拿去吧！」她跟隨我的視線看見了書，說道。我不太堅持地抗拒了片刻，比莉就抱著書出門了，我開始準備晚餐，要做鮭魚佐四季豆。我把鮭魚鋪在平底鍋裡的檸檬薄片上，撒上蒔蘿。好久沒有這樣做菜和人一起吃了，平靜感包圍我，我放起音樂，在廚房裡跳著小舞步，直到要剝豆子才不得不站好。

比莉回來的時候，晚餐已經出爐了。

「你的書逾期了啦。我還幫你繳了罰款！」她說，一面將那堆書扔到地上。「但我都有續借回來喔。」

我說要還她錢，她搖搖手表示不必。

「總共多少呀？」我問。

「好像三十幾塊，我要看一下找零才知道。他們只收現金，所以我還跑去領錢。」

「你不該這麼麻煩的！」我驚呼。

「哈哈，連圖書館員也問我：『你確定要這麼麻煩嗎？』但我跟他說為了你，這點小事不算什麼。」

我們邊吃晚餐，邊聊起天，她告訴我明天上課打算教什麼。我問她，她真的會想搬來這麼遠的地方嗎？她說：「的確很難想像要離開布魯克林，但我們家一直都在討論這件事。如果我在這裡找到工作，那顯然就是行動的時候了。而且我有點意識到，紐約已經少了很多我重要的人。」

她的其他親戚都住在加州，她父母還住在那間租金管制的舊公寓，但要爬上六樓對他們愈來愈不方便。如果比莉找到洛杉磯的工作，她就能帶爸爸媽媽一起來，讓他們不必再忍受日常的困窘，家裡老一輩的親戚也能團圓。新的可能性瀰漫在空氣中。

睡前，我說服比莉讓我幫她敷臉，拿出一張面膜和我所有的保養品試用瓶來照顧她。她擁有天生的好膚質，幾乎都不保養，大概也不是很需要。

「這是A醇。」我舉起瓶子認真解說，她肅穆地點點頭。我為她安置好睡的地方，自己去睡沙發床。

比莉和我的作息時間同步。隔天一大早，她輕手輕腳走出房間，發現我已經趴在沙發床上滑手機，查看今日又有什麼氣死人的頭條。我們小時候，每週都有好幾天會去睡對方家。比莉擠到我旁邊，做了個當年的老動作，把一條很重的腿壓在我屁股上，問道：「早餐吃什麼？」

我知道比莉一定沒問題的。她果然順利得到那份工作，不過正式接獲通知是後來幾週的事了。那天的試教很成功，迷倒一班四年級生之後，她開車來接我，一起去海邊。

海水太冷，不能游泳，比莉蹬掉鞋子去踩水，身上還穿著商務休閒風的灰洋裝。她高舉雙手，抬起臉迎向陽光——要是我有逼她抹防曬油就好了。她低下頭，好像發現腳邊有什麼，又彎腰去看。

「你看這個。」她說。她從水裡撈出一只形狀完美、比她手掌小一點點的沙錢（sand dollar）[3]。

「感覺是什麼暗示。」我說，暗自希望她能讀出她所需要的暗示，一個能說服她搬向我的暗示。

「應該是喔。」

3 譯註：又稱海錢，指一類圓圓扁扁的海膽，臺灣也有數種。

再過不久，我最好的朋友和我便會生活在同一座城市，結束我們一東一西的短暫分離。比莉有家庭，她的家人也會一起來，再過不久，她就會和丈夫、兩個孩子、爸媽同住在帕薩迪納（Pasadena）的一棟大房子中。我不可能擠進那棟房子，也覺得這樣比較好。她有她的生活。

儘管如此，她要搬來對我仍有天大的意義。那是另一個我可以掛上依戀的點，我會用它們織出我的未來。一縷一縷，很緩很緩地。

第16章 狩獵的心啊，願你尋得所尋

我計畫在二月的時候，花一大筆錢慶祝我的三十五歲生日。恰巧那個時候，我好幾個朋友都會同時來洛杉磯，有些是來工作的，有些是來度假的，我雀躍不已，在威尼斯海灘租了一間夠十個人住的公寓。租那麼貴的地方真的很蠢，我知道自己又在做一些愚蠢的理財決定，但還是想租，我想為自己盛大慶祝，因為沒別人有半點義務為我做這件事。

五、六年前，比莉結婚時，我多麼為她的大日子開心，看著大家見證我美麗朋友的人生重大轉折，對我而言是非常特別的事。婚宴就辦在她那間布魯克林一樓公寓的庭院裡，我注視她招呼賓客，心裡湧升想哭的強烈愛意，我好愛這個和我一起長大的女孩，這個好心腸、有才華、被深愛的女人。我灌了一整瓶紅酒。我們倆都皮膚紅通通的，因為早上在康尼島海灘舉行的小儀式而曬傷慘烈。

宴會結束後，我們很快又約出來，重溫婚禮前後的各種細節。她告訴我，她第二天早上把大家送的卡片和禮物拿出來看，看見所有她在乎的人們寫的話、說她是多美妙的人，哭得她稀裡嘩啦——當然是喜極而泣。我又被感動了，想到我朋友收到這麼多她值得的愛，我真的好欣慰。

忽然間，我閃過一個可怕的念頭，那就是我人生中可能永遠不會有這樣的日子。

我第一次讀到「自婚」（sologamy）這個概念時，試圖想像我爺爺奶奶莊嚴地坐在我的自婚典禮上，看我嫁給我自己，然後帶著大家的賀禮回家。自婚的故事通常都以女性為主角，不少會強調這些女士最近才被情人甩了，有些人結婚前夕被未婚夫分手，但婚禮取消費太高，決定乾脆來開場大派對。二〇一七年，派翠西雅．賈西亞（Patricia Garcia）為《Vogue》雜誌追蹤了幾位女性，都是在臉書上分享自婚照片影片後爆紅的人，她們收到的回應囊括了快樂的支持到攻擊的威脅。

其中的一位，是人生教練莎夏．卡根（Sasha Cagen），她寫過許多文字詳述她對自己的終身承諾，並評論了為何舉辦自我承諾典禮的男人遠比女人少。「很明顯，女人在這件事上受到的壓力大多了。女人們感到自己必須結婚，才能算是真正的女人或大人，」她說，「在婚禮之日用婚紗、婚戒、新郎達成圓滿的神話，是女孩子從懂事以來就被灌輸的故事。男孩子不會被灌輸這些故事。因此，女人心中有很深的焦慮和渴望，需要一個讓自己受到承認的儀式。我相信男人也一樣喜歡被看見、被承認，但結婚對他們而言，就是沒有那麼重的分量。」

卡根的自婚典禮只有兩個見證人，表面上和傳統大型婚禮鮮少共同點，然而她精確抓出了重點：即使避免傳統裝飾，自婚者一樣是渴望透過正式典禮獲得承認。我也渴望獲得承認，而且厭惡自己無法停止這種渴望，尤其因為在我腦中，獲得承認的方法已與單一伴侶婚姻密不可分。我試圖以這次的慶生會來卸掉負擔，如果可能的話。

我朋友瑪莉安要從紐約飛來，和她們演藝經紀公司西岸分部的人開會，此時離我們的活動還有一週，她和另外幾個朋友時不時丟訊息給我，問我交通問題，還有海灘之夜前一晚能不能來我家借宿。我忙得心花怒放，感到自己被需要。

我走進一間離我家甚遠的咖啡店，打算找個位子工作。我喜歡把事情混在一起，這間店有超美味的炸雞三明治，我是順便來吃美食的。手機震動，我一邊點開瑪莉安的訊息，一邊在櫃檯前排隊。

我抬起頭，咖啡店的大理石吧檯坐著一個人，正在埋首打字，看起來異常熟悉——一個穿黑T恤的修長男人。一瞬間，我懷疑我的感官是否正常，我經常覺得在街上看見亞德里安，洛杉磯實在很多穿黑T恤、中等身高、頭髮捲捲的男生。我需要回頭多看路人兩眼的頻率，令我開始思考他的型是不是比我以為的更接近基本款，到處都是他的複製品。

那些只是複製品，我的身體知道，這個是本尊。

我轉身走進洗手間。

我在咖啡店遇到亞德里安了，我從洗手間傳訊息給瑪莉安，透過腸胃釋放震驚。為什麼這個臭男人就是不肯滾出我的人生？

哈哈哈哈哈。她富有同情心地回傳。

我有兩個選擇。我可以走出廁所回家去，省掉和他說話的尷尬。或者我可以重蹈覆轍，再次走去點點他的肩。我選了後者，因為我不懦弱，從來沒在怕給人家製造麻煩。

認出我的同時，他的瞳孔放大，像隻嚇到的鳳頭鸚鵡，然後我們都爆出笑聲，先前那些不愉快的風波，都蓋不過又在咖啡店巧遇的荒謬。

「只是想打聲招呼。」我說著，退回隊伍裡。他沒有轉回去工作，反而走過來和我講話，跟隨我等候咖啡，攪拌好奶精及糖，走去找位子。我們沒聊什麼特別的，只是一般問候。他分享了他的觀察，說這家店就像週一的健身房一樣，全世界都會來！他靠在我桌邊，好像在等待什麼，我不懂他在等什麼。

「好喔，我差不多要來工作了。」我說。

他站起來。

「也是，我也得工作了，」他說，他猶豫一下，「我之後可以偶爾約你喝咖啡嗎？」

「是沒關係。」我說，想著瑪莉安聽見這段發展會笑成什麼樣子。

「好耶！」他說，舉起一隻手來和我擊掌，我一頭霧水，伸手跟他配合，他坐回櫃檯邊。

他就坐在那裡，離我不到兩公尺。我可以再走過去，觸碰他，要求他注意我。我拍拍自己的背，克制跑去鬧事的衝動。我總算是專注了幾小時，胃也不再翻攪。

終於，我起身收東西，眼睛對著他那個方向，亞德里安戴著耳機，很專心的樣子。我經過他去洗手間，出來就見他也過來用廁所，我一時疑心他是不是故意學我，不過我和他又都笑了，彷彿這是一齣搞笑劇。

「那我再約你喝咖啡？」他問，語氣表示他很認真。

我才幾乎馴服自己別去追逐亞德里安，要我抗拒他的示好，即使這麼微小，我也完全無力辦到。但我從過去學到一個教訓：要是我說好，離開這間店，他可能永遠不會聯絡我，而我會一直懷抱希望傻傻等他。

「你現在在做什麼？」我問。

太陽正西沉，空氣逐漸轉涼，走向一間酒吧的路上，他告訴我他一月去了墨西哥旅行。墨西哥是他父親的祖國，他到時才發現爸爸特地飛去和他會合，想把握父子相處的機會。亞德里安解釋，他對有時盡責、有時失職的父親維持著勉強的諒解，說沒想到還能聽見他早已不指望的道歉。嗯，我懂不指望道歉的感覺。

他告訴我，他出發旅行前辭了酒保的工作，現在還沒確定要再求職，他考慮去讀碩士，講了幾個其他城市的藝術碩士學程。這些消息我本來可能根本不會知道，然而，想像他又要跑去一個離我遙遠的城市，心情還是慌亂起來。我從來不知道他人在哪裡，但有時候，光想到他在洛杉磯某處，就讓這座城市具有特殊意義。日落時，他或許也和我看著一樣的夕陽，轉過每個街角，我都可能遇見他，真的就是這樣，不是嗎？今天就是這樣。

他沒提他女朋友。

那天的每句對話都是如此。交談愉快如常，我們從一個話題聊到另一個話題，找到一家暢飲時段有促銷活動的法式小酒館，選了窗邊的位子坐。每句對話裡都有一塊空白，是個我不認識的女人身影，他說最近去海邊露營的時候，我知道意思是跟她一起去；他描述在墨西哥造訪了一家很棒的餐廳，我知道當時她就坐在他對面。他絕口不提她的名字，無論她到底叫什麼名字。

至於我，則對感情話題百無禁忌，我說起自己相對近期的一些失敗經驗，甚至頗高興能和他聊這些，內容多半是些膚淺的紐約交友與洛杉磯交友比較，基本上是我的單口相聲段子，論這兩座城市的騙子和草包。

「洛杉磯人不會這樣，洛杉磯人想放你鴿子的話會說……」

他在正確的地方點頭稱是，同情我的情路坎坷，雖然說他自己就是我最大問題的化身：總是追求不要我的人。那才是我沒說出口的臺詞。那才是我們對話中的另一塊空白、**另一件**不能提的事。最終，兩個沉默的泡泡撞在一起，破掉了。

「總之，我只想把該做的事做好，別太在意什麼情情愛愛。」我說，因為有自尊的人好像都會說這種話。他嘆口氣，搖搖頭。

「唉，愛情不過就是——」他起頭。

「我去上個廁所！」我叫道，跳下桌，速速走向我最中意的情緒避難所。我不想再聽他說什麼愛情都是假的，特別是因為，他待會很可能就要回家，回到某個覺得他們的愛非常非常真實的人身旁。

如果有人明白愛情是假的，那人也應該是我，畢竟我為了寫這本書，讀過不少相關資料，愛情只是一堆紊亂的身體反應，將你對一個人的關注提升到濃烈至極，足以使你們生下後代，再把小孩養大到能自己剝香蕉。愛慕對象離你愈遠，你就愈渴望他們，我一直渴望亞德里安的一半理由，是我始終無法真正得到他，於是又更加渴望。說穿了就是科學而已。他是顆美味的蘋果，在我搆不到的枝頭上，現在他又回來了，在我面前晃來晃去，用不會成真的美夢誘惑我。

就算我明白，又怎麼樣？洗手間鏡子裡的我看起來很美，看起來很開心。這幾個鐘頭，一個某程度上，我仍然愛戀著的男人給了我他百分百的專注。就算我明白他把我耍著玩，也改變不了我身體裡的那堆反應，或者他在我戀愛藍圖上——我的個人意志在文化影響下繪出的那張藍圖——行走的曲折軌跡。四個月以來，我忘卻他的一切努力，都在他的眼神和第三杯半價啤酒的威力下化為烏有了。

《章魚，心智，演化：探尋大海及意識的起源》（*Other Minds: The Octopus, the Sea, and the Deep Origins of Consciousness*）中，作者彼得・戈弗雷史密斯（Peter Godfrey-Smith）講述了章魚如何演化出不可思議的複雜大腦。與人類相較，章魚並不怎麼社會化，而在動物界，社交能力經常是心智複雜度的指標，然而，章魚確實有非常高度發展的智力。

戈弗雷史密斯敘述，章魚聰明在「好奇且靈活、勇於冒險、懂得投機取巧」，而這種智力發展自牠們為了覓食，在海底「漫遊及狩獵」的紛繁需要。章魚體內的神經細胞在代代相傳下逐漸發展，終於某天，「一隻章魚睜開眼睛，發現自己有能做更多事的大腦。」

在陸地上從事五花八門覓食活動的人類，也基於類似理由，演化出更高的智力。這催生了語言，以及——根據哈拉瑞在《人類大歷史》中的看法——智人（*Homo sapiens*）的閒言閒語能力，有本事講廢話的智人遙遙領先於其他人種，最終導致競爭者全滅、我們智人開始主宰和摧殘地球。當然，這只是現有理論的其中一種，但推測狩獵是最初的小火花，點燃了心智產生疑問、意識到自身、表達複雜意義的能力，似乎很有道理。

戈弗雷史密斯並未聲稱，章魚思考及感受的方式與人類相同。儘管智力優越，多數種類的章魚壽命僅有三至五年，不過，牠們也有惡作劇、好奇、辨認、學習的能力，並且需要有趣的刺激。章魚和人類的意識演化路徑很不一樣，但都是由共同的祖先，在找尋維生資源的過程中走出來的。

對交流的渴望，使人類更傾向彼此互動，在這方面的發展也更多，今日，一大部分人類仍然持續尋覓著那古老、傳統的團聚感，即使不再認為找得到了。看著洗手間的鏡子，想著酒吧另一頭等我的亞德里安，我覺得自己像隻章魚，我不能不往更遠處搜尋，在伸手不見五指的海底尋找另一條路、另一小塊食物，以亂揮的觸角翻起沙，感覺環境的影響拂過我。我想像某天早上我會醒來，發現狩獵終於帶我尋得了更深的啟示，尋得了某種超越我最初所尋的事物。因為獨身，許多人能看見和質疑現狀奇怪的地方，而那是滿足於伴侶關係的人們必然看不見的。他們太安穩、太肯定，他們想要的都有了，不必再向外找尋。

在洗手間裡自以為是地對自己說教，我心道：就算我們稱為愛的東西，只是一堆枝微末節的感覺構成的，那也無所謂，我們就像章魚，一路摸索著如何生存和繁衍，演化到了今天。我可以試圖貶低愛，說愛情是假的，或者愛情不過是一堆化學物質，但那就像說月亮只是塊巨大的岩石一樣。愛已經演化到超越生存需求，遠遠超越我們在動物中觀察到、並擬人化的基本愛慕，愛情之謎不在於它來自何處，而在它去向何方。這顆星球上再也沒有別的生物，能像人類這麼複雜地愛，沒有任何界線限制愛的能耐、模樣、表達方法。

這些念頭浮現時還很粗糙，我站在那裡，望著鏡裡光采奕奕的那個倒影，無所謂、有所謂，我的愛是假的，又比我的任何一切都更真。我知道我很快又會失去那種活力的源頭，走回座位的時候，差不多也到了結帳的時候，然後直到下次巧遇，或是直到永遠，我都不會再有他的消息了，我和他沒有其他可能了。他也許依然喜歡我、他也許享受我明顯的愛意、他也許只是想要一點點刺激，我不想再讓他走，同一時間，我意識到，他從不曾真正來到我身旁。鏡子裡那個人散發的光芒仍然是真的，即使他再也看不見了。

我回到座位後，我們結完帳，走出了店門。

「這附近有家很棒的書店耶。」他說。

「我知道！」我高呼，發現苟延殘喘的機會，「我好喜歡那家店！要去嗎？」

他聳了聳肩。「可以呀。」

我往書店的方向走，他拉住我的外套。

「不是那邊啦。」

「是吧？」我說，雖然完全搞錯了。我又開步走，他握住我的手，拉著我朝正確方向移動。

他的手！他的手！

我們短暫過境書店，在突然的亮光中壓低聲音交談。我拿起一本海洋生物的書，說：「這看起來很酷。」

「是嗎？對喔，你在看那本章魚的書。」

「對呀，之前在看。」我說，很驚訝他還記得一年前我在讀什麼書，那是他來狄倫家接我的時候，我第一次來洛杉磯找他的那個週末。

我們終於把能翻的書都翻完了，又回到街上。我們似乎好近、好近，足以再犯下那總是犯下的錯。忽然，他靠過來，快速抱我一下，歡樂地拍拍我。

「好啦，我得走了。下次見囉！」他說。他輕快地走了，回頭向我揮手，彷彿微醺的樣子。

他提醒自己了，我心想。恭喜他呀。

人行道上剩我一個人。寂寞有千百種色調，沒有足夠的字詞能形容，這是一種自知對某個人無法再懷抱任何夢的寂寞，一種平淡極了的感受。愛某個人讓我的許多白晝有了形狀、許多黑夜添了酸楚。愛驅動我，使我氣憤、憂傷、熱情如火，我甚至因此才決心搬離舊的生活，無論是身體還是心靈。

愛情是個故事，一個我聽過太多次的故事。當我陷入戀愛，我輕易就能想像未來將多麼美妙——只要亞德里安（或其他的誰）也愛我就好，縱然心知肚明他永遠不會，我還是在等待某種說明一切的結局出現。現在該真正接受了。接受無論我們在多少家咖啡店、多少次不期而遇，都不會有結局。未來的歲月裡，我只會一再巧遇他，每次的他都黯淡一點，因為我愛情為他添加的光澤少了一些，最後，他會看起來像個普通男人，而我將理解我花了多少時間在另一個人身上建築意義，而不是在自己之中用愛造個世界。我把愛放在別人身上、去追隨它，而不是種在自己心裡、讓它長大。

我的三十五歲生日夜終於到來，我朋友和我最後去了一間擁擠的酒吧，我幾乎一進門就想走了。撐了一小時左右，我溜到清靜一點的陽臺上透口氣，然後坐在垃圾桶旁一個低矮的儲物箱上，為自己慶祝好累，我需要休息一下。陪我慶生的十一個朋友中有九個是酷兒，所以我們找了附近一間可以跳舞的同志酒吧，令人失望的是，撇開兩間廁所裡的同志情色海報不提，店裡的氣氛似乎直得很不友善，看起來那裡是熱門的慶生場地，當晚有好幾桌都在慶祝。

我深呼吸一口，抬頭看夜空，頭感覺好重，好像脊椎都不想支撐了。為自己辦派對是個餿主意，一群人待在威尼斯海灘的租處無所事事其實很尷尬，直到我朋友搬出一箱為我生日準備的紅酒來開。還不到午夜，但大家都很醉了，我是其中最清醒的，因為不想忘記今天是我重要的日子。我無法真正放鬆享受，因為心裡有某些並未承認、也並未滿足的期待。我本來希望今晚能輕輕鬆鬆玩得愉快、覺得被愛，結果被朋友注意只讓我感覺壓力很大，沒感覺到享受。生日開心嗎？你有盡興嗎？我希望的是**他們**玩得盡興，希望能覺得自己像個開心果，只是在場就讓大家愉快。結果，我覺得自己像個沒人知道怎麼處理的重擔，也就是我的通常人設，我的朋友們感覺到我的不安，甚至更努力炒熱氣氛，而我又更愧疚自己開心不起來。

你就是這樣，才沒辦法快樂。我心想。他們都不氣餒地想讓我高興起來、一起跳舞，努力了一小時，還是無濟於事，我甚至躲到外頭來了。

就在這時，有個戴生日皇冠的女人喝醉酒，栽進我旁邊的垃圾桶，另外四個女人跑上來搶救她，幾個人都圍在我腳邊。

「你的皮包呢？」一個朋友問醉醺醺的壽星。她搖頭表示不知，朋友又追問：「掉進去了嗎？」

她點頭。我彎腰拉起垃圾桶中明顯可見的一條背帶，把皮包提起來，說：「在這裡喔。」

她們讚嘆地看著皮包，彷彿那是我從帽子裡變出的兔子，接著開始慷慨地感謝我。

「今天是她的生日！」其中一人表示，好像這樣就能說明這場混亂了。

「我也今天生日。」我有點害羞地說道。

「什麼？真的嗎？」和我同天生的女人問。

「對。」我回答，附上一個正經的點頭。

「太神奇了，」有個人自語，然後問我：「你幾歲呀？」

「三十五。」我說。她們看起來全都超級震驚的樣子，我還以為她們聽成四十五了。我外表或許比三十五年輕一點點——因為非常認真擦防曬油——但也就是一點點而已，我猜她們是想送我年輕的稱讚當生日禮物。

「我三十二！」壽星拉著我的手大聲說。

「是嗎？生日快樂！」

「你也生日快樂！」

我們在生日快樂聲中逐一握了手。

「進來跟我們一起坐嘛！」壽星說。我告訴她們我一會兒就進去，然後繼續躲在陽臺上，一個主辦派對的人躲這麼久實在不妥當。

我不太相信生日會發生神奇的事。我媽媽三十五歲那年，才剛生下我，我是她緊急剖腹產下的，當時麻醉沒有起作用就動刀了，生產後，她足足住院了一個月。當護士抱我給她看，她說她忍不住哭了，因為我的腋窩太大，她每次說這件事都會笑，並且模仿嗚嗚咽咽的自己，裝得像個小孩，而不是一個才在完全清醒狀態下被活體解剖的女人。

我還記得，我第一次心想「我的年紀已經來不及了」的時候，是在看某部金潔．羅傑斯（Ginger Rogers）和弗雷德．亞斯泰爾（Fred Astaire）的舞蹈電影。我突然意識到，如果想跳舞跳得那麼好，我更小的時候就要開始學了，年紀增加的感覺，有時候就像那樣，好像你已經來不及做某些事了。三十五還很年輕，但到了我媽媽生我的年紀，自己卻仍無子女，我總覺得我來不及擁有家庭了，我已經不可能二十幾歲步入禮堂、不可能和大學男友愛情長跑，不可能和高中竹馬一起長大。往後每年只會以更快的速度流逝，留下更多我來不及做的事。

我過九歲生日的時候，在慶生派對上大鬧脾氣。我媽媽邀了很多人來，有我的朋友，也有她的朋友，我把大家都丟著，自己一個人躲到臥室裡哭。我忘了導火線是什麼，但總之一哭就停不下來，因為我知道派對都被我搞砸了——我以前就老是掉進這種模式。我一直哭到終於累了、冷靜了，才回去加入慶祝。現在我又來了，鬧脾氣搞砸自己的生日派對，想著自己太老、來不及享受生活而傷心，卻任由眼前的生活流過。

我累了，我厭倦鬧脾氣；我厭倦探究過去三年來每件事的意義、我人生中每件事的意義；我厭倦尋找愛情或解答；我厭倦被原始衝動、社會期望、浪漫喜劇擺布，告訴我應該窮盡這珍貴的一生渴望什麼。

我們總是急於尋找某些外在事物，如此急迫，即使找到也要馬上動身，再去找下一件事物。每一次大功告成的感覺之後，你又會被一種揮之不去的不滿足折磨，覺得你擁有的仍然不夠。

我閉上眼，想像我內在的那座池塘，一直以來我心中對憂鬱、失去或寂寞的隱喻。池塘幽深森冷，只覆著一層薄冰，勉強撐住我不落入漆黑的水底。我站在吱嘎作響的晶亮冰層上，被另一圈霜圍繞，更遠的邊界隱沒在濃霧裡，冰開始消融，愈來愈薄，裂痕一道一道切開池面；水漫上來，把碎冰吸進池中、捲進池底，浸濕我的鞋，把我拉下去，我的身體溶解，再冷也無所謂了。水淹沒池岸，融化岸上的雪，侵蝕舊有的邊界，池塘不再是池塘了，變成一座平滑如鏡的湖泊，延伸到天邊；水變成一條河，流過列車窗外；水變成碎浪，拍打在海鷗腳邊；水注滿一口井，供我取飲；水如雨降下，澆灌乾涸的大地，又蒸發，又降下，循環不息；水變成瀉湖，變成海灣，然後再度變成一座池塘，滿池滑溜的錦鯉，細心栽種著睡蓮，水面上蜻蜓飛來飛去。

池塘邊，有一小塊能坐的草地。我現在再度是原來的我，我在草上靜靜休息了一會兒，感受內在的溫暖與生機。接著我睜開眼、站起來，返回店裡。

朋友們在等我，我加入他們，投進舞池中。我們持續跳舞，裝作很開心的樣子，直到某個幽微的變化後，假的也成為真的了。

結語 失去的可愛容顏

過了一年多一點，二〇二〇年三月，我媽生病了。我在洛杉磯和她通電話，講到最後，她太喘而無法再講下去，她的醫生很肯定她得了COVID，但當時檢測量能太低，無法讓所有人做篩檢。他們要她在家靜養，真的病到無法呼吸再就醫。我一個人待在我獨居的公寓裡，每天在浴室、廚房、書桌之間走動，讀著新聞，看見報導上說富人紛紛逃離、紐約成了一座空城，說救護車的笛聲日夜響徹，說許多冷藏貨車停在太平間爆滿的醫院外。我好想飛奔回去，但此時移動似乎是極度不負責任之舉。

擔憂和無法決定是當時太多人的共同經歷，且讓我跳過這部分，直接說我媽媽康復了。她的肺炎症狀好轉，只是病毒又導致原有的退化性疾病出現新問題。擔憂不會散去，怎麼可能散去？

然後，九月時，我奶奶走了，不是因為肺炎走的，她中風了。我透過視訊鏡頭，向她已無知覺的軀體告別。我多麼希望我有選擇回家，曾經在她離開前，再一次從街上向她揮手打招呼。

COVID爆發後第一個月，我意識到，這就是我從前許多年過著的生活：整天久坐不動，用食物、影集、戀愛小說撫慰自己，即使有點廣場恐懼症，我逼自己至少每天出門散步一次，晚上才睡得著，床墊中央又被我躺出了一塊凹陷。疫情期間的生活熟悉得好荒謬。

當我窩在床上度日，並不是為了防止致命病毒傳播，而是因為確信永遠找不到別人來與我分享生活的時候，感覺就像在等待時間過完而已。我像顆溪底的石頭，光陰從身旁溜走，我什麼也不做，反正似乎無事可做，我會放走春天，錯過樹上的花，想著：明年再說吧。然後明年也過了，其他人再度向新可能甦醒，我則在冰封中度過另一季。

我確實改變過我的生活，透過果決的努力、微小的步驟、不同的選擇，我又成為一個能做些什麼的人。現在一場大疫把我打回了原形，窩在床上，孤身一人，盯著不透明的未來，不太相信能找到任何值得找的東西。寂寞有時像一圈情緒的圍籬，把你關在裡面出不去，那是超越禁足令的一種隔離。

疫情剛開始那幾個月，普遍經驗還沒形成，但的確能感覺到每個人都忍受著某些寂寞，寂寞的原因不盡相同，即便起始點都是同一場傳染病。有些人由於年紀或身體狀況，必須受到隔離，因為疫情之初，人們曾相信這種病只威脅到年長及免疫力不全的族群；有些人無法旅行返鄉，或想要遵守社交距離來協助「壓平曲線」，雖說隨著美國轉向群體免疫的防疫策略——結果形同大規模死亡——所謂壓平曲線很快就失去意義；有些人從事被定義為「必要」的高風險工作，成為生命健康權受到差別對待的一群，也有些人寂寞是因為丟了工作、機會，或只差一步就要實現的夢想。

那頭一個月，我真想回去和家人在一起。但我一直想到：「現在家人也保護不了彼此。」某些人生處境中，感覺正好相反，身邊有父母、某個手足、需要你照顧的孩子，真的可能救你一命，COVID-19才不管這些。比例最高的傳染源頭，就是同住家人，病毒會在至親之間傳播，甚至一次奪走不只一個家庭成員，沒有家人的獨居者，反倒成為最安全的族群。疫情揭露了「我們對抗他們」的思維多麼不堪一擊，只要其他人還受到威脅，你的家人就不可能真正脫險。

我不意外的是，聯邦政府和許多州政府對疫情的論述，迅速從「我們要一起戰勝疫情」變成了「防疫是每個人自己的責任」。如果說不幸染上傳染性強的致命流行病，是個人自己的疏忽，政府就不必再支援失業者、補助醫療費、處理居住危機，或推出任何社會福利措施了。政府不是不能做，只是不想做，因為一旦擔起這些責任，疫情結束後說不定就卸不掉了。

COVID是一場明顯的危機，但更誠實的說法或許是，這場危機許久以前便已開始，只是如今以始料未及的方式，影響了過去能躲在種族或階級庇蔭下的人。

很多知道我在寫書的朋友都跟我說，他們覺得寂寞的主題很符合當下需求——當然大家都是各自關在家用訊息說。我倒沒有這種感覺，疫情前，我的寂寞是一種稀奇古怪的狀態，涉及在熱鬧的酒吧認識新朋友、擁抱、握手、跳舞。以前我在寂寞中找到的愉悅，比現在多太多了，疫情後，我能以不同的眼光欣賞當時的寂寞。

不過，疫情確實放大了我過去看見的一些隔閡，連單身者和有小孩的已婚者之間的鴻溝也擴大了。每隔一段時間，推特上就會出現哪一群人比較慘的辯論：到底是封城期間要二十四小時照顧小孩的家長慘，還是將近一年沒實際摸過其他人類的單身人士慘？有空上推特吵這些事的人，應該都還不至於活不下去，但大家議論這些主題的激動程度有時直逼絕望。

我朋友泰莎——從來不想生小孩的那位——在專心投入娛樂產業之前，曾經從事幼教工作。「我真的覺得，很多家長只是現在才發覺照顧他們的小孩有多辛苦，因為平常他們都把那些事丟給別人做。」我們戴著口罩在公園碰頭時，她說。

一個有氣喘的單身朋友在家關了半年之後，透過Zoom告訴我：「從來沒有已婚朋友問過我好不好，他們不懂這段時間徹底一個人是什麼感覺。」

苦惱的不只有平時請得起保母的家長，每一個上網陳述憤怒的人背後，都有數千個無法求援的人，必須在孩子學校停課後，每天準時至工作場所報到。三月初，紐約市出現了反對學校關閉的抗爭，原因是超過十一萬四千名以街頭為家的兒童，必須仰賴學校提供基本餐食、甚至洗衣服務，不少人此時才驚覺，美國最富裕的都市之一，竟有超過十萬名學童無家可歸。這段插曲不久後也被其他事件淹沒了，疫情的龐大壓力下，愈來愈多現行制度的缺口加速破裂。

我不認為二〇二〇年的黑暗中看得出任何一線光明，也包括所謂「災難是重新設計的契機」。這些契機究竟是否真的有被妥善利用，讓人們的生活變得更好，我們也許多年之後才會明白。但我希望回歸常態的那天，我會發現我已經比原先的我更好了，此刻，我在想的是我如何辜負了他人，能不能再也不要讓這種事發生。

最初開始動筆時，我設想要寫一個關於克服寂寞，或至少找到辦法和寂寞共存的故事，我想回答獨身的人該做什麼，才能使生命更充實、更歡樂，我希望這本書能對其他人有幫助。

我也想回答一個大概很多人會問我的問題：我還覺得自己會永遠一個人嗎？

關於第二點，我會說，故事結尾的那天後，我又有過深刻的感受，充滿愛意與希望的感受，我又再度受傷、失望、被踹遍所有我可能永遠學不會武裝的柔軟地方。我繼續（保持社交距離）約會，也打算一直約會下去，直到這件事對我而言無趣大於有趣為止。我無法預知未來，不確定自己會不會永遠一個人，但隨著時間，那問題逐漸不重要了。還有許多別的問題令人好奇。也許某天，我會遇到適合與我分享答案的人。

至於第一點，我現在相信，確實有些辦法能減輕孤寂，有些微小的行動，能協助你認識新朋友、發現新嗜好、擁有開心的時刻，就連聊天也是需要練習的，你能藉由這些行動完全改變自己的生活，而那會是了不起的成就。實際嘗試後，我發現我有些部分必須改變，我必須改變自己的消極、對失去的恐懼、無法在別人面前展現脆弱的個性。透過交友，我學會再次冒險，也學會不要把被拒絕看得那麼重，更成熟地運用我逃避了六年的方式與人交流；透過戀愛，我理解到我無法接受別人只給我最少的一點點，就算我聲稱什麼都能接受。我理解到每個人都有自己的路要走，其他人無從置喙；我理解到即使單方面的情感也有意義，我很榮幸能產生那些感覺。

以上這些都是我個人該做的事。唯一的麻煩是，只從個人的角度思考寂寞，會使人們陷入更嚴重的孤立。如今我認為，談論寂寞時，我們不該聚焦在某人如何配合現狀調整自己——努力改善外觀、努力自我實現、努力做各種大家說「這樣的人才**值得**愛」的事。談論寂寞的目的，應該是找出那些令人們彼此疏離的結構性問題，讓我們思考家人以外的人對我們的意義，讓我們思考我們這個集體。

當今分隔人們的經濟與社會條件，並不是自古存在，認為一個愛人就能讓你永遠不孤單的觀點，其實也相對晚近。寂寞強勢崛起，帶來嚴重的大眾健康問題，說明我們來到了新的關鍵時期。許多事情都能改變，只要我們夠有想像力。

說到想像力，我總會想到一個例子，遺憾的是，內容有點可怕，也許這就是它揮之不去的原因吧？我不確定沒有成天掛在網路上的人，對於「非自願守貞」（incel，involuntary celibate）文化了解多少，簡而言之，這是網路上對於一類被女性拒絕，覺得自己「被迫」守身禁慾的順性別男生的稱呼。除了拼事業的獨身女子以外，非自願守貞者可能是大眾最熟悉的寂寞典型之一。

說得更明確一點，非自願守貞者相信女人**欠他們**性愛。這不是指相貌或魅力可能被認為與他們相配的女人，他們要的是年輕美麗的處女，但同時，他們又用最難聽的仇恨語言辱罵這些女性，而且認為自己面目可憎。許多非自願守貞者相信，女人不肯跟他們上床的唯一理由，就是他們的外表，然而，他們對女人充滿憤怒，而那憤怒與一種世界待他們不公平的感覺難以分割。

誰不曾覺得世界待自己不公平？這種感覺不難同理。過去這些年，我不也覺得世界待我不公平，沒給我浪漫喜劇和情歌裡說好會有的愛情嗎？有一部分的我曾經相信，只要我更美麗，就能像許多女人一樣看似被伴侶深愛，還有一大票想愛她們愛不到的人在後面排隊等待。

最早自稱「非自願守貞」的其實是一位女性，名叫亞拉娜，住在多倫多。她於一九九七年開始經營一個叫「亞拉娜的非自願守貞計畫」（Alana's Involuntary Celibacy Project）的網站，分享她在戀愛交友方面遭遇的困難，該網站後來轉變為論壇性質，讓網友討論交流，其中最多的是同樣感覺被排除在成年性生活之外的女性。二十多年後的BBC專訪中，亞拉娜敘述她後來走出那段時期，又開始談戀愛。她將網站留在身後，未意識到她創造的詞彙被Reddit、4chan以及8chan等惡名昭彰的論壇上的鄉民相中，意義逐漸轉化，融入了厭女的男權主義（Men's Rights）意識形態，直到多年後，幾個以「非自願守貞者」自居的男性接連犯下殺人案，她才知道這件事。

二〇一四年，一名叫作艾略特．羅傑（Elliot Rodger）的男子在加州的伊斯拉維斯塔鎮（Isla Vista）殺害六人、造成十餘人受傷後自殺身亡。他在一段影片中留下宣言，述說女人一直以來對他的百般拒絕，以及這如何將他推上了大規模殺人之路。他成為四年後艾列克．米納辛（Alek Minassian）聲稱效法的對象，米納辛二〇一八年於多倫多駕駛一輛廂型車，蓄意衝撞人行道上的行人，造成十人喪命。

「我沒發現這件事，因為我已經沒有在注意這類社群。我的感情生活還算順利，不會特別想回顧自己早期的不順。」亞拉娜告訴BBC。為什麼會有人期待她注意？她當初發起的是一個讓寂寞的人們反思、討論並彼此支持的計畫。後來她繼續往前走了，亞拉娜與那些糟蹋她想法的男人們，採取的方法是多麼不同呀！

白人男性犯下暴力事件後受到的同情，好像總是遠遠多過於任何其他族群。米納辛濫殺案之後不久，《紐約時報》登出了一篇社論，由特約撰稿人羅斯·度查特（Ross Douthat）所寫，他似乎相當認真看待「非自願守貞男」的怨言。

度查特在該文中主張，現代社會太過強調情場征戰，任何男人對於自己應該享有多少性愛的觀點都會因此扭曲。度查特認為，家庭觀念、忠貞、節制等價值的崩潰使得人們縱慾過度。導致暴力的是這一點，而非男性的特權思維，接著，他檢視了一種邊緣意見，認為解決之道在於「性愛的重新分配」。

「我想說的是，儘管這個概念可能觸犯某些人，或聽起來很烏托邦，但所謂性愛的重新分配，事實上完全回應了晚期現代的性生活邏輯。這種追求的特點也全然符合自由主義社會中，我們一再看到的模式，」他表示，「首先，如同其他新自由主義的去規範形式，性革命創造出新的贏家、輸家和新的階級。現在享有特權的是美麗、富裕、善於交際者，其他人則被貶謫到新形態的寂寞與挫折之中。」

美麗、富裕、討喜的人們以前難道沒有優勢嗎？我想他在談的其實是，現在女人不必被迫找得到誰就嫁給誰了，因為她們有了自己養活自己的新選擇。度查特不惜把黑的說成白的，以正當化各種駭人聽聞的提議，例如立法規定性交義務。他繼續論道，相信未來出現性愛機器人時，這些壓力應該會小一些，也暴露了女人在他的觀念中就是滿足男人需求的道具。

度查特的意見並不新，他所呼籲的，本質上就是退回一個甚至更糟的時代，不過，很少有人像他這麼嚴肅地論述如何改造社會，以便協助無力自助的寂寞之人。度查特沒有叫「非自願守貞男」想辦法改善外觀、培養新嗜好、去做心理治療、更努力交友，他認為政府應該插手！只要條件對了，個人寂寞是可以成為公共議題的。

也許寂寞單身女子的形象已經常駐於集體想像之中太久，激發不了新點子，又或者度查特等男性認為，單身女人的問題顯然已經有解——去嫁個願意娶你的人不就得了？

沒殺人的非自願守貞者確實也有值得同情之處，如同這些無性生活的單身男子所言，像我這樣魅力中等的女人一旦真的努力，就能製造親密接觸的機會，他們相信所有女人皆如此。但我覺得，認同這個身分的人們在一件事情上錯了，即認定自己渴望的，就是和一個最聽話的年輕處女上床。他們只是另一群被別人口中的「正常」洗腦太深的人，如此之深，以至於自己斬斷了所有其他思路。

還有什麼道路可走？我們只能在過去的老路中徘徊嗎？

《單身，不必告別》中，崔斯特拋出了幾種實際的做法，協助單身的人安然維持單身，也讓婚姻對所有選擇它的人更平等開放，她希望能採取的措施包括：強力保障同工同酬、提高最低薪資、發展全民健保、規定醫療險須給付試管嬰兒療程（IVF）及生育治療、為單身者提供居住補助（目前於聯邦層級，房東根據婚姻狀態挑選房客並不違法）、修改不利於非親屬同居的地方法律、發展全民托兒服務、強制及補助各行各業為新生兒雙親提供帶薪育嬰假。

這一連串前衛、激進的改革建議，收錄於該書附錄中，附錄最後一段，崔斯特寫道：「如今，生活在美國這片土地上的人們愈來愈自由。在人生某些時刻，我們享受他人的陪伴與關心，另一些時刻則否。我們不能再因循過去那一套，彷彿每個勞工都有老婆幫他無償做家事、顧小孩，或每個勞工的老婆都只能在家等他們帶薪水回來。」

《單身，不是你想的那樣！》的作者蓓拉．迪波洛，也對社會能如何改進，於書中提出不妥協的看法。迪波洛認為，要讓成雙成對的義務走入歷史，就必須徹底改革現有體制。她指出，立即瓦解婚姻力量的一個方式，是將公權力移出婚姻制度，使之成為完全由教堂或民間企業辦理的事務。基本上，也就是廢除國家對完成婚禮儀式者的一切特殊保障，達到真正的政教分離。

顯然，為數眾多的人們會認為這是一個危險的提議，尤其因為美國有許多人仰賴結婚證明書取得簽證，然而，這項危險正說明了婚禮儀式的力量多麼巨大。在美國，取得安全合法居留權最「簡單」的管道之一，就是與一個人綁在一起。我認識許多伴侶真的是為此結婚，他們有些彼此相愛，有些只是為了讓其中一方有留在美國的權利。

但迪波洛想強調的，並不是這種想法多複雜或危險。她更著重於指出，法律帶給已婚者的益處應該被導入更進步的政策中，她同樣呼籲發展全民健保，提倡大幅擴充《家庭與醫療假法》（Family and Medical Leave Act），納入勞工在**任何人**——無論是否為近親——傷病時需要請假照顧的權利；她希望廢止配偶合併報稅制，並立法禁止雇主要求員工告知請假理由。有趣的是，有孩子的已婚者認為他們被污名化、貼上經常為了家人請假的標籤；單身者則認為比起有家庭的同事，他們的請假理由被視為較不重要。改變制度或許對大家都好。

迪波洛認為，只要「人結了婚才有價值的意識」仍然存在，婚姻就不會真正消失。倘若她在法律方面的構想能夠成真，人們不會再那麼需要透過結婚尋求物質和社會保障；情侶們不會再那麼依賴交往和同居關係來建構自己的身分，甚至父母們對親生子女的所有權意識也會消散，使我們看見，也有必要更廣泛地照顧社會上的所有孩童，無論他們生物學上的父母是誰。

這種自由確立以後，戀愛會成為更快樂的一場冒險。談戀愛可以是純粹為了交流的滿足、親密的力量、性愛的愉快，而不是自己作為人有價值的最高認證。

研究孤單寂寞的多數文獻，都將某些其實是貧窮和歧視造成的現象，也一併稱作「寂寞」，例如受到孤立、沒有穩定住處、事實上的年齡隔離、需要醫療協助，甚至只是苦無休閒時間。這不是寂寞，這是長期的壓力和沮喪。我真的相信，人們將焦點對準單身，是因為要處理其他這些議題，會意味著一切都得改變了，而我也相信，改變是可能的。

有些重大改變已在發生，多半極其緩慢，畢竟要讓單身者集結在同個目標下頗為困難，人們單身的理由各不相同，分屬不同的社會群體，人生觀也有千百種。況且如同迪波洛所說，將單身當作寂寞同義詞可能深化歧視，然而，從單身者面對的困難著手，有助於構思更好的法律制度，因為結婚目前仍能獲得許多經濟和政治獎勵，使得非已婚者自動陷入劣勢。

許多人士一直在前線努力，促使這些改變於地方及全國發生，特別是在歷史上被邊緣化的社群裡，LGBTQ+族群長久以來，都致力於建立互助的網絡，協助被主流文化拒絕——經常以暴力的方式——甚至被原生家庭拒絕的人們求生。有個概念叫「自選家庭」（chosen family），是指一群未必是戀人、未必住在一起，但認為彼此是一個團結單元的人，自選家庭的存在承認了一件事：許多時候，你生命中最重要的人，或真正在你需要時照顧你的人，可能與你根本沒有血緣關係。

同性婚姻從二〇一五年開始，才受到美國聯邦法律保障。年輕的同性情侶已能結婚組成家庭，然而二〇一〇年大都會人壽熟齡市場研究所（MetLife Mature Market Institute）做的一項調查發現，嬰兒潮世代的LGBTQ+中，多達百分之六十四的人表示自己擁有自選家庭。自選家庭至今仍是提供安穩與支持的重要酷兒文化，也強力影響了美國的家庭類型，在紐約、洛杉磯、芝加哥，自選家庭已經受到正式承認，如今自選家人需要照顧時，勞工亦可請帶薪假。二〇一五年，歐巴馬總統簽署了行政命令，保障美國政府承包商的員工，可於家人生病時請帶薪假，包括「血親或其他關係緊密、與親屬相當之人」。類似的地方法律也在德州奧斯汀、羅德島州、紐澤西州、亞利桑那州，以及芝加哥所在的伊利諾州庫克郡通過了。

儘管經過這些擴充，對許多情侶來說，結婚依舊是讓結合關係受到國家認可最簡便的方法，也是保護資產與財產最熟悉的框架——要是走到離婚那天，法院不會不知道該做什麼，但沒有結婚證明書的人們卻無法取得這些福利，包括不是情侶，但長期互相扶持、共同生活的人。

提倡單身族權利的非營利組織「單身平權」（Unmarried Equality），在網站上建議人們舉辦宴會來慶祝友情，也許是兩個最好的朋友，也許是一整群朋友。但「單身平權」警告，這些活動「不具任何法律效力」。

若是友情的結合也被國家認可，或依法組成的自選家庭享有更多福利，又會帶來何種改變呢？例如，對於領取老人照顧津貼的資格？二〇一七年，夏威夷制定了《長者照顧法》（Kupuna Care），規定所有照顧年長者的人都能領取每月津貼，不受有無親屬關係影響。據我所知，紐約史泰登島（Staten Island）上就有個七〇年代成立的公社，如今因為成員漸老、缺少年輕力壯的新血加入，開始難以維持。如果紐約州政府提供照顧津貼，讓較年輕的家庭進入這些公社，會不會是一個可行作法呢？年輕人將能得到穩定的住處，而這麼久以來令數十人受惠的一種公社生活方式也將得以延續。

二十歲中段，住在公社式的合租公寓時，我曾和幾個室友認真討論過一起養小孩的可能，儘管這些討論的假設成分居多，我總覺得實現機會比找到一個願意和我一起養孩子、同時還身兼我情人的人高多了。現代法學的兒童監護權概念，大多建立在「兩人原則」上，即一個小孩的法定父母只能有兩人。通常這就是產婦及其配偶或出生證明書上的父親，或者合法領養孩子的兩個人。由於受孕、生產、家庭關係的複雜本質，法律已經開始承認某些情形下，一個孩子可能擁有不只「雙」親，里程碑之一，是二〇一三年加州通過的 SB-274 法案，該法案肯定在極為特殊的案例中，一名兒童可以擁有三名以上的法定父母。關於親權的規範，美國各州都能自行研議修改，未必需要如此嚴格限定誰才能扮演一個小孩生命中重要的人。

家庭以外，我們可以做出更大規模的改變，嘗試改變同一地區的人們互相連結與支持的方式，我們可以思考如何保障經濟安全，讓人們有落地生根的條件。假如你想減輕寂寞，不妨考慮加入工會，保護勞工權益，意味著更高的薪資及更穩定的生活，從而帶來更緊密的社群連結。你更可以支持勞工共有的合作社企業，藉此協助一座城鎮或都市中的勞動市場，不至於完全被來自遠方的企業及大財團主宰，工作日數或許不必那麼多，最低薪資可以再高一大截。改變工作在日常中占據的地位，我們就可能改變過日子的方式，讓生活圍繞著家庭和社交，不是圍繞著謀生運轉。

或者我們可以討論，都市規畫能如何協助緩解寂寞。我們可以思索怎麼將年長者整合進家庭社區，而不是放逐到偏遠的獨立社區裡；我們可以投資老舊或不敷使用的基礎建設，特別是大眾運輸，便利人們出門找朋友、上班、參加休閒活動；我們可以發展無障礙大眾運輸，使行動不便者擺脫長久以來，被身體健全的社會視為當然的隔離狀態，也許我們不必建那麼多路況奇差的偏僻街道，可以多築一些供人們聚集的廣場；也許我們不必對居住危機和空屋率束手無策，可以組成租屋族聯盟，爭取合理租金或推動合作住宅。

崔斯特和迪波洛都提到的全民健保制度，亦會有助於減輕寂寞。崔斯特談及試管嬰兒等生育療程，不過除了這個小面向，醫療保障還能在許多方面協助過著非傳統生活的寂寞者。艾瑞克·克林南柏格對於長者照顧，以及茱莉安·霍特朗對於寂寞流行病的研究，在在強調了感到社交孤立的人，時常是由於健康因素而無法出門的人，而且年紀大以後更加嚴重。在美國，許多人由於意外或疾病背上龐大的債務，身體傷病和經濟困難的雙重壓力，使他們陷入愈來愈深的孤立。假使有可靠的心理健康服務可以求助，特別是心理治療，孤立感也許就能減輕，寂寞被稱為傳染病，但我們卻每次提到醫療照護的成本和規模，便迴避釐清問題。

我們可以廢除那些製造出「寂寞」及更大危害的懲罰體制，從種族歧視的監獄工業複合體到激烈仇外的美國移民及海關執法局（U.S. Immigration and Customs Enforcement），兩者皆造成許多家庭破碎，並使重擔不成比例地壓在黑人、拉丁裔、原住民身上。疫情期間，新聞揭露，紐約州生產的乾洗手液是委託大草原監獄（Great Meadow Correctional Facility）的受刑人製造的。此時許多監獄中也爆發感染，這些受刑人自己極少會有乾洗手液可用，此事是清楚的縮影，顯示監獄工業複合體如何剝奪人們的權利和人格，然後期待他們待在看不見的地方做牛做馬，即使監獄真的有矯正性格或者索取「欠社會的債」的功能（其實並沒有），也無法說明為何要迫使人們承受這種出獄之後、也可能一生擺脫不了的污名化與隔離。

二〇二〇年夏天，當喬治．佛洛伊德（George Floyd）遭警員德瑞克．蕭文（Derek Chauvin）殺害的事件引發全國示威時，群眾抗議的不只是種族主義的警察暴力，他們抗議的是美國死於疫情的黑人比例遠高於白人；他們抗議的是醫療體系、居住條件、職場待遇中的種族不平等，以及始終無人做出有意義的補償。白人在疫情非常時期才開始意識到的問題，很多是打從美洲殖民以來，黑人與原住民一直承受至今的沉痾。COVID-19像個鍋蓋，蓋在一鍋已經微沸的水上，一切憤慨和痛苦很快便滾滾冒了出來。

抗議是二〇二〇年少數的集體活動之一，而參加的感覺很有意義。「廢除監獄」和「削減警費」過去曾是邊緣的訴求，廢除監獄運動推動者瑪莉亞姆・卡巴（Mariame Kaba），於二〇二一年出版了文集《我們將如是抗爭，直到我們解放我們》（*We Do This 'Til We Free Us*），其中一篇文章也談及此點，該文最初發表於二〇一四年，討論當年麥可・布朗（Michael Brown）遭警員達倫・威爾森（Darren Wilson）射殺後，密蘇里州佛格森市（Ferguson）爆發的示威抗議，以及要求警方改革的呼聲。

「倡議者要求改革，認為現行做法與體制『殘破』且／或不正義。這引起一波支持警察者的（種族主義式）反擊。有極少數人低語，警察的本質即是壓迫的，不可能進行任何改革，因此唯一現實的做法為廢除警察。多數人認為這些提議是異端邪說。我自己長年來也在這兩種立場之間交替。」

根據卡巴所述，僅只六年前，廢除警察還被認為是「異端邪說」，二〇二〇年夏，它已成為全國抗議活動中廣泛使用的口號。這個實例證明了一旦支持的證據愈來愈多，一個觀念能以極快的速度進入主流，也證明了大眾普遍認識到，隨著警察益發軍事化，每年投入社區衛生的預算益發不足。就連無法接受「削減警費」一詞的人，多半也能理解「增加教育經費、增加衛生經費、資助社區中心」等訴求，認同將預算花在這些項目上勝過於資助警察。

「一切有意義的事，都是和他人一起做的。」卡巴在書中，如此回答訪問她的社會學者伊芙・艾文（Eve L. Ewing）。這是她從事行動主義和組織工作的基本原則。自從讀到以後，我發現我時常在想這段話。

上述這些改變，哪怕只是要推動其中幾項，也會需要徹底調整政治權力。我們必須透過民意代表發聲，要求對巨富課稅，使稅金回歸撐起他們的社群。像這樣的改變，需要我們徹底轉換思維，轉換我們看待彼此的方式，和我們認為對彼此的責任。

這些議題每一個都探討不完，而環繞它們的運動也相互關聯，提起這些似乎已大幅超出我個人故事的範疇，但疫情延燒的同時，**不提**它們顯得愈來愈荒謬。我現在明白，若不談那些導致孤寂的更大原因，就等於拒絕承認一項事實，即人們經常是**刻意**被孤立的。只要我們合力，能改變的非常之多，但當每個人都以為自己是單獨面對寂寞，拚命想一個人找到逃脫的路，改變是不會發生的。

我們都在努力掙脫我們被灌輸的、關於何謂可能的狹窄故事，無論自願或被迫。一個人不可能改善所有與「寂寞流行病」交錯的問題，但我想，我們至少可以從一些小小的行動著手：如果你寂寞，想一件你能幫助世界變得更公平的事，開始做這件事，並且找找其他也在這麼做的人；想一件你會分隔自己和某些人、使自己看不見他們人性的事，並拒絕為之；想一個你認為你有問題，因此才寂寞的地方，問自己：「我對此深信不疑，會讓哪些人權力更大？」

最深的愛，勢必會有為了團結而付出辛苦的時候，有時混亂、乏味、痛苦，有時激烈而嚇人，這種愛超越身心感官、超越戀愛的狂喜、超越家的門檻。愛的能力，還有讓愛更寬廣而非狹隘的能力，是這世上唯一曾讓我覺得不那麼寂寞的東西。

致謝

首先，我得感謝無論好壞、使我的心成了如今樣子的人，特別是我媽媽、爺爺奶奶、我爸、我的朋友們——尤其是本書中出場的友人。

若不是因為蘇珊・戈倫（Susan Golomb），這本書根本不會存在。我想不曾有人像她一樣，在我身上下這樣的賭注，我會永遠銘記和珍惜此事，也感謝瑪麗亞・斯托瓦（Mariah Stovall）給了我寶貴的筆記和時間，協助我的思緒逐漸收攏為可行的提案。

感謝我的編輯惠妮・佛里克（Whitney Frick）於寫作過程中不變的支持和引導，並在每次我偏離方向時將我拉回正軌。能有你擔任編輯真是無比幸運的一件事。

許多幫過我的人可能甚至忘了這回事，但我一直記得：瑪琳・歐勒霍根（Malin von Euler-Hogan）、貝絲・紐沃（Beth Newell）、凱西・墨菲（Kelsey Murphy）和羅莎莉・內赫特（Rosalie Knecht）回了我的每一封信，儘管大可以別理它們。謝謝你們！你永遠不曉得你的哪封回信會不會改變某個人的一生。

感謝戴爾出版社（The Dial Press）和藍燈書屋（Random House）的編輯團隊，包括蘿絲・福克斯（Rose Fox）、亞薇德・巴許拉德（Avideh Bashirrad）、黛比・阿洛夫（Debbie Aroff）、潔莎琳・佛吉（Jessalyn Foggy）、凱倫・芬克（Karen Fink）、路克・艾普林（Luke Epplin）、蜜蜜・利普森（Mimi Lipson）、唐娜・程（Donna Cheng）和葛瑞絲・漢（Grace Han）。也非常感謝 Scribe 的莎拉・布瑞布魯克（Sarah Braybrooke）及其團隊。還要謝謝《Jezebel》的工作人員，讓我有機會寫真正會被看見的文章。

最後，感謝所有我曾經愛上、尤其是違反理智愛上的人，你們知道我在說你們。

參考文獻

Administration for Community Living, U.S. Department of Health and Human Services. "Costs of Care." Long Term Care, last modified February 18, 2020, acl.gov/ltc/costs-and-who-pays.

Beck, Julie. "The Concept Creep of 'Emotional Labor.' " *The Atlantic,* November 28, 2018. www.theatlantic.com/family/archive/2018/11/arlie-hochschild-housework-isnt-emotional-labor/576637/.

Berman, Robby. "COVID-19 Has Produced 'Alarming' Increase in Loneliness." Medical News Today, November 25, 2020. www.medicalnewstoday.com/articles/alarming-COVID-19-study-shows-80-of-respondents-report-significant-symptoms-of-depression.

Bertoni, Steven. "WeWork's $20 Billion Office Party: The Crazy Bet That Could Change How the World Does Business." *Forbes,* October 23, 2017. forbes.com/sites/stevenbertoni/2017/10/02/the-way-we-work/?sh=321e6d131b18.

Blau, Melinda, and Karen L. Fingerman. *Consequential Strangers: Turning Everyday Encounters into Life-Changing Moments*. New York: W. W. Norton & Company, 2010.

Blei, Daniela. "The False Promises of Wellness Culture." JSTOR, January 4, 2017. daily.jstor.org/the-false-promises-of-wellness-culture/.

Bricker, Darrell, and John Ibbitson. *Empty Planet: The Shock of Global Population Decline*. New York: Penguin Random House, 2020.

Brodesser-Akner, Taffy. "Losing It in the Anti-Dieting Age." *The New York Times Magazine,* August 2, 2017. www.nytimes.com/2017/08/02/magazine/weight-watchers-oprah-losing-it-in-the-anti-dieting-age.html.

Chozik, Amy. "Adam Neumann and the Art of Failing Up." *The New York Times,* May 18, 2020. www.nytimes.com/2019/11/02/business/adam-neumann-wework-exit-package.html.

Coontz, Stephanie. *Marriage, a History: How Love Conquered Marriage*. New York: Penguin Books, 2006.

Cox, E., G. Henderson, and R. Baker. "Silver Cities: Realising the Potential of Our Growing Older Population." IPPR North 2014. ippr.org/publications/silver-cities-realising-the-potential-of-our-growing-older-population.

Crispin, Jessa. "How Not to Be Elizabeth Gilbert." *Boston Review,* July 20, 2015. bostonreview.net/books-ideas/jessa-crisipin-female-travel-writing.

DePaulo, Bella. "Everything You Think You Know About Single People Is Wrong." *The Washington Post,* February 8, 2016. www.washingtonpost.com/news/in-theory/wp/2016/02/08/everything-you-think-you-know-about-single-people-is-wrong/.

DePaulo, Bella. *Singled Out: How Singles Are Stereotyped, Stigmatized, and Ignored and Still Live Happily Ever After*. New York: St. Martin's Press, 2006.

Douthat, Ross. "The Redistribution of Sex." *The New York Times,* May 2, 2018. www.nytimes.com/2018/05/02/opinion/incels-sex-robots-redistribution.html.

Ehrenreich, Barbara. *Bright-Sided: How the Relentless Promotion of Positive Thinking Has Undermined America.* New York: Metropolitan Books, 2009.

Entis, Laura. "Scientists Are Working on a Pill for Loneliness." *The Guardian,* January 26, 2019. theguardian.com/us-news/2019/jan/26/pill-for-loneliness-psychology-science-medicine.

Farkas, Carol-Ann. "Bodies at Rest, Bodies in Motion: Physical Competence, Women's Fitness, and Feminism." *Genders 1998–2013.* University of Colorado, Boulder, April 1, 2007. www.colorado.edu/gendersarchive1998-2013/2007/04/01/bodies-rest-bodies-motion-physical-competence-womens-fitness-and-feminism.

Fetters, Ashley. "The Five Years That Changed Dating." *The Atlantic,* December 21, 2018. www.theatlantic.com/family/archive/2018/12/tinder-changed-dating/578698/.

Fisher, H. E. "Lust, Attraction, and Attachment in Mammalian Reproduction." *Human Nature* 9, no. 1 (March 1998): 23–52. doi.org/10.1007/s12110-998-1010-5.

Garcia, Patricia. "Why Women Are Choosing to Marry Themselves." *Vogue,* October 6, 2017. www.vogue.com/article/women-marrying-themselves-sologamy.

Godfrey-Smith, Peter. *Other Minds: The Octopus, the Sea, and the Deep*

Origins of Consciousness. New York: Farrar, Straus and Giroux, 2017.

Harari, Yuval Noah. *Sapiens: A Brief History of Humankind*. New York: Harper, 2015.

Harris, Aisha. "A History of Self-Care." *Slate,* April 5, 2017. slate.com/articles/arts/culturebox/2017/04/the_history_of_self_care.html.

Hochschild, Arlie Russell. *The Managed Heart: Commercialization of Human Feeling*. Oakland: University of California Press, 1983.

Holt-Lunstad, J., T. F. Robles, and D. A. Sbarra. "Advancing Social Connection as a Public Health Priority in the United States," *American Psychologist* 72, no. 6 (2017): 517–30.

Indiana University. "Study Finds Participants Feel Moral Outrage Toward Those Who Decide to Not Have Children." *ScienceDaily,* March 1, 2017. www.sciencedaily.com/releases/2017/03/170301084924.htm.

Jennings, Rebecca. "Facebook Has Always Been About Relationships. Now It's in the Dating Game." *Vox,* September 5, 2019. vox.com/the-goods/2019/9/5/20851020/facebook-dating-app-feature-how-to-use-news.

"The Jo Cox Loneliness Commission." n.d. The Jo Cox Foundation. www.jocoxfoundation.org/loneliness_commission.

Kinney, Alison. "The Rejection Lab." *Gay,* September 4, 2019. gay.medium.com/the-rejection-lab-89c69d2babe0.

Klinenberg, Eric. *Going Solo: The Extraordinary Rise and Surprising Appeal of Living Alone*. New York: Penguin Books, 2013.

Klinenberg, Eric. "Is Loneliness a Health Epidemic?" *The New York*

Times, February 9, 2018. nytimes.com/2018/02/09/opinion/sunday/loneliness-health.html.

Lorde, Audre. *A Burst of Light*. Ithaca, N.Y.: Firebrand Books, 1988.

Marks, Nadine F., and James David Lambert. "Marital Status Continuity and Change Among Young and Midlife Adults: Longitudinal Effects on Psychological Well-Being." *Journal of Family Issues* 19, no. 6 (1998). doi.org/10.1177/019251398019006001.

Martin, Joyce A., Brady E. Hamilton, and Michelle J. K. Osterman. "Births in the United States, 2019." Centers for Disease Control and Prevention, National Center for Health Statistics. October 2020. www.cdc.gov/nchs/products/databriefs/db387.htm.

Metlife Mature Market Institute. "Still Out, Still Aging: The MetLife Study of Lesbian, Gay, Bisexual, and Transgender Baby Boomers." American Society on Aging, March 2010. www.asaging.org/sites/default/files/files/mmi-still-out-still-aging.pdf.

Molteni, Megan. "The World Might Actually Run Out of People." *Wired,* February 4, 2019. wired.com/story/the-world-might-actually-run-out-of-people.

Musick, Kelly, and Larry Bumpass. "Reexamining the Case for Marriage: Union Formation and Changes in Well-Being." *Journal of Marriage and Family* 74, no. 1 (2012): 1–18. onlinelibrary.wiley.com/doi/abs/10.1111/j.1741-3737.2011.00873.x.

Perel, Esther. *Mating in Captivity: Reconciling the Erotic and the Domestic*. New York: HarperCollins, 2006.

Putnam, Robert D. *Bowling Alone: The Collapse and Revival of*

American Community. New York: Simon & Schuster, 2000.

Roseneil, Sasha. "It's Time to End the Tyranny of Coupledom." *The Guardian,* November 14, 2020. theguardian.com/commentisfree/2020/nov/14/coupledom-couple-norm-social-change.

Roseneil, Sasha, Isabel Crowhurst, Tone Hellesund, Ana Cristina Santos, and Mariya Stoilova. *The Tenacity of the Couple-Norm: Intimate Citizenship Regimes in a Changing Europe*. London: UCL Press, 2020.

Sachs, Andrea. "The Importance of Consequential Strangers." *Time,* September 22, 2009. content.time.com/time/health/article/0,8599,1925288,00.html.

Taormino, Tristan. *Opening Up: A Guide to Creating and Sustaining Open Relationships*. San Francisco: Cleis Press, 2008.

Taylor, Jim. "The Woman Who Founded the 'Incel' Movement." BBC News, August 30, 2018. www.bbc.com/news/world-us-canada-45284455.

Tiffany, Kaitlyn. "The Tinder Algorithm, Explained." *Vox,* March 18, 2019. www.vox.com/2019/2/7/18210998/tinder-algorithm-swiping-tips-dating-app-science.

Traister, Rebecca. *All the Single Ladies: Unmarried Women and the Rise of an Independent Nation*. New York: Simon & Schuster, 2016.

Treleaven, Sarah. "The Enduring Appeal of Escapism: A History of Wellness Retreats." *Elemental,* April 16, 2019. elemental.medium.com/the-obsession-with-wellness-retreats-goes-back-centuries-5c491cf2baa3.

Unmarried Equality. n.d. "Commitment Ceremonies F.A.Q." Unmarried Equality. www.unmarried.org/commitment-ceremonies/faq.

Walsh, Colleen. "Young Adults Hardest Hit by Loneliness During Pandemic." *The Harvard Gazette,* February 17, 2021. news.harvard.edu/gazette/story/2021/02/young-adults-teens-loneliness-mental-health-coronavirus-COVID-pandemic.

Weigel, Moira. *Labor of Love: The Invention of Dating*. New York: Farrar, Straus and Giroux, 2016.

Whiteman, Honor. "Loneliness a Bigger Killer than Obesity, Say Researchers." Medical News Today, August 6, 2017. medicalnewstoday.com/articles/318723.

Whole30. n.d. "Whole30." Step 1. whole30.com/do-the-whole30/.

Williamson, Judith. *Consuming Passions: The Dynamics of Popular Culture*. New York: Marion Boyars, 1986.

Yglesias, Matthew. "The Controversy over WeWork's $47 Billion Valuation and Impending IPO, Explained." *Vox,* May 24, 2019. www.vox.com/2019/5/24/18630126/wework-valuation-ipo-business-model-we-company.

臉譜書房 FS0180

寂寞狙擊

單身真的錯了嗎？一位獨身女性臥底婚戀市場，探詢寂寞與愛的交友實錄

The Lonely Hunter

作　　者　艾梅・盧特金（Aimée Lutkin）
譯　　者　李忞
責任編輯　朱仕倫
行　　銷　陳彩玉、林詩玟
業　　務　李再星、李振東、林佩瑜
封面設計　木木lin

副總編輯　陳雨柔
編輯總監　劉麗真
事業群總經理　謝至平
發 行 人　何飛鵬
出　　版　臉譜出版
城邦文化事業股份有限公司
臺北市南港區昆陽街16號4樓
電話：886-2-25007696 傳真：886-2-25001951
發　　行　英屬蓋曼群島商家庭傳媒股份有限公司城邦分公司
臺北市南港區昆陽街16號8樓
客服專線：02-25007718；25007719
24小時傳真專線：02-25001990；25001991
服務時間：週一至週五上午09:30-12:00；下午13:30-17:00
劃撥帳號：19863813 戶名：書虫股份有限公司
讀者服務信箱：service@readingclub.com.tw
城邦網址：http://www.cite.com.tw
香港發行所　城邦（香港）出版集團有限公司
香港九龍九龍城土瓜灣道86號順聯工業大廈6樓A室
電話：852-25086231　傳真：852-25789337
電子信箱：hkcite@biznetvigator.com
新馬發行所　城邦（新、馬）出版集團
Cite（M）Sdn. Bhd.（458372U）
41, Jalan Radin Anum, Bandar Baru Seri Petaling,
57000 Kuala Lumpur, Malaysia.
電話：+6(03)-90563833　傳真：+6(03)-90576622
電子信箱：services@cite.my

一版一刷　2024年5月

城邦讀書花園
www.cite.com.tw

ISBN　978-626-315-332-5（紙本書）
EISBN　978-626-315-486-5（EPUB）

定價：NT$ 450

圖書館出版品預行編目資料

寂寞狙擊／艾梅・盧特金（Aimée Lutkin）作；李忞譯. -- 一版. -- 臺北市：臉譜出版，城邦文化事業股份有限公司出版：英屬蓋曼群島商家庭傳媒股份有限公司城邦分公司發行, 2024.05
面；　公分. --（臉譜書房；FS0180）
譯自：The lonely hunter

ISBN 978-626-315-332-5（平裝）

1. CST：獨身 2.CST：寂寞 3.CST：兩性關係

544.386　　112009389